プリント形式のリアル過去問で本番の臨場感！

京都府
府立

南陽高等学校附属中学校

2025年春 受験用

解答集

本書は，実物をなるべくそのままに，プリント形式で年度ごとに収録しています。
問題用紙を教科別に分けて使うことができるので，本番さながらの演習ができます。

■　収録内容

・解答集(この冊子です)

書籍ＩＤ番号，この問題集の使い方，最新年度実物データ，リアル過去問の活用，
解答例と解説，ご使用にあたってのお願い・ご注意，お問い合わせ

・2024(令和６)年度 ～ 2020(令和２)年度　学力検査問題

○は収録あり	年度	'24	'23	'22	'21	'20	
■ 問題(適性をみる検査)		○	○	○	○	○	
■ 解答用紙		○	○	○	○	○	
■ 配点							

全分野に解説
があります

注)問題文等非掲載:2024年度適性を見る検査Ｉの二, 2021年度適性をみる検査Ｉの二

問題文の非掲載につきまして

著作権上の都合により，本書に収録している過去入試問題の本文の一部を掲載しておりません。ご不便をおかけし，誠に申し訳ございません。

JN131788

教英出版

■　書籍ＩＤ番号

入試に役立つダウンロード付録や学校情報などを随時更新して掲載しています。
教英出版ウェブサイトの「ご購入者様のページ」画面で，書籍ＩＤ番号を入力してご利用ください。

書籍ＩＤ番号　105228

（有効期限：2025年9月30日まで）

【入試に役立つダウンロード付録】
「要点のまとめ(国語／算数)」
「課題作文演習」ほか

■　この問題集の使い方

年度ごとにプリント形式で収録しています。針を外して教科ごとに分けて使用します。①片側，②中央のどちらかでとじてありますので，下図を参考に，問題用紙と解答用紙に分けて準備をしましょう（解答用紙がない場合もあります)。

針を外すときは，けがをしないように十分注意してください。また，針を外すと紛失しやすくなりますので気をつけましょう。

① 片側でとじてあるもの　　② 中央でとじてあるもの

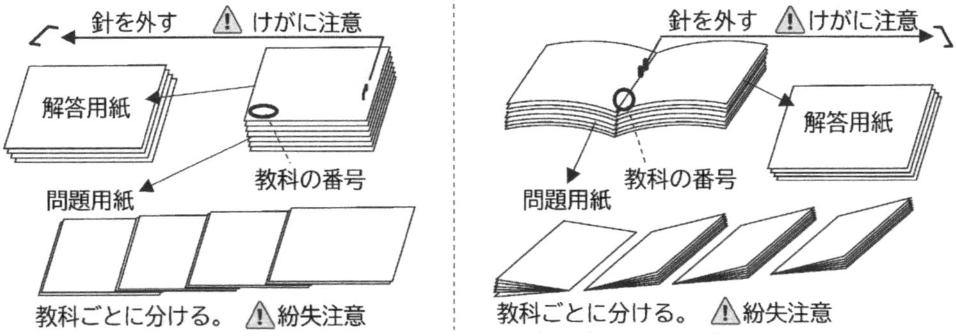

※教科数が上図と異なる場合があります。
解答用紙がない場合や，問題と一体になっている場合があります。
教科の番号は，教科ごとに分けるときの参考にしてください。

■　最新年度 実物データ

実物をなるべくそのままに編集していますが，収録の都合上，実際の試験問題とは異なる場合があります。実物のサイズ，様式は右表で確認してください。

問題用紙	Ａ４冊子(二つ折り)
解答用紙	記入用紙１：Ａ３片面プリント 記入用紙２：Ａ４片面プリント

リアル過去問の活用

～リアル過去問なら入試本番で力を発揮することができる～

本番を体験しよう！

問題用紙の形式（縦向き／横向き），問題の配置や余白など，実物に近い紙面構成なので本番の臨場感が味わえます。まずはパラパラとめくって眺めてみてください。「これが志望校の入試問題なんだ！」と思えば入試に向けて気持ちが高まることでしょう。

入試を知ろう！

同じ教科の過去数年分の問題紙面を並べて，見比べてみましょう。

①　問題の量

毎年同じ大問数か，年によって違うのか，また全体の問題量はどのくらいか知っておきましょう。どのくらいのスピードで解けば時間内に終わるのか，大問ひとつにかけられる時間を計算してみましょう。

②　出題分野

よく出題されている分野とそうでない分野を見つけましょう。同じような問題が過去にも出題されていることに気がつくはずです。

③　出題順序

得意な分野が毎年同じ大問番号で出題されていると分かれば，本番で取りこぼさないように先回りして解答することができるでしょう。

④　解答方法

記述式か選択式か（マークシートか），見ておきましょう。記述式なら，単位まで書く必要があるかどうか，文字数はどのくらいかなど，細かいところまでチェックしておきましょう。計算過程を書く必要があるかどうかも重要です。

⑤　問題の難易度

必ず正解したい基本問題，条件や指示の読み間違いといったケアレスミスに気をつけたい問題，後回しにしたほうがいい問題などをチェックしておきましょう。

問題を解こう！

志望校の入試傾向をつかんだら，問題を何度も解いていきましょう。ほかにも問題文の独特な言いまわしや，その学校独自の答え方を発見できることもあるでしょう。オリンピックや環境問題など，話題になった出来事を毎年出題する学校だと分かれば，日頃のニュースの見かたも変わってきます。

こうして志望校の入試傾向を知り対策を立てることこそが，過去問を解く最大の理由なのです。

実力を知ろう！

過去問を解くにあたって，得点はそれほど重要ではありません。大切なのは，志望校の過去問演習を通して，苦手な教科，苦手な分野を知ることです。苦手な教科，分野が分かったら，教科書や参考書に戻って重点的に学習する時間をつくりましょう。今の自分の実力を知れば，入試本番までの勉強の道すじが見えてきます。

試験に慣れよう！

入試では時間配分も重要です。本番で時間が足りなくなってあわてないように，リアル過去問で実戦演習をして，時間配分や出題パターンに慣れておきましょう。教科ごとに気持ちを切り替える練習もしておきましょう。

心を整えよう！

入試は誰でも緊張するものです。入試前日になったら，演習をやり尽くしたリアル過去問の表紙を眺めてみましょう。問題の内容を見る必要はもうありません。どんな形式だったかな？受験番号や氏名はどこに書くのかな？…ほんの少し見ておくだけでも，志望校の入試に向けて心の準備が整うことでしょう。

そして入試本番では，見慣れた問題紙面が緊張した心を落ち着かせてくれるはずです。

※まれに入試形式を変更する学校もありますが，条件はほかの受験生も同じです。心を整えてあせらずに問題に取りかかりましょう。

南陽高等学校附属中学校　2024 令和6 年度　適性をみる検査Ⅰ

《解答例》

一　⑴エ　⑵１月と同じくらい寒い２月に、なぜもっと多く消費されないのか　⑶ウ　⑷イ　⑸イ，オ

二　⑴ア，エ　⑵ウ　⑶エ　⑷あ．さまざまな　い．イ　う．多様な生物　⑸環境配慮から牛乳を植物性ミルクに替えるという選択が過度の地下水の汲み上げを引き起こしている

三　〈作文のポイント〉

・最初に自分の主張、立場を明確に決め、その内容に沿って書いていく。

・わかりやすい表現を心がける。自信のない表現や漢字は使わない。

さらにくわしい作文の書き方・作文例はこちら！→

https://kyoei-syuppan.net/mobile/files/sakupo.html

《解　説》

一　⑵　——線部②の後の「ひとつ不思議なことに気づきました」が，「疑問《ぎもん》が出てきた」にあたる。さらに続けて，「１月と同じくらい寒い２月に，なぜはやにえがもっと多く消費されなかったのでしょうか」と，疑問の内容が具体的に書かれている。

⑶　本文後ろから５段落目に「はやにえを多く消費したオスほど，歌唱速度の速い魅力的《みりょくてき》な歌声をもつことが明らかになった～しかし～因果関係～は本当のところはわからない～そこで，私は実験によるアプローチでこれを再検証することにしました」と書かれていることに，ウが適する。

⑷　本文後ろから２段落目に，モズのはやにえの役割について「今回の発見で，繁殖《はんしょく》相手の獲得《かくとく》を成功させるための役割も併《あわ》せもつことが，世界で初めて明らかになりました」と書かれていることに，イが適する。

⑸　ア．本文中には「モズのオスは繁殖シーズンになると，メスの気を引こうとして，なわばりの中で活発に歌い始めます」と書かれている。よって，「なわばり争いを行う」は適さない。　イ．本文中に「モズは貯えたはやにえを，繁殖シーズンが始まる前までに食《た》べ尽《つ》くしました。月々のはやにえの消費数は～１月にピークに達していました」と書かれていることに適する。　ウ．本文中には「はやにえの生産時期～本格的に寒くなる前の時期である10～12月に，はやにえを集中的に生産することがわかりました」と書かれている。よって，「本格的に寒くなる12～２月の間に」は適さない。　エ．本文中には「モズ～冬には植物の実を多く食べている～普段《ふだん》は食べない植物の実に頼《たよ》らねばならないほど，エサが不足しているのでしょう」と書かれている。よって，「好んで」は適さない。　オ．本文中に「はやにえを多く消費したオスほど，歌唱速度の速い魅力的な歌声をもつことが明らかになったのです」と書かれていることに適する。

二　著作権上の都合により文章を掲載《けいさい》しておりませんので，解説も掲載しておりません。ご不便をおかけし，誠に申し訳ございません。

南陽高等学校附属中学校　2024 令和6年度　適性をみる検査Ⅱ

《解答例》

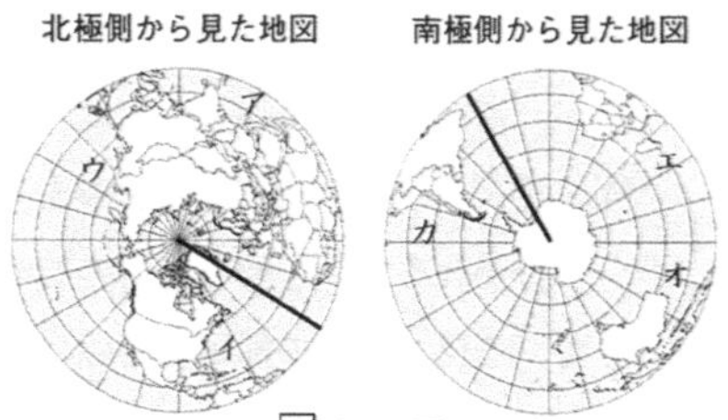

1(4)Ⅱの図

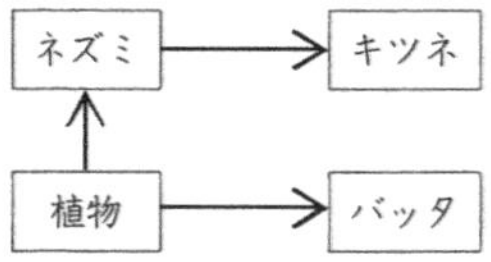

2(5)Ⅰの図

1 ⑴Ⅰ．しょくりょうじきゅうりつ　Ⅱ．ア　⑵Ⅰ．がいむ
Ⅱ．季節が逆で，収穫時期が異なる国から輸入
⑶A．せんばこき　Aの主な使用時期…エ　Bの主な使用時期…ア
⑷Ⅰ．ウ　Ⅱ．右図　⑸Ⅰ．ユーラシア　Ⅱ．ア，エ　Ⅲ．①，②

2 ⑴③　⑵①　⑶Ⅰ．メスシリンダー　Ⅱ．イ　Ⅲ．①　Ⅳ．②
⑷④　⑸Ⅰ．右図　Ⅱ．植物　Ⅲ．植物を食べるネズミが増えて，バッタが食べることのできる植物の量が減ってしまうから。

3 ⑴エ→ア→ウ→イ　⑵Ⅰ．エ　Ⅱ．ウ，オ　⑶Ⅰ．①ア　②カ　Ⅱ．イ，オ
Ⅲ．1.5　⑷Ⅰ．風力／地熱／バイオマス などから2つ　Ⅱ．エ　⑸A．①よりも明るく明かりがついた　B．明かりはつかなかった　C．③と同じ向きに③よりも速く回転した　⑹Ⅰ．葉の大きさ／葉の数 のうち1つ　Ⅱ．じょうさん　Ⅲ．イ

《解　説》

1 ⑴Ⅰ　食料全体での食料自給率には，カロリーベースと生産額ベースがあり，令和4年度の日本の食料自給率は，カロリーベースで約 38%，生産額ベースで約 58%である。　Ⅱ　米の自給率はほぼ 100%に近くなっている。また，1993 年には，冷夏による米の不作から外国産の米が緊急輸入された。イは野菜，ウは肉類，エは果物，オは小麦。

⑵Ⅱ　資料2において，ロサンゼルスとシドニーの気温のグラフから，季節が逆であることを読み取る。

⑶　Aの千歯こきは，収穫した稲の脱穀に利用する。Bの備中ぐわは田おこしに利用する。

⑷Ⅰ　北半球に位置する日本は，北極側から見た地図上に見える(右図参照)。

Ⅱ　地図が経線で 24 等分されていることから，経線は 360÷24＝15(度)ごとに引かれている。北極側から見た地図と南極側から見た地図では本初子午線の位置が異なることに注意する。右図で，本初子午線を太線で表した。本初子午線から西に2本目の経線が西経 30 度線になる。

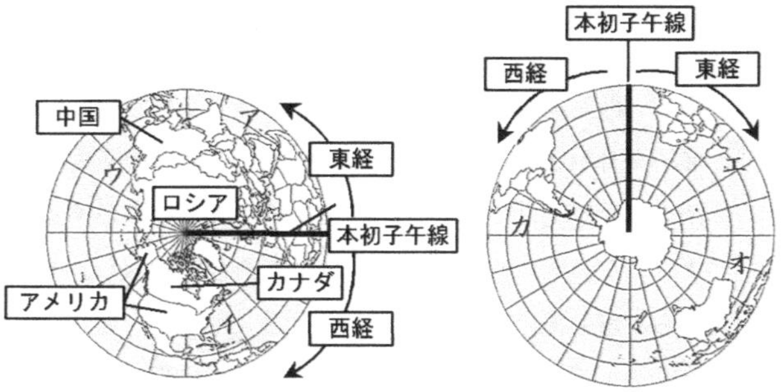

⑸Ⅰ　ヨーロッパ(Europe)とアジア(Asia)を合わせてユーラシア(Eurasia)とした。

Ⅱ　ア．誤り。ヨーロッパ(73.9%)，北アメリカ(60.6%)，南アメリカ(68.0%)，オーストラリアと周辺の島々(80.9%)の4つある。エ．誤り。0度の経線が通る地域は，ヨーロッパとアフリカと南極であり，平均の高さが最も高いのは南極である。　Ⅲ　中国，タイ，韓国はアジア，イギリス，ドイツ，フランスはヨーロッパに属する。

2 ⑴　表より，1つの岩に平均(84＋79＋80＋81＋76)÷5＝80(ぴき)のイガイがすんでいるとわかるから，この磯《いそ》の岩全体(70 個の岩)では 80×70＝5600(ひき)のイガイがすんでいると推測できる。

⑵　ほぼ同じ大きさの岩にイガイが同じようにすんでいることから，⑴で求めたように，磯の岩全体のイガイの数は，〔岩1つあたりのイガイの数の平均(ひき)×岩の数(個)〕と推測できる。同じように，等間隔にイネが植わっ

ている水田では，水田全体のイネの本数は，〔１㎡あたりのイネの本数(本)×水田の面積(㎡)〕で求められる。このように，同じような密度で生息している場合，一部の数を数えることで全体の数を推測することができる。

(3)Ⅱ　メスシリンダーの目盛りを読みとるとき，イのように液面の真横から見て，液面の最も低い部分の目盛りを読みとる。　Ⅳ　ろ過は，液体と液体に溶《と》けていない固体を分ける操作である。食塩を完全に溶かした食塩水には液体に溶けていない固体はないので，ろ過しても固体を取り出すことはできず，ろ過の前後で食塩水のこさは変わらない。なお，溶け残りのある食塩水をろ過すると，溶け残りの食塩(固体)と食塩水(液体)に分けることができるが，ろ過する前後の食塩水はどちらも食塩を溶けるだけ溶かした食塩水でこさは変わらない。

(4)　①×…ツェツェバエなど卵から生まれない昆虫《こんちゅう》もいる。　②×…昆虫のからだは，頭・むね・腹の３つの部分に分かれる。　③×…昆虫のあしは左右で対になっていて，全部で６本ある。　④○…外側がかたい皮(殻《から》)でできている昆虫などの節足動物は，大きくなるために外側の皮をぬぐ(脱皮をする)必要がある。　⑤×…卵→幼虫→さなぎ→成虫と成長する完全変態の昆虫では(幼虫→さなぎのときとさなぎ→成虫のときに)からだの形が大きく変わるが，卵→幼虫→成虫と成長する不完全変態の昆虫ではからだの形は大きく変わらない。

(5)Ⅱ　植物を食べるバッタが減ると，植物は食べられることが減り，その数は増えると考えられる。　Ⅲ　ネズミを食べるキツネが減ると，ネズミは増える。植物を食べるネズミが増えると，同じように植物を食べるバッタは食べ物が足りなくなり，バッタの数が減ると考えられる。

3　(1)　エ(江戸時代初頭)→ア(江戸時代末期)→ウ(明治時代初頭)→イ(明治時代中期)

(2)Ⅰ　アは聖武天皇，イは源義経，ウは足利義政である。

Ⅱ　国分寺建立の詔は741年,『天橋立図』がかかれたのは1501年頃である。アは1543年，イは645年，ウは794年，エは江戸時代の17世紀，オは13世紀だから，ウとオが正しい。

(3)Ⅰ　１㎢あたりの人口を人口密度という。各都市の人口密度は，横須賀市が388078÷100＝3880.78(人／㎢)，舞鶴市が80336÷342＝234.9…(人／㎢)，呉市が214592÷352＝609.6…(人／㎢)，佐世保市が243223÷426＝570.9…(人／㎢)だから，横須賀市が最も多い。横須賀市の人口に占める65歳以上の高齢者数の割合を上から２けたの概数で求めると，120000÷390000＝0.307…となり，３分の１に近くなる。　Ⅱ　流出人口と流入人口から人の流れが読み取れるので，交通・商業などへの取組に活用できる。　Ⅲ　(増加した人数)÷(夜間人口)×100＝(17162－13560)÷243223×100＝1.48…より，約1.5％上昇している。

(4)Ⅰ　再生可能なエネルギーは，太陽光，水力，風力，地熱，バイオマス，潮力，雪氷熱などがある。

Ⅱ　東日本大震災が発生するまでは，火力＞原子力＞再生可能なエネルギーの順であったが，福島第一原子力発電所の事故を受けて，全国の原子力発電所の稼働が停止され，厳しい審査に合格した原子力発電所だけが稼働できるようになったために，原子力の発電割合は激減し，その分の電力不足を火力でまかなうようになり，火力の割合はさらに増えている。

(5)　A．発光ダイオードの手順１と３の結果から，手回し発電機のハンドルを速く回すと流れる電流の大きさが大きくなるとわかる。よって，豆電球は手順３で手順１のときより明るく明かりがつく。　B．モーターの手順１と２の結果から，手回し発電機のハンドルを逆の向きに回すと流れる電流の向きが逆になるとわかる。発光ダイオードは流れる電流の向きが決まっていて，手順２のように電流の向きが逆向きだと明かりがつかない。　C．A解説より，モーターは手順１と同じ向きに，手順１より速く回転する。

(6)Ⅲ　A～Dで，水が出ていく部分は右表のようになる。したがって，葉全体(葉の表と裏)から出ていく水の量は，Aで減った水の量とDで減った水の量の差とわかる。最初に三角フラスコに入っていた水の量は100mLで同じだから，Aに残っている水の量とDに残っている水の量の差を求めればよく，水の出ていく部分の少ないDの方が残っている水の量が多いから，イの式が正しい。

	葉の表	葉の裏	茎	水面
A	○	○	○	○
B		○	○	○
C	○		○	○
D			○	○

南陽高等学校附属中学校　2024 令和6年度　適性をみる検査Ⅲ

《解答例》

1　(1)AとB／DとF　(2)ア．7.87　イ．0.95　ウ．0.92　(3)水面が 0.8 ㎝上がったから，木材の水に沈んでいる部分の体積は8×8×0.8＝51.2(㎤)です。これより，この木材の重さは 51.2ｇとわかるので，１㎤あたりの重さは 51.2÷(５×５×５)＝0.4096→0.41ｇで，比重はおよそ 0.41 になります。よって，この木材はヒノキであると考えられます。

2　(1)ａ，ｂ，ｄ　(2)ア．80　イ．10　ウ．45　エ．120　オ．6　カ．10　キ．3　ク．5
(3)ケ．202　コ．117

3　(1)25.12　(2)右図　(3)右図　(4)右図

4　(1)ア．２　イ．13　(2)１月 27 日…Ｄ
６月 27 日…Ｄ　12 月 27 日…Ｅ
(3)４，９，25　(4)ウ．２　エ．23

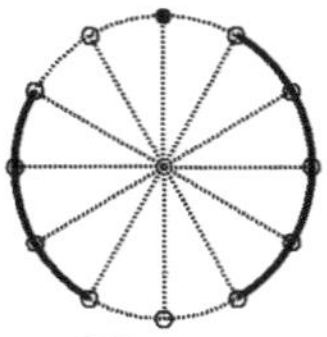

3(2)の図

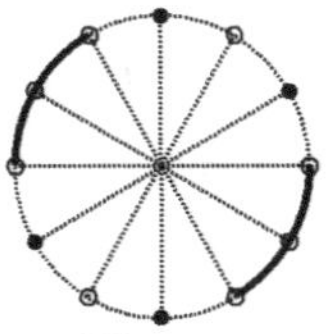

3(3)の図

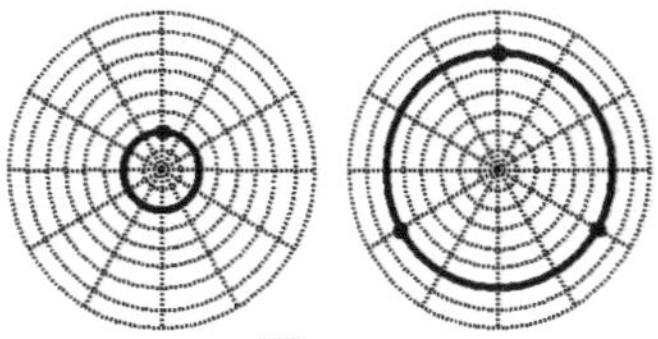

3(4)の図

《解　説》

1　(1)　容器からあふれた水の体積は，水に沈《しず》んでいる部分のプラスチックが押《お》しのけた水の体積に等しいから，ＡとＢは等しいとわかる。また，先生のセリフの『「ものの重さ」と「ものによって押しのけられた水の重さ」は等しくなります』より，ＤとＦは等しいとわかる。

(2)　ア．１辺が５㎝の立方体のものの体積は５×５×５＝125(㎤)である。よって，この金属１㎤あたりの重さは 984÷125＝7.872(ｇ)より，$\frac{1}{1000}$の位(小数第３位)を四捨五入して 7.87ｇが正答となる。　イ．プラスチックの重さは，押しのけられた水 119 ㎤の重さ 119ｇに等しいから，１㎤あたりの重さは 119÷125＝0.952(ｇ)となる。よって，比重は 0.952→0.95 である。　ウ．１ｇの水(体積は１㎤)が氷になると，体積が９％増えて１×(１＋0.09)＝1.09(㎤)になる。よって，氷１㎤あたりの重さは１÷1.09＝0.917…(ｇ)だから，比重は 0.917…→0.92 である。

(3)　右図の太線でかこんだ部分の体積は，水と木材の水に沈んでいる部分の体積の合計に等しい。水の体積は容器の６㎝までの高さだから，木材の水に沈んでいる部分の体積は 64×0.8＝51.2(㎤)と求められる。よって，木材の重さは 51.2ｇとわかる。

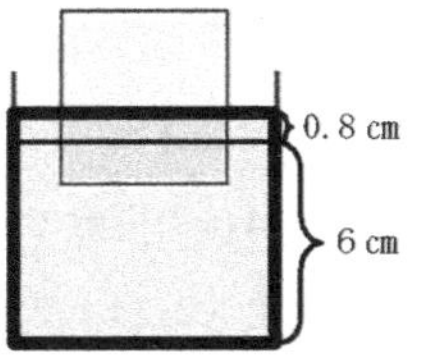

2　(1)　ａ．速さはグラフの傾《かたむ》きで表される。Ａさんのグラフの方がＢさんのグラフより傾きが急なので，Ａさんの方が速い。よって，正しい。

ｂ．Ａさんは 10 分間に 1500ｍだけ進んでいるので，Ａさんの速さは，1500÷10＝150 より，分速 150ｍである。よって，正しい。

ｃ．Ａさんは学校から図書館まで 1600÷150＝$\frac{32}{3}$＝10$\frac{2}{3}$(分)→10 分($\frac{2}{3}$×60)秒＝10 分 40 秒かかる。よって，図書館に到着《とうちゃく》した時刻は午前 10 時＋10 分 40 秒＝午前 10 時 10 分 40 秒となるので，正しくない。

ｄ．グラフから，Ｂさんは 13 分間に 900ｍ進むことが読み取れるので，速さを求めることができる。よって，1600ｍを求めた速さで割れば，図書館に行くのにかかった時間も求められる(午前 10 時 23 分 6$\frac{2}{3}$秒になる)ので，正しい。

以上より，正しいものはａ，ｂ，ｄである。

(2)　Cさんは10分間に800m歩いたので，歩いた速さは，800÷10＝80より，分速80mである。よって，学校から公園まで $860\div80=\frac{43}{4}=10\frac{3}{4}$(分)→10分$(\frac{3}{4}\times60)$秒＝10分45秒かかったので，公園に到着した時刻は午前10時10分45秒である。

Cさんの走った速さは歩いた速さの1.5倍だから，80×1.5＝120より，分速120mである。また，走った道のりは1600－860＝740(m)だから，走った時間は $740\div120=\frac{37}{6}=6\frac{1}{6}$(分)→6分$(\frac{1}{6}\times60)$秒＝6分10秒である。

したがって，公園で休んでいた時間は，20分－10分45秒－6分10秒＝3分5秒である。

(3)　Cさんが公園に到着したとき，Dさんは午前10時10分45秒－午前10時6分30秒＝4分15秒→$4\frac{15}{60}$分＝$\frac{17}{4}$分だけ移動した。このときに公園を通過したとすると，Dさんの速さは，$860\div\frac{17}{4}=202.3\cdots$より，分速202mである。

Cさんが公園を出発したとき，Dさんは4分15秒＋3分5秒＝7分20秒→$7\frac{20}{60}$分＝$\frac{22}{3}$分だけ移動した。このときに公園を通過したとすると，Dさんの速さは，$860\div\frac{22}{3}=117.2\cdots$より，分速117mである。

3　(1)　隣《とな》り合う2本のペンキの線の幅《はば》は，円盤《えんばん》の円周の長さに等しいから，4×2×3.14＝25.12(cm)である。

(2)　円盤は表面の方から見て，右回りに転がすので，ペンキが塗《ぬ》ってある点線から反時計回りに考えていけばよい。

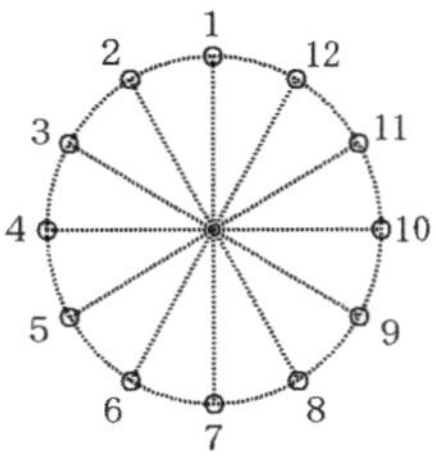

右図のように，12本の点線を1番～12番とすると，1番の点線が塗られている。

ここから反時計回りに，1番から3番の2区画を塗らず，3番から6番の3区画を塗り，6番から8番の2区画を塗らず，8番から12番の4区画を塗ればよい。

(3)　半径8cmの円盤の円周は，8×2×3.14＝50.24(cm)なので，《操作Ⅱ》を行うと1回転以上する。半径8cmの円盤と半径4cmの円盤の円周の長さの比は，半径の比に等しく，8：4＝2：1なので，区画の長さの比も2：1である。よって，図7でペンキを塗る間かくを$\frac{1}{2}$倍にした図を考える。

(2)の図で，1番から2÷2＝1(区画)空けて2番までを塗らず，2番から4÷2＝2(区画)分の4番までを塗り，4番から2÷2＝1(区画)空けて5番までを塗らず，5番の点線を塗り，5番から4÷2＝2(区画)空けて7番までを塗らず，7番の点線を塗る。

ここまでで半径8cmの円盤の円周の半分を問題の条件に合わせて塗ったことになり，残りの7番から1番までは，円盤の中心に対して点対称になるようにペンキを塗ると，解答例のようになる。

(4)　半径4cmの円盤と半径8cmの円盤に《操作Ⅱ》を行うと，ペンキの線が等間隔《かんかく》に並ぶ同じものになったので，半径4cmの円盤でペンキを塗った点線は，直径の両端の位置にある2本の点線である。ペンキの線の間かくは4×2×3.14÷2＝4×3.14(cm)だから，円周の長さが4×3.14(cm)で割り切れる円盤，つまり直径が4の倍数である円盤を考えればよい。よって，直径4cm→半径2cmの円盤と，直径12cm→半径6cmの円盤がこれにあたり，半径2cmの円盤の点線には，4÷4＝1(本)，半径6cmの円盤の点線には，12÷4＝3(本)だけ，それぞれ等間隔にペンキを塗ればよい。したがって，2通りのペンキの塗り方は解答例のようになる。

4　(1)　「数え年」で，12月31日に生まれた赤ちゃんは，その日のうちは1才であり，次の日の1月1日に1才年をとって，2才になる。

航太さんは2011年生まれだから，「数え年」だと2011年中は1才である。会話をしているのは2023年だから，2023－2011＝12(才)だけ年をとったので，1＋12＝13(才)となる。

(2)　2022年生まれの人について考えると，2023年に「数え年」で2才になる。

誕生日が１月27日の人は，2023年１月27日に「満年齢」で１才になり，2023年６月28日も変わらず１才である。よって，「１減る」

誕生日が６月27日の人は，2023年６月27日に「満年齢」で１才になり，2023年６月28日も変わらず１才である。よって，「１減る」

誕生日が12月27日の人は，2023年６月28日時点で「満年齢」で０才である。よって，「２減る」

(3)　整数を約数で割った商もその数の約数なので，約数はふつう２つ１組で見つかるから，約数の個数は偶数になる。しかし，平方《へいほう》数(同じ整数を２つかけてできる数)は約数の個数が奇数になる。平方数の中でも，素数の平方数は，約数の個数が３個になる。例えば，２×２＝４の約数は１，２，４の３個である。月と日の合計の最小値は１＋１＝２，最大値は12＋31＝43だから，求める整数は，２以上43以下の，同じ素数を２つかけてできる整数なので，２×２＝４，３×３＝９，５×５＝25の３個である。

(4)　２つ目のヒントから，日は２けたの数だから，月と日の和は25に決まる。また，日は25－12＝13以上，25－１＝24以下の素数だから，13，17，19，23のいずれかである。

2023年６月15日が誕生日の航太さんについて考えると，「満年齢」と「数え年」で年れいの差は１才である。

生まれた日が2011年６月16日から2011年12月31日までの人は，「満年齢」が11才，「数え年」が13才となり，差が２才になる。つまり，加奈さんが生まれたのは2011年１月１日から2011年６月15日までの間である。

生まれた日が23日だとすると，生まれた月は25－23＝２(月)だから，条件に合う。

生まれた日が19日だとすると，生まれた月は25－19＝６(月)であり，条件に合わない。生まれた日が13日，17日の場合も同様に条件に合わない。以上より，加奈さんの誕生日は２月23日である。

《解答例》

一　⑴a．エ　b．イ　⑵あ．マツタケが減った理由　い．ア　⑶B　⑷Ⅰ．過度な草木の採取などで、土壌は栄養分を失い、荒れた　Ⅱ．マツ林が増え、土の中ではマツタケ菌のライバルとなる菌類や微生物が減る

二　⑴初め…人間を　終わり…るため　⑵Ⅰ．人間らしいロボットを分解して中身を見ることによって、人間らしさの秘密を知ること。　Ⅱ．人間を完全に調べ切り、その知識をもとに組み立てるという方法。　⑶イ　⑷ウ　⑸エ

三　(例文)

私が考えた原則は「人間になりすましてはならない」です。

以前、読書感想文などの宿題を大学生がアルバイトで代行しているというニュースや、インターネット上で受ける入社試験を他人が受けて、たいほされたというニュースを見ました。これらは、ロボットではなく、人間が他人になりすました例ですが、「自ら考えて動くロボット」が実現したら、ロボットが人間になりすましてテストを受けたり宿題をしたりすることが可能になると思います。

一見すると、宿題をロボットが代わりにやっても、だれかが傷ついたり、損をしたりすることはないように思えます。しかし、勉強する時間が減り、考える部分をロボットに任せてしまったら、人間が自分で考える力が失われてしまうと思います。そうなると、ロボットが使えず、人間だけで対処しなければならない時に、困ってしまうと思います。さらには、ロボットが人間になりすまして入社テストを受けるようになれば、それによって迷わくをこうむる人が出たり、社会が混乱したりすると考えられます。

《解　説》

一　⑵あ　「そのニュースを知った人々の反応」の中で「二つ挙げられている」「誤解《ごかい》されていること」とは、「採《と》りすぎたのか、それとも森が荒《あ》れたからか」であり、両者は「マツタケが減った理由」についての誤解である。このうち「採りすぎたのか」という誤解については、「まず知ってほしいのは」から始まる段落で、マツタケをふくむキノコについて説明することで、誤解であることを説明している。　い　――線部①以降で、マツは「痩《や》せた土地に生える」こと、マツタケは「落ち葉も溜《た》まらないような貧栄養状態《ひんえいようじょうたい》のマツ林に生育する」こと、「山に多くのマツが生え、マツタケが大量に生えて」いるのは、山が荒れている証拠《しょうこ》であることが説明されている。マツ林が減ったのは、むしろ「豊かな森が再生した」ということであるのに、「健全なマツ林」という表現を使うことで、アのような誤解を招《まね》くおそれがある。

⑶　【B】の直前の一文に「江戸《えど》時代の大坂の町で使われる薪《たきぎ》は、遠く四国や九州から運ばれた」とある。これを受けて、同じような内容の「江戸の町も同じく～集めていた」が続く。よって、Bが適する。

⑷Ⅰ　マツは「痩せた土地に生える」樹種で、戦前の日本の山にはマツが多かった。「なぜ山が痩せていたのか」を説明した部分に、「過去、日本の山では過度な草木の採取が続いていた」「農業でも、山林の落葉を集め～堆肥《たいひ》にした」「かくして山の土壌は栄養分を失い～そこに生えられるのはマツぐらいしかなかったのである」とある。

Ⅱ　戦後の日本では、薪や木炭の需要《じゅよう》が激減《げきげん》し、山から落葉を採取して堆肥をつくるのをやめたことなどにより、

土の富栄養化が進み、マツは減っていった。また、土の富栄養化が進むと、多くの菌類《きんるい》、微生物《びせいぶつ》が増殖《ぞうしょく》し、マツタケ菌は負けてしまう。もし、「今後、マツタケが日本の山で多く採れるようになる」とすれば、これとは逆の現象が起きていると考えられる。具体的には、土壌は栄養分を失ってマツが増え、土の中ではマツタケ菌のライバルとなる菌や微生物が減るという現象が起きているということである。

二 (1) 3～4行後に、「人間においては、その脳を、人間を認識し、人間とコミュニケーションをするために進化させてきた」とある。

(2) Ⅰ　直前の段落で、「人間らしさの何かが再現されている」ロボットを「分解して中身を見ることによって、人間らしさの秘密《ひみつ》を知ることができるのである」と説明されている。　Ⅱ　直後の段落で「解析《かいせき》的方法において～人間のようなロボットを開発する」方法が説明されている。まずは「徹底《てってい》して人間を調べ」て、「完全に調べきった後で、その知識をもとにしてロボットを組み立てる」とあるので、この部分を用いてまとめる。

(3) 直前の２段落で、「人間の二足歩行の原理を完全に理解していなくても」、いったんロボットで「技術や経験によって二足歩行を実現してしまうと、今度はそれをもとに、人間の複雑な二足歩行について理解を深めることができる」とある。つまり、ロボットを開発することが、より複雑な人間の機能の理解につながるのである。よって、イが適する。

(4) 本文中に「複雑だが誰《だれ》もが知っている基本的な人間の機能について、実際にロボットを造ってみることで理解を深めることができる」「ロボットがより進化し～人間の基本的な機能は非常に重要になる～それらについて理解を深められる可能性がある」などとあるが、ウの「人間の基本的な機能をすべて理解することができる」ということは書かれていない。よって、ウが正解。

(5) ア.「人間型ロボットの事例のみを挙げながら」が誤り。文章の最後で「スマートフォンのデザイン」の研究は、構成的方法であることを説明している。　イ.「実験結果を提示しながら」が誤り。　ウ. 全体的に誤り。
エ. 筆者は、「構成的方法」と「解析的方法」という２つの研究方法について、用語の説明を交えながら分かりやすく述べようとしている。よって、エが適する。

南陽高等学校附属中学校　2023 令和5 年度　適性をみる検査Ⅱ

《解答例》

1　(1)ウ，エ　(2)イ　(3)イ→ア→ウ→エ　(4)①ア　②オ　③エ　(5)ア，エ　(6)P

2　(1)ア　(2)①ア　②ク　(3)イ，ウ　(4)Ⅰ．右グラフ　Ⅱ．ア
(5)ガーゼの目を通り抜けられるくらい小さな，目に見えない生物。

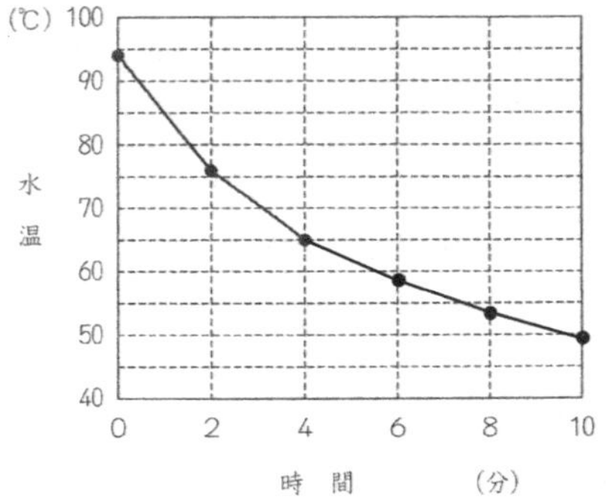

3　(1)ア　(2)A．ふくい　B．みえ　C．ひょうご　(3)Ⅰ．エ
Ⅱ．オ　(4)Ⅰ．イ，ウ　Ⅱ．エ　Ⅲ．イ　(5)Ⅰ．イ　Ⅱ．S
Ⅲ．T　Ⅳ．①ア　②キ　⑤サ

《解　説》

1　(1)　ア．誤り。世界の未電化人口のうち，約 70%がサブサハラに集中しているということであって，世界の全人口の約 70%ではない。イ．誤り。資料１からは各地域の面積の広さはわからない。パキスタン・ミャンマーなどは世界的にみても，それほど面積が広い国ではない。

(2)　ア．誤り。設備容量は北海道以外に東北地方の日本海側にある秋田県や，九州地方の鹿児島県で多い。ウ．誤り。札幌市を持つ北海道の設備容量は多い。

(3)　イ(1872 年)→ア(1890 年)→ウ(1911 年)→エ(1923 年)

(4)　1960 年から 2015 年まで通して見ると，スギは最も高いときに 39600 円，最も安いときに 11300 円で，その差額は 28300 円。ヒノキは最も高いときに 76400 円，最も安いときに 12000 円で，その差額は 64400 円。ベイツガは最も高いときに 35100 円，最も安いときに 12900 円で，その差額は 22200 円。よって，ベイツガの価格が最も安定しているといえる。最も価格の変動が多いヒノキでは，2015 年の 17600 円は，最高値の 76400 円の４分の１となっている。スギの 2015 年の価格である 12700 円は，最高値の 39600 円の３分の１程度である。

(5)　ア．正しい。鎌倉幕府は武士である源頼朝によって開かれたものである。資料は頼朝の死後，承久の乱の際に，妻であった北条政子が御家人らに団結を求めたときの内容。エ．正しい。豊臣秀吉による刀狩令。
イ．誤り。藤原道長がよんだ歌である。藤原道長は貴族であり，摂関政治(娘を天皇のきさきとし，生まれた子を次の天皇に立て，自らは天皇の外戚として摂政や関白となって実権をにぎる政治)によって権力をにぎった。
ウ．飛鳥時代に聖徳太子が定めた十七条の憲法である。武士は平安時代中期に現れ始めたので，飛鳥時代にはまだいない。

(6)　小学校(文)より西にあるのはP・Q・Sであり，周囲に住宅地があるS，南を向くと海まで距離があるQをのぞくと，Pだと判断できる。

2　(1)　金属やガラスをあたためると体積が大きくなるが，金属の方がガラスよりも体積の変化が大きいので，ふたが開きやすくなる。

(2)　酸性の水よう液によって青色リトマス紙の色は赤色に変わり，アルカリ性の水よう液によって赤色リトマス紙の色は青色に変わる。中性の水よう液ではどちらの色のリトマス紙も色が変わらない。よって，レモン汁とお酢は酸性，にがりはアルカリ性，さとう水は中性とわかるので，ナスの皮を赤みがかった色に変化させるのは酸性の水よう液である。アンモニア水はアルカリ性，食塩水は中性，うすい塩酸は酸性の水よう液である。

(3)　肥料は発芽にも影響《えいきょう》をあたえるかどうかを調べるので，肥料の条件だけが異なる２つの実験をくらべる。よって，イとウをくらべればよい。なお，インゲンマメの種子の発芽に必要な条件は，水，空気，適当な温度である。イとウは発芽し，アは水，エは空気の条件が不足しているので発芽しない。

(4)Ⅱ　Ⅰのグラフより，時間とともに水温の下がり方がゆっくりになっていくことがわかる。

(5)　生物が生存できなくなるくらいまで加熱したびんにバナナを入れて金属のふたで閉めると，バナナは腐《くさ》らなかったが，金属のふたのかわりにガーゼを輪ゴムでとめてふたにすると，虫が集まっているようすは見られなかったがバナナは腐ったので，バナナが腐るのはガーゼの目を通り抜けられるくらい小さな，目に見えない生物が原因だと考えられる。

3　(1)　資料１の断面図には中央部に山地があるので，中央部に瀬戸内海があるイ，中央部に大阪平野があるウはあてはまらない。また，資料１では，標高は高くて1200m程度となっているが，エの断面には飛騨山脈，赤石山脈があり，これらの山脈には3000mを超える山々があるので，あてはまらない。よって残ったアが適切であると判断できる。

(2)　○は大阪府，□は滋賀県，△は奈良県。

(3)Ⅰ　岡山市は１年を通して比較的温暖で，年降水量が少ない瀬戸内の気候なのでＦ，富山市は冬に降水量が多い日本海側の気候なのでＤ，山形市は３つの市の中で最も緯度が高いので，平均気温が最も低いＥである。山形県は日本海に面している県ではあるが，山形市は内陸部に位置しているため，北西季節風の影響は少なく，冬の降水量は多くならない。　Ⅱ　各農産物の収穫量上位の県は覚えておこう。

(4)Ⅰ　アは田中正造，エは陸奥宗光，オは板垣退助らについての内容である。　Ⅱ　エ．誤り。石油の輸入額割合は6.1%から3.1%に減っている。　Ⅲ　アは裁判所がもつ違憲審査権，ウとエは国会の役割。

(5)Ⅳ　川が山から運んだ石や砂は，川が流れる過程で粒が大きい順に先にたい積していく。山から海までの距離が短い川では，河口付近でも比較的大きな粒の土がたい積する。③はク，④はカ，⑥はシがあてはまる。

南陽高等学校附属中学校　2023 令和5 年度　適性をみる検査Ⅲ

《解答例》

[1] (1)ア．6　イ．0.5　ウ．115　エ．245　オ．$21\frac{9}{11}$　(2)下線部ｂの時間は，長いはりが短いはりより 360° 多く進むのにかかる時間だから，$360^\circ \div 5.5^\circ = \frac{720}{11}$(分)である。したがって，午前10時から数えて$\frac{720}{11}$分ごとに２つのはりの位置関係は同じになり，$\frac{720}{11}$分の間に１回だけ長いはりと短いはりが重ならず一直線になる。よって，午前10時から午後10時までの12時間＝720分の間に，$720 \div \frac{720}{11} = 11$(回)だけ重ならず一直線になる。

[2] (1)4380　(2)2.176　(3)2578.56　(4)9

[3] (1)21→64→32→16→8→4→2→1　(2)10　(3)97，129，194　(4)12，13，80，84，85

[4] (1)C，E　(2)A．い　B．く　C．×　D．う　E．×　F．お

(3)ア．×　イ．○　ウ．×　エ．○　オ．○　カ．×

《解　説》

[1] (1)　長いはりは1時間に 360° 進むから，1分間に $360^\circ \div 60 = 6^\circ$ 進む。短いはりは1時間に$\frac{360^\circ}{12} = 30^\circ$ 進むから，1分間に $30^\circ \div 60 = 0.5^\circ$ 進む。したがって，1分ごとに長いはりは短いはりより $6^\circ - 0.5^\circ = 5.5^\circ$ 多く進む。

午前10時ちょうどのとき，長いはりと短いはりが作る小さい方の角の大きさは，$30^\circ \times 2 = 60^\circ$ だから，この10分後の午前10時10分には，$60^\circ + 5.5^\circ \times 10 = 115^\circ$ になる。また，大きい方の角度は，$360^\circ - 115^\circ = 245^\circ$ である。

長いはりと短いはりが重ならず一直線上になるのは，午前10時のときから数えて長いはりが短いはりより，$180^\circ - 60^\circ = 120^\circ$ 多く進んだときだから，$120^\circ \div 5.5^\circ = \frac{240}{11} = 21\frac{9}{11}$(分後)である。よって，その時刻は午前10時$21\frac{9}{11}$分である。

(2)　時計の長いはりと短いはりの間の角度が何度であったとしても，$360^\circ \div 5.5^\circ = \frac{720}{11} = 65\frac{5}{11}$(分)ごとに同じ角度になる。

[2] (1)　2022年はうるう年ではないので，1年間＝365日である。2022年1年間の電気消費量は1日あたり平均12kWhだから，365日だと，$12 \times 365 = 4380$(kWh)

(2)　太陽光パネルAは縦1.6m，横0.8mだから，面積は $1.6 \times 0.8 = 1.28$(㎡)である。1日に10時間発電するものとするから，晴れの日には1日に，$170 \times 10 \times 1.28 = 2176$(Wh)発電する。単位はkWhで答えるので，求める発電量は，$\frac{2176}{1000}$kWh＝2.176kWh

(3)　まず太陽光パネルA1枚分の年間の発電量を求める。1日あたりの発電量は，晴れの日が2.176kWh，くもりの日が$2.176 \times \frac{10}{100}$(kWh)，雨の日が$2.176 \times \frac{5}{100}$(kWh)だから，2022年1年間の発電量は，

$2.176 \times 225 + 2.176 \times \frac{10}{100} \times 100 + 2.176 \times \frac{5}{100} \times 40 = 2.176 \times (225 + 10 + 2) = 2.176 \times 237 = 515.712$(kWh)

よって，5枚分の年間発電量の合計は，$515.712 \times 5 = 2578.56$(kWh)

(4)　(3)より，太陽光パネルA1枚分の2022年1年間の発電量は515.712kWhだったから，約516kWhである。

年間電気消費量は4380kWhだったから，$4380 \div 516 = 8$余り252より，求める枚数は9枚である。

[3] (1)　1回操作してできる64の素因数は2だけだから，64以降は2で割るだけである。

(2)　168に操作をくり返し行うと，168→84→42→21と，3回で21になる。(1)で21は7回で1になったから，168は$3 + 7 = 10$(回)で1になる。

(3)　１から操作の計算を逆算していく。逆算するとき，２をかける方法と，１を引いてから３で割る方法があるが，１を引いてから３で割る方法は３の倍数より１大きい数にしか行えず，できた数が偶数だったときは条件にあわない(偶数に対しては３倍して１を足すという操作を行わないため)。

例えば146の各位の数の和は11で３の倍数より２大きいので，146は３の倍数より２大きい数だから，逆算は２をかける方法だけを行う。146×２＝292は３の倍数より１大きいので，２つの方法で逆算を行う。

(292－１)÷３＝97は３の倍数より１大きいが，(97－１)÷３＝32は偶数なので，２をかける方法だけを行う。

このように逆算をしていくが，条件に合う数を３つだけ求めればよいのでなるべく数が大きくならないようにすると，右図のようになる。よって，求める数として，97，129，194が見つかる。

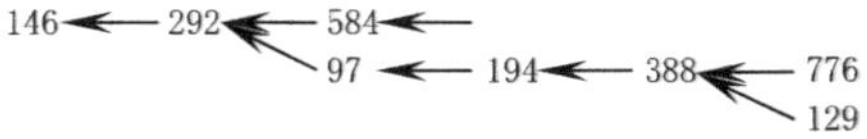

(4)　(3)の方法で９回逆算を行うが，１を引いて３で割る方法は小さすぎる数に対しては行えないことに注意する。９回逆算すると右図のようになるので，求める数は，12，13，80，84，85である。

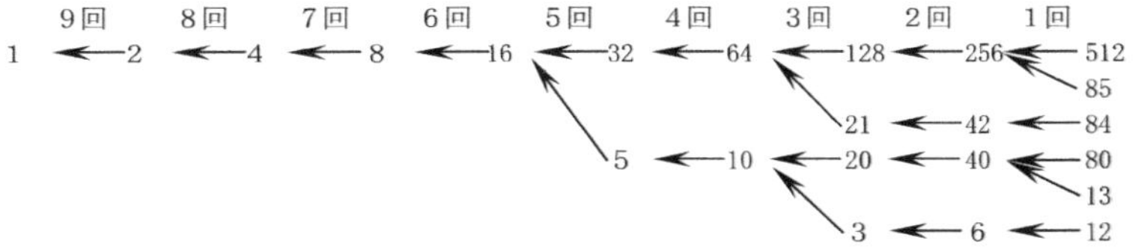

4　以下の解説では，「上から見たときの見え方」を「上」，「手前から見たときの見え方」を「手前」と表す。

(1)　「上」と「手前」の「か」「え」の位置から，Ａは「か」，Ｂは「え」に決まる。「上」と「手前」の「く」の位置から，Ｇは「く」に決まる。したがって，透明な立方体はＣとＥである。なお，Ｃは上の面が「あ」で，透明な立方体は２個しかないから，Ｄは「き」，Ｆは「う」とわかる。ＥとＨの文字は確定しない。

(2)　Ａ～Ｈの立方体の位置を右の図①のような配置で表すと，図５の「上」と「手前」から，図②のように文字が決まる。色をつけた立方体は透明な立方体であり，Ｂの「く」は上の面に書かれている。また，「あ」はＥかＧ，「き」はＣかＧである。

Ｃが透明の場合，Ｇが「き」，Ｅが「あ」に決まる。Ｃの文字は上から見えない面に書かれている。

Ｅが透明の場合，Ｃが「き」，Ｇが「あ」に決まる。Ｅの文字は手前から見えない面に書かれている。

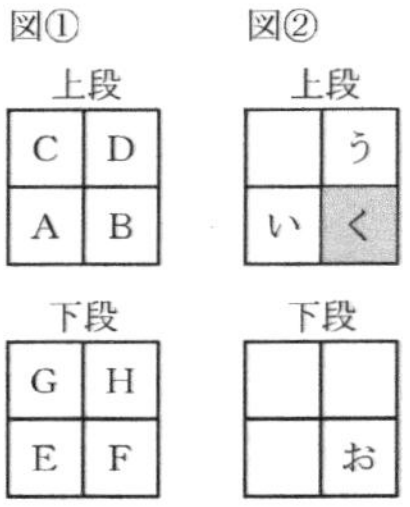

Ｇが透明の場合，Ｃが「き」，Ｅが「あ」に決まる。Ｈが透明の場合，Ｃが「き」，Ｅが「あ」に決まる。

いずれの場合も，残り２つの立方体の一方に「え」，もう一方に「か」が書かれているが確定しない。

以上より，文字が確定するのは図②の４つだけである。

(3)　Ｂが「お」であることはすぐにわかる。「上」で「い」と「え」が重なって見えるので，Ｄは透明である。「え」が反転して見えるのは，「え」が透明な立方体の下の面に書かれているためだが，ＤだけがD透明の場合とＤとＨの両方が透明の場合がある。そのため，ＤとＨは「い」と「え」のいずれかである。このことと「手前」より，Ｆは「あ」である。

以上より，(2)と同様に立方体の位置を表すと，図③のようになる。また，「う」はＣかＧ，「か」はＡかＥであり，残り２つは「き」と「く」である。

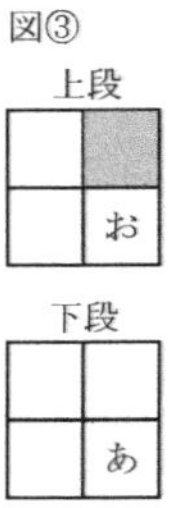

ア．ＤとＨがともに透明で，一方の上の面に「い」，もう一方の下の面に「え」が書いてあれば，「い」と「え」のどちらが上でも見え方は変わらない。よって，必ず正しいとは言えない。　　イ．正しい。　　ウ．★の部分に

「う」が見えた場合，Aが透明でCが「う」に決まるが，Aが「き」か「く」かはわからない。よって，必ず正しいとは言えない。　　エ．▲に「う」が見えた場合，Eが透明でGが「う」となるので，Cも透明ということになる。しかし，透明な立方体は２個だけなので条件に合わない。したがって，▲が「う」になることはないので，正しい。　　オ．▲の部分の見え方は「う」ではないので，「か」「き」「く」のいずれかである。「か」が見えればAは透明に決まる。「き」か「く」が見えた場合，Eが透明ではないとすると，Eが「き」または「く」で，Aは透明ではなく「か」となり，Eが透明だとすると，Gが「き」または「く」で，透明は２個までだからAは透明ではなく「か」となる。したがって，▲の部分の見え方がわかればAが透明か透明でないか判断できるので，正しい。
カ．左側から見ても，DとHのどちらが「い」でどちらが「え」かはわからないので，正しいとは言えない。
以上より，ア，ウ，カが「×」，イ，エ，オが「○」である。

★南陽高等学校附属中学校　2022 令和4年度　適性をみる検査Ⅰ

《解答例》

一　⑴エ　⑵Ⅰ．冷えた体を温めるためではないだろうか　Ⅱ．ア　⑶ウ　⑷海面と深いところとを行き来する回数を減らし、餌を食べる時間を増やせるという利点。　⑸ウ

二　⑴ウ　⑵ア　⑶Ⅰ．4　Ⅱ．フィールドワーク感覚　Ⅲ．自分たちできれいな町を作る、毎日使う場所なので続けることが大切だという思いによって、公園の美化がたもたれている

三　（例文）

私の考えは、井上さんの意見に近いです。

自分のやりたいことをつきつめて学び、自分の強みを持つことも大切だと思いますが、その前に物事をはば広く学び、色々なことに対応できる力をつけておく必要があると思います。その理由は、二つあります。

一つ目は、「人口の減少や人工知能の飛躍的な進化などにより」、これからの社会は大きく変化することが予想されていますが、どのように変化するかは、まだわからないからです。二つ目は、様々な場面で「多様化」という言葉を耳にするように、物事に対する考え方や、行動の様式が一つではなく、それぞれの個性を認める社会になってきたと思うからです。

以上のことから、私たちは今後、はば広い対応力をつけておくことが大切だと思います。その上で、どのような職業に就くかを決めて、自分の専門性を身につけるような学び方をすべきだと思います。

《解　説》

一　⑴　（中略）の後で，深海でも写るように工夫《くふう》したカメラで撮《と》った画像《がぞう》からわかったことが述べられている。「マンボウは～深いところへと潜《もぐ》り，カメラに餌《えさ》とする生物を写してくれた～クラゲの類～ハチクラゲ類～クシクラゲ類まで，多様性に富んでいた。なかでも～クダクラゲ類がいちばん多く写っていた」「主食は～クダクラゲ類だということが～カメラを取りつけることで初めて明らかとなったのだ」より，エが適する。

⑵Ⅰ　――線部②の２段落後の「マンボウは外温動物なので～体温が下がってしまうはずだ。だとすると，海面に戻《もど》るのは冷えた体を温めるためではないだろうか，という仮説をたててみた」より，下線部。　Ⅱ　Ⅰで読みとった「仮説」に続けて，「そこで，放流するマンボウに，カメラと同時に体温計を取りつけ，マンボウの体温の挙動を測ってみた」とあるので，アが適する。

⑷　「体温を回復するときのマンボウは冷えるときの３倍効率よく周りの海水と熱を交換《こうかん》している～体温の回復に必要な時間を短縮《たんしゅく》し，深いところで餌を食べる時間を増やしているのだろう」「じっさい，大きなマンボウほど長時間にわたって深いところにいる傾向《けいこう》がみられた」と説明されているが，「体が大きかろうが小さかろうが，冷やされた時間と失った体温を回復するのにかかる時間の比は変わらない」と述べていることに注意する。「体が大きく体温が下がりにくいこと」の利点を問われているので，最後の段落で「海面と深いところとをひんぱんに行き来すると移動にかかる時間がかさむ～行き来の回数を減らすほうが望ましい～体が大きければ大きいほど行き来する回数を減らせるため，餌を探《さが》して食べるのに使える時間が増えるのだ」と述べていることからまとめる。

⑸　アの「結論《けつろん》のみを提示している」，イの「実験をするたびに，『翻車考《まんぼうこう》』に書かれたことから疑問を提起し」，エの「他の可能性を考えるのではなく」は誤り。

二　⑴　「どうでもよさそうな情報から大事な情報まで，私たち一人ひとりは，数え切れないほどの情報をもっています。しかし～一部は自分しか知らないし，一部は身近な人しか知りません～ほとんどどこにも『書いて』いませんし～ＳＮＳ～もっている情報のごくごく一部でしょう」と述べていることに，ウが適する。

⑵　「そうしたプロセス」と前行の「このプロセス」は同じ内容を指す。それは，直前で述べた「こちら(調査をする人)の解釈《かいしゃく》と人びと(調査の対象である人びと)の解釈がぶつかりあい，ひびきあうことで，新しい解釈が生まれます」というプロセスのことである。よって，アが適する。このプロセスは，フィールドワークをすることで得られる「単にデータを得るということ以上のもの」の一つとして，ここまでに説明されてきた「私たちがもっているフレーム(考え方の枠組《わくぐ》み)そのものが壊《こわ》れたり再構築されたりすることが多い」「現場に身を置いて～仮説，調査の前提として考えていたフレームが壊れていきます」「調査のプロセスでは，フレームは何度も何度も修正する必要が出てきます」ということにあたるものである。

⑶Ⅰ　４段落で「調べ学習の初めには～のデータをとればよいと考えていました。しかし，実際の美化活動に参加し～考えが変わりました。そこで～を中心にして調べ学習を進めることにしました」と述べていることが，「調《ちょう》査事項《さじこう》の修正」にあたる。　Ⅱ　文章２(発表原こうの一部)の波線部は，文章１の最後の段落で「フィールドワークの経験によって～雑多な情報がうごめく現場の感覚，そこからフレームが壊れ再構築されていく感覚を身につけることができます。論文《ろんぶん》や記事を読む際にも，メディアの情報に接する際にも，そうしたフィールドワーク感覚が，それらを批判的《ひはんてき》に読む素地，立体的に読む素地になります～認識《にんしき》を深化させる練習場としての機能がある」と述べていることに重なる。　Ⅲ　４段落で「実際の美化活動に参加し～考えが変わりました。そこで～を中心にして調べ学習を進めることにしました」と調査事項を修正し，その結果が５段落に述べられている。「自分たちで町を作っているという思いを多くの人がもち，毎日使う場所であるということを考えて活動を続けていらっしゃるから，公園の美化がたもたれているのだ」という考えをまとめる。

★南陽高等学校附属中学校　2022 令和4年度　適性をみる検査Ⅱ

《解答例》

1　(1)ウ，オ　(2)国内で生産する農産物の量は減り，輸入する食料の量が増え，食料自給率が低下する。
(3)ア，エ，オ　(4)①エ　②カ　③ケ　(5)ウ，エ　(6)うたがわひろしげ　(7)①エ　②ア　③イ　④ウ
(8)エ

2　(1)Ⅰ．水の量が２倍，３倍になると，ミョウバンがとける量も２倍，３倍になる。　Ⅱ．右グラフ　Ⅲ．①11.0　②13.0
(2)①，②にあてはまる語句の組み合わせ…エ
［X］にあてはまる内容…カ　(3)B　(4)カ　(5)イ

3　(1)工場の数…A　働く人の数…C　生産額…F　(2)キ→オ→ア
(3)兵庫県…G　徳島県…L　岡山県…I　香川県…J　広島県…H
愛媛県…K　(4)Ⅰ．エ，オ　Ⅱ．地域の住民が直接選んだ首長や議員が，議会で話しあって決める。　(5)ウ　(6)Ⅰ．14，27
Ⅱ．エ　(7)①X　②Z　③Y　(8)京都…b　観測地m…a
観測地n…c

水の量と食塩がとける量
(水の温度が60℃のとき)

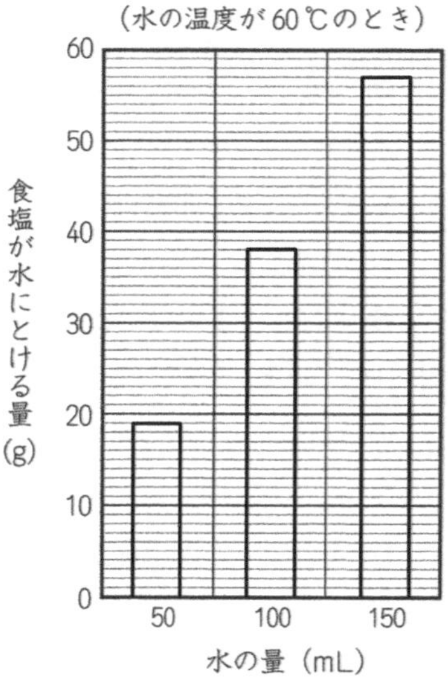

《解　説》

1　(1)　ウとオが正しい。　ウ．資料２より，日本の農業人口における65歳以上がしめる割合は，平成７年が1800÷4140×100＝43.4…(%)，平成22年が1605÷2606×100＝61.5…(%)である。　オ．資料１より，平成27年の日本の農家数は平成７年の1330÷2651×100＝50.1…(%)，資料２より，平成27年の日本の農業人口は平成７年の2097÷4140×100＝50.6…(%)となる。　ア．資料１より，日本の農家数は約30～40万戸ずつ減少している。資料２より，日本の農業人口は，平成７年～平成12年が約20万人，平成17～平成22年が約70万人減少している。
イ．資料２より，日本の農業人口が最も減少しているのは平成17年～平成22年である。　エ．資料２より，平成27年の農業人口全体にしめる15歳～64歳の割合は766÷2097×100＝36.5…(%)なので，約４割になった。

(2)　農業人口が減っていくと労働力も減っていくので，国内の農作物が不足するようになる。その不足分を外国からの輸入で補うため，食料自給率が低下する。

(3)　アとエとオが正しい。　ア．静岡県と鹿児島県の茶の生産量は全国の総生産量の57700÷83600×100＝69.0…(%)をしめる。　エ．都道府県名と都道府県庁所在地が異なるのは三重県津市である。なお，上位５位ではないが10位(愛知県名古屋市)も都道府県名と県庁所在地名が異なる。　オ．茶の生産量は，静岡県が33100トン，三重県・京都府・奈良県の合計が11500トンである。　イ．茶の生産量は，静岡県の５分の１が$33100\times\frac{1}{5}$＝6620(トン)，鹿児島県の４分の１が$24600\times\frac{1}{4}$＝6150(トン)なので．京都府(2920トン)の２倍以上になる。　ウ．資料３

に関東地方の都道府県(東京都・神奈川県・埼玉県・千葉県・群馬県・栃木県・茨城県)は見当たらない。

⑷①③　右図参照

⑸　ウとエが正しい。　ア．田楽が行われるようになったのは平安時代である。また，身分の区別のはっきりした江戸時代に農民と武士がともに田植えをすることはない。　イ．飛鳥時代から奈良時代にかけての記述である(右下表参照)。　オ．弥生時代の記述である。

⑹　歌川広重の浮世絵は，長崎での貿易が許可されていたオランダを通してヨーロッパへと伝わり，ゴッホをはじめとする多くの画家に強い影響を与えた(ジャポニスム)。

名称	内容
租	収穫した稲の約３%
調	布または特産物
庸	10日間の労役にかわる布
衛士	１年間の都の警備
防人	３年間の九州北部の警備

⑺　現状ではスマートフォンを使って商店街の情報を手に入れられないから，アとウは②と④と判断できる。イとウはそれぞれのお店で行う個別の取り組みだから，③と④と判断できる。よって，ウは④なので，アは②，イは③，エは①となる。

⑻　【発表１】と【発表２】は農業，【発表３】は商業についての内容なので，エと判断する。

2 ⑴Ⅰ　温度が一定であれば，水の量ととけるものの量は比例する。　Ⅱ　表２より，60℃の水50mLにとける食塩の量は19ｇとわかるから，水の量が２倍の100mLのときには19×２＝38(ｇ)，３倍の150mLのときには19×３＝57(ｇ)までとける。　Ⅲ　Ⅱ解説と同様に考えると，20℃の水50mLにとけるミョウバンが5.5ｇとすると，水100mLには5.5×２＝11.0(ｇ)までとけ，20℃の水50mLにとけるミョウバンが6.5ｇとすると，水100mLには6.5×２＝13.0(ｇ)までとけることになる。

⑵　20℃の水100mLに食塩は18×２＝36(ｇ)，ミョウバンは６×２＝12(ｇ)までとける。よって，とけきれなくなって固体として出てきたのは，20℃の水100mLにとける量が30ｇより少ないミョウバンで，その量は30－12＝18(ｇ)である。また，ろ過によって水にとけていない固体と液体を分けることはできるが，水にとけている固体を取り出すことはできないから，ろうとの下から出てきた液(ろ液)には12ｇのミョウバンがふくまれている。

⑶　晴れの日の方が昼と夜の気温の差が大きい。

⑷　ア×…スイッチを入れたとき，かん電池から流れる電流の向きが図４のときと逆になるため，プロペラがまわる向きが図４のときと逆になり，風が水よう液に当たらない。　イ，エ，オ×…スイッチを入れていない状態で，かん電池から電流が流れる(エでは電流の向きが図４のときと逆になる)。　ウ×…光電池から流れる電流の向きも，かん電池から流れる電流の向きも図４のときと逆になる。

⑸　アルミニウムを塩酸にとかすと，水素が発生し，塩化アルミニウムという金属のアルミニウムとはちがう固体ができる。

3 ⑴　大工場(働く人が 300 人以上の工場)と中小工場(働く人が１～299 人の工場)を比較すると，数はおよそ１：99，従業員数は３：７，工業生産額は 52：48。工場の生産額は大工場と中小工場がほとんど同じであるが，工場数は中小工場の方が多いので，１人あたりの年間生産額は中小工場の方が少ない。よって，中小工場はＡとＣとＦとなる。

⑵　８世紀はじめから 120 年間(701～821 年)は飛鳥時代・奈良時代・平安時代にあたるから，キ(奈良時代／741 年)→オ(奈良時代／752 年)→ア(平安時代／794 年)の順になる。イは平安時代(９世紀末期)，ウは古墳時代，エは弥生時代，カは飛鳥時代(７世紀初期)，クは平安時代(11 世紀初期)。

⑶　資料７に着目すると，製造品出荷額が圧倒的に高いＧは阪神工業地帯の兵庫県，次いで高いＨ・Ｉは瀬戸内工

業地域の岡山県・広島県と判断できる。広島県は地方中枢都市(広島市)があるので人口が多いH，岡山県はモモやブドウの栽培が盛んなので果実の産出額が高いＩである。残ったうち，香川県は日本最小なので面積の小さいＪ，愛媛県はミカンの栽培が盛んなので果実の産出額の高いＫ，徳島県は人口と貿易貨物の輸出量が少ないＬと判断する。

(4) Ⅰ　エとオが正しい。　ア．佐渡市が「国や県から受ける補助金など」の金額は，屋久島町や西之表市よりも高くない。　イ．佐渡市の「住民や会社が納める税金」の割合は「事業をするために借りるお金など」の割合よりも高くない。　ウ．「事業をするために借りるお金など」の割合が最も低いのは西之表市である。　カ．資料８より，税金による収入の合計金額は分からない。　Ⅱ　首長(市長村長)や議員は，その地域の住民によって直接選挙で選ばれる。このような，地域の住民が住んでいる地域の政治を自らの手で行うことを「地方自治」と呼ぶ。地方自治を通して民主政治のあり方を学ぶことができることから，「地方自治は，民主主義の学校である」と言われる。

(5)　右図の塗りつぶした部分が陸地となるから，ウが正しい。

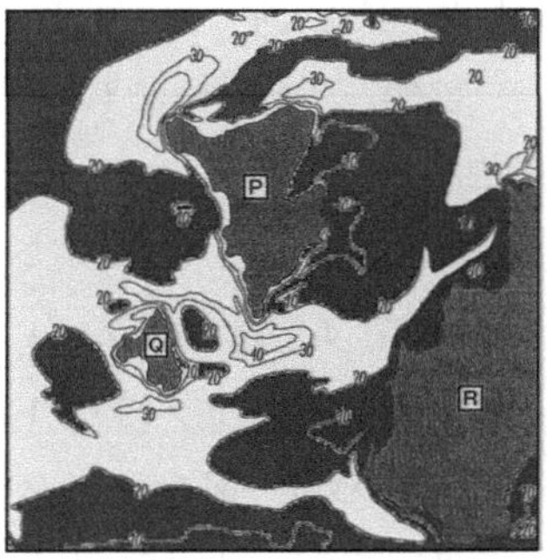

(6) Ⅰ　日の出の時刻が４：49，日の入り時刻が19：16だから，昼の長さは２つの時刻の差である14時間27分となる。　Ⅱ　エが正しい。
ア．2022／６／22の昼の長さが最も短いのはW地点である。　イ．2022／６／22，2022／12／22ともに，東にある地点ほど日の入りが早い。　ウ．2022／６／22は北にある地点ほど昼が長く，2022／12／22は南にある地点ほど昼が長い。

(7)　磁石のＳ極が示した方向は南だから，②はＸまたはＹの南にあるＺである。また，①からＺの方を向いて立つと，左におよそ60度の位置に③が見えるから，①はＸ，③はＹである。

(8)　サクラはあたたかいほど早く開花するから，サクラの開花した日付を早い順に並べたものと，３月から４月ごろの気温が高い順に並べたものはどちらも，ｍ→京都→ｎとなると考えられる。したがって，ｍがａ，京都がｂ，ｎがｃである。

《解答例》

1 (1)ア．288　イ．3　ウ．35

(2)右図　(3)エ．3　オ．30

2 (1)ア．2.25　イ．12　(2)8：3

(3)右グラフ　(4)15 日

3 (1)ア．D　イ．A　ウ．C

(2)(え)　(3)右図のうち１つ

(4)ア，エ，オ

4 (1)X．6　Y．3　Z．2

(2)X．4　Y．2　Z．1

(3)図５から〈セット〉を１回行うたびに，

図６→図７→図５→…と変化するから，

３回で図５にもどる。したがって，〈セット〉の回数が３で割ると２余る数のとき，図７のようになる。

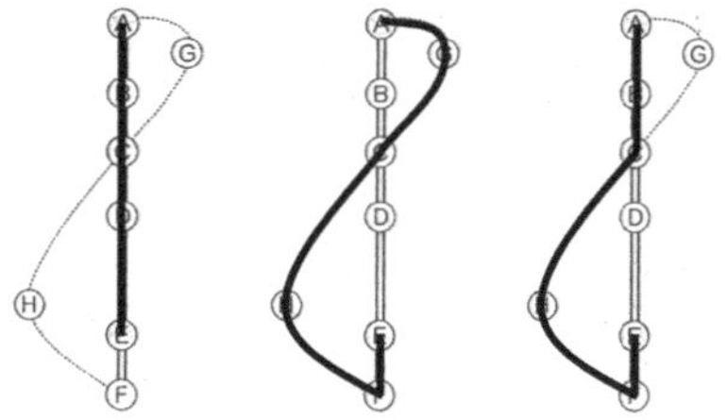

1(2)の図

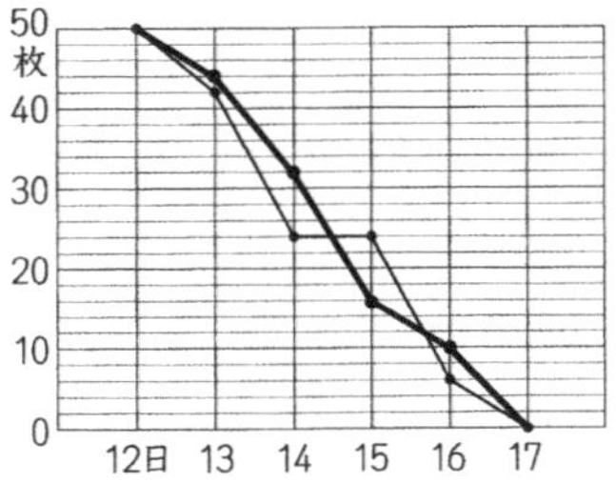

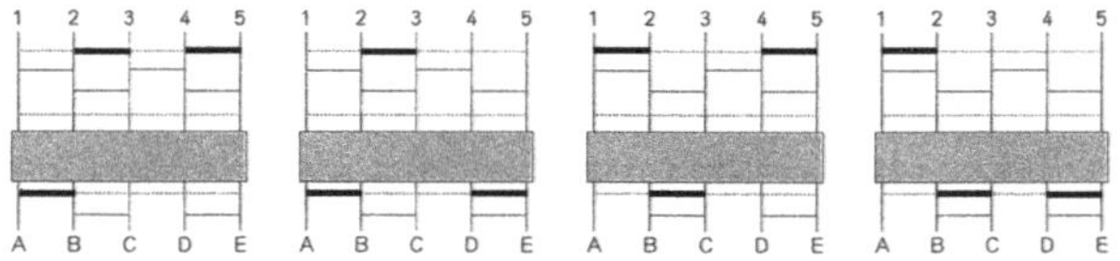

3(3)の図

《解　説》

1 (1)　新幹線の速さは，秒速 80m＝時速$\frac{80\times60\times60}{1000}$km＝時速ア288 km，普通電車の速さは，時速$\frac{288}{4}$km＝時速 72 km

図２の行き方だと，ＡＣ間が新幹線で，$(120+240)\div288=\frac{5}{4}=1\frac{1}{4}$(時間)かかり，Ｃ駅での乗りかえに 15 分＝$\frac{15}{60}$時間＝$\frac{1}{4}$時間かかり，ＣＥ間が普通電車で，$(54+96)\div72=\frac{25}{12}=2\frac{1}{12}$(時間)かかる。

よって，合計で，$1\frac{1}{4}+\frac{1}{4}+2\frac{1}{12}=3\frac{7}{12}$(時間)，つまり，３時間$(\frac{7}{12}\times60)$分＝イ3時間ウ35分かかる。

(2)　新幹線でＦ駅まで行ってから，普通電車でＥ駅まで行く行き方があることに気がつきたい。

(3)　(2)でかいた図を右のように①～③とする。また，各区間でかかる時間を計算してまとめると，右表のようになる。

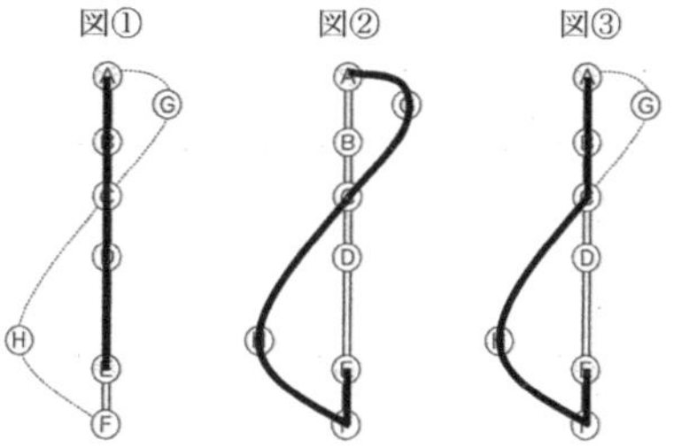

	新幹線	普通電車
ＡＣ間	$1\frac{1}{4}$時間	$1\frac{11}{12}$時間
ＣＥ間		$2\frac{1}{12}$時間
ＣＦ間	$1\frac{3}{4}$時間	
ＥＦ間		$\frac{1}{4}$時間

①でかかる時間は，

$1\frac{11}{12}+2\frac{1}{12}=4$ (時間)

②(乗りかえ１回)でかかる時間は，

$1\frac{1}{4}+1\frac{3}{4}+\frac{1}{4}+\frac{1}{4}=3\frac{1}{2}$(時間)

③(乗りかえ２回)でかかる時間は，$1\frac{11}{12}+\frac{1}{4}+1\frac{3}{4}+\frac{1}{4}+\frac{1}{4}=4\frac{5}{12}$(時間)

よって，１番早く行ける行き方は②で，$3\frac{1}{2}$時間＝エ3時間オ30分かかる。

2 (1)　健さんの残り枚数のグラフから，13 日の残り枚数は 42 枚，14 日の残り枚数は 24 枚とわかるから，14 日は 42－24＝18(枚)書いた。これは 13 日に書いた枚数の，18÷８＝ア2.25(倍)である。

15 日の残り枚数が 24 枚，16 日の残り枚数が６枚，17 日の残り枚数が０枚だから，16 日に 24－６＝18(枚)，17 日に6枚書いたので，16日に書いた枚数は17日に書いた枚数よりも，18－6＝イ12(枚)多い。

(2)(3)　彩さんの枚数について右表のようにまとめられる。

	12日	13日	14日	15日	16日	17日
書いた枚数(枚)	0	6	a	c	e	10
残り枚数(枚)	50	44	b	d	10	0

a＝8×1.5＝12だから，b＝44－12＝32

$c=10\div\frac{5}{8}=16$ だから，d＝32－16＝16

e＝16－10＝6　　よって，ウにあてはまる比は，16：6＝8：3

(4)　(3)でかいたグラフを見ると，彩さんの残り枚数が健さんの残り枚数より少ない日は，15日だけとわかる。

3　(1)　図3のあみだくじで，2，3，4を選んだ結果はそれぞれ右図㋐のように，アD，イA，ウCとなる。

図㋐

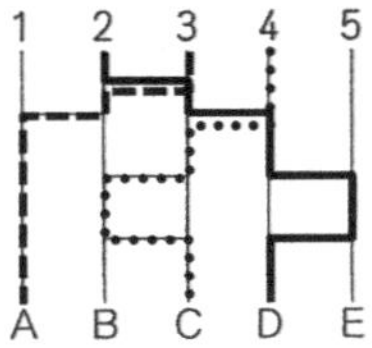

図㋑

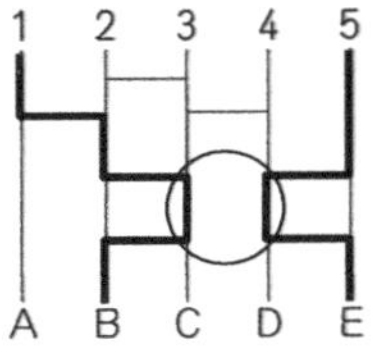

(2)　「1からBまでたどる道すじ」と「5からEまでたどる道すじ」は，図㋑の○をつけたところでとなりあうから，(え)に横線をかき加えればよい。

(3)　組み合わせが(C，A，B，E，D)なのだから，かくされている部分は右図㋕のようになっている。(C，A，B，E，D)を(A，B，C，D，E)に変えるためには，まずDとEを入れかえる必要がある。

図㋕

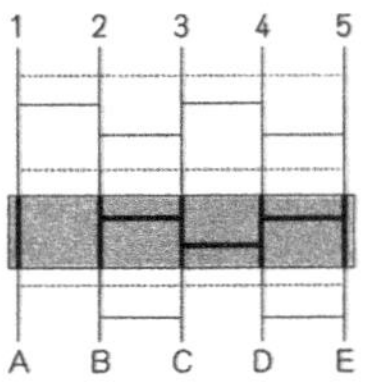

図㋖

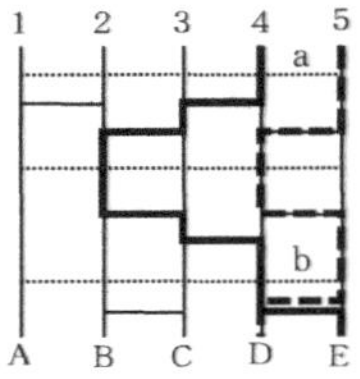

「4からEまでたどる道すじ」と「5からDまでたどる道すじ」は，図㋖のようになっているので，aかbの位置に横線をかき加えれば，DとEを入れかえることができる。

図㋗

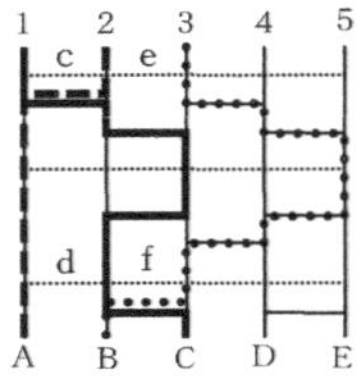

また，CとAを入れかえて，さらにCとBを入れかえる必要がある。「1からCまでたどる道すじ」と「2からAまでたどる道すじ」と「3からBまでたどる道すじ」は，図㋗のようになっているので，cとf，または，dとeの位置に横線をかき加えればよい。

よって，解答例のようになる。

(4)　横線を1本かき加えるたびに，2つの結果を入れかえることができる。奇数本の横線をかき加えると入れかわりが起こるが，ほぼ同じ位置に偶数本の横線をかき加えると，結果的に入れかえは起きない。

したがって，縦線1と2の間に8本の横線を加えると，組み合わせは(A，B，C)のままとなる。

1本の横線でAとBを入れかえてから，もう1本でAとCを入れかえると(B，C，A)となり，残りが偶数本なので，組み合わせを(B，C，A)にすることはできる。同様に，BとCを入れかえてからAとCを入れかえると(C，A，B)となるので，組み合わせを(C，A，B)にすることはできる。よって，ア，エ，オは作ることができる。

4　(1)　図3の状態から操作を順に追っていくと，すべての数字の位置をはあくしながら進めていかなければならない。それでは大変なので，図4の状態から3回の操作をさかのぼって，XとZの位置だけを追っていく(XとZの数字がわかればYの数字がわかる)。図4から図3までは，立方体Aを，下奥→左上→右上，と回転させればよい。

順に図をかくと，右図のようになる(向きは考えない)。よって，Xは図3で後ろの面の6，Zは下の面の2だから，Yは右の面の3である。

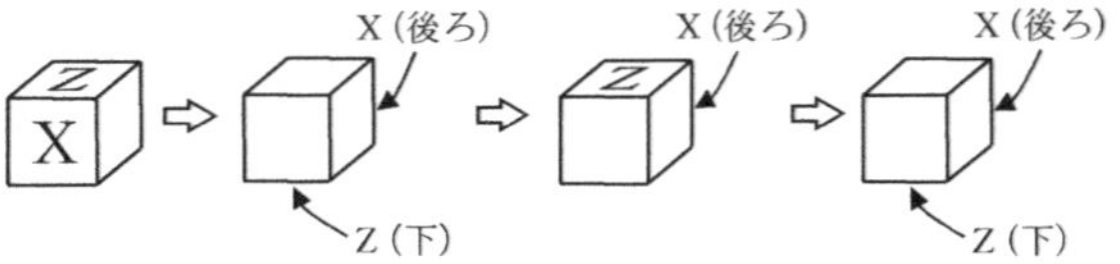

(2)　(1)と同様に，図６から図５までの操作をさかのぼって，ＸとＺの面の位置を考えていくと，次の図のようになる(向きは考えない)。

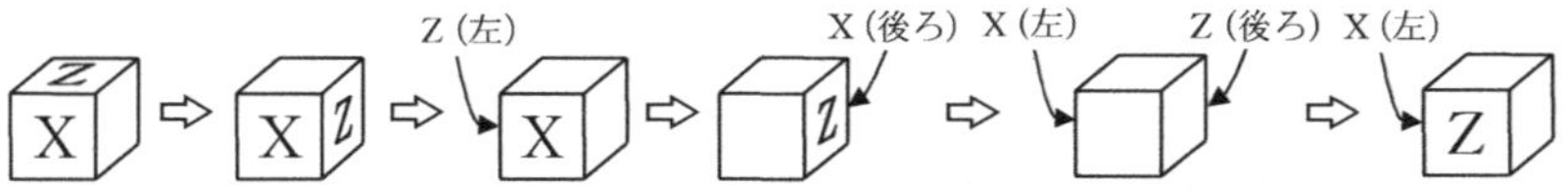

よって，Ｘは図５で左の面の４，Ｚは前の面の１だから，Ｙは下の面の２である。

(3)　図５から〈セット〉を１回行うと図６になる。したがって〈セット〉１回で，立方体Ａは，右図の直線ｍを中心に上に90°回転し，直線ｎを中心に上から見て反時計まわりに90°回転する。よって，〈セット〉を１回行うたびに，図５→図６→図７→図５→…と変化する。

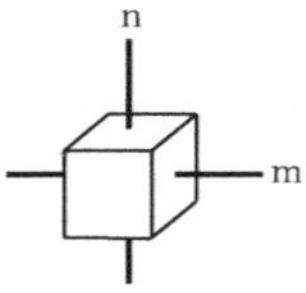

《解答例》

一 (1)だれにも言えない心の中の葛藤をめぐってもう一人の自分とやりとりする、自己との対話の場が、必要である

(2)a．周囲　b．開発　c．課題　d．結局　(3)ウ　(4)A．イ　B．エ　C．ア　D．ク　E．カ

(5)ア　(6)他者に対して閉じられた個として

二 (1)環境に最も適した種のみが占有するのではなく、複数の近縁種が同じ場所に共存している　(2)イ

(3)Ⅰ．イ，ウ　Ⅱ．新女王アリは、植物表面の物質だけでなく光などの条件も参考にして共生相手を選ぶのだ

(4)[初め／終わり]　ア．[熱帯の／のなぞ]　イ．[野外の／現する]　ウ．[自分の／着する]

三 （例文）

私は、「海の豊かさを守ろう」という言葉から、海洋プラスチックごみの問題を思いうかべます。新聞記事を読んで、私たちが使っているペットボトルやビニールぶくろなどのプラスチックごみが、年間約八百万トンも海に流れ出ているということを知りました。プラスチックごみは、海をよごすだけでなく、そこにすむ生き物にもえいきょうをあたえています。

私たちの身の回りには、使い捨てのプラスチック製品がたくさんあります。それらが適切に処分されずに海に流されると、有害な海洋プラスチックごみになります。だから私は、海の豊かさを守るためには、使い捨てのプラスチック製品の利用をひかえ、利用する場合はリサイクルするためにきちんと分別して捨てることが必要だと考えます。具体的には、買い物に行く際はマイバッグを持参する、ペットボトル飲料を買わずにマイボトルに飲み物を入れて持参する、シャンプーなどはつめかえ用を買う、よごれたプラスチック容器はリサイクルできないのできれいに洗ってから捨てるといった行動が考えられます。

《解　説》

一 (1)　1行目の「日記というのは，もう一人の自分との対話の場である」ということをおさえた上で，「自己意識が高まる青年期」に，なぜ「自分との対話」が必要なのかという点を中心に読んでいく。すると，――線部①の9～11行後に「だれにも言えない心の中の葛藤《かっとう》をめぐって，ああだこうだと思う存分《ぞんぶん》やりとりできる相手は，もう一人の自分しかいない。自己意識の高まる青年期は，このように自己との対話が頻繁《ひんぱん》に行われるようになる時期」とあるので，この部分を中心にまとめる。

(3)　人は「ずっと自分と向き合っている」のは「きつい」ので，「気晴らし」をするが，その気晴らしの一つとして「とくに見たいものがないのにテレビをつけ，バラエティ番組などを意味もなく見続ける」ことがあげられている。「こうした気晴らしをしている間は，自意識から逃《のが》れることができる」ともあるから，テレビを見ている間は「自分と直面する(＝自分と向き合う・自意識)のを避《さ》けることができる」と言える。よってウが適する。おしゃべりや音楽，小説も自意識から逃れるための「気晴らし」の例なので，アの「自己との対話を頻繁に行うことができる」，イの「自分～を見つめ直すことができる」は，本文と逆のことを言っていることになり，適さない。エについて，日記やブログを書くことは自分と対話をすることになるので，「自意識を麻痺《まひ》させる」のではなく，自意識を高めることになる。

(4)D　4段落前に「そのような文化(欧米《おうべい》の「自己中心の文化」)においては，他者の影響《えいきょう》を受けることは，個

が確立していないという意味で未熟《みじゅく》とみなされる」とあるから，「『自己中心の文化』においては～否定的《ひていてき》にみられる」ことは，クの「他者の影響を受ける」ことである。　E　３段落前に「『間柄《あいだがら》の文化』とは～相手の気持ちや立場に配慮《はいりょ》して判断すべき，とする文化」とあるから，カの「他者に配慮できる」が適する。

(5)　最後から４段落目に着目する。「日本人は，何ごとに関しても自分だけを基準とするのではなく他者の気持ちや立場に配慮して判断する」が，山本《やまもと》さんが空らんの前で言っていることとほぼ同じである。この後に「ゆえに，たえず相手の期待が気になり，できるだけそれに応《こた》えようとする」と続くことから，これと同じようなことを言っている，アが適する。

(6)　「他者との関係性を生きる」とは「反対の意味になるように」とあることに注意。――線部④の直前に「個を生きるのではなく」とあるのがヒントになる。これでは字数に合わないので，他者からの影響を受けず個人として生きることを15字で言い表した――線部③の３行後の「他者に対して閉じられた個として」をぬき出す。

二　著作権に関係する弊社《へいしゃ》の都合により本文を非掲載《ひけいさい》としておりますので，解説を省略させていただきます。ご不便をおかけし申し訳ございませんが，ご了承《りょうしょう》ください。

《解答例》

1 (1)Ⅰ．地方公共団体／25　Ⅱ．［県庁所在地名／記号］［こうべ／A］［おおつ／D］［つ／E］　Ⅲ．ウ
(2)Ⅰ．かがわ　Ⅱ．(例文)大阪湾を埋め立てた　(3)Ⅰ．①ぶっきょう　②しょいんづくり　③へいじ
④しょうむ　⑤あしかがよしみつ　⑥やまとちょうてい　Ⅱ．①，②，④，⑤　Ⅲ．⑥→①→④→③→⑤→②

2 (1)A．オ　B．イ　C．ア　D．キ　しくみ…アメダス　(2)①ア　②ウ　③カ　④コ　(3)画像ア…画像C
画像イ…画像A　画像ウ…画像B　(4)ⅰ．ア　ⅱ．日光が当たるとデンプンができる
(5)Ⅰ．AとC／BとD／EとG／FとH　Ⅱ．ふりこの長さを変えると，10 往復する時間が変わる

3 (1)エ　(2)Ⅰ．組み合わせ…ア　⑤急　Ⅱ．A．しんしょく　B．うんぱん　C．たいせき
(3)Ⅰ．さんけんぶんりつ　Ⅱ．イ　Ⅲ．エ　(4)Ⅰ．記号…イ　理由…左側の軍は，大量の鉄砲を使っているから。
Ⅱ．けんち　(5)ウ　(6)ア，ウ　(7)新たな空気が炎に届きやすくなる

《解　説》

1 (1)Ⅰ　立候補することができるようになる年齢は，市町村長が満 25 歳以上，都道府県知事が満 30 歳以上である。

Ⅱ　県庁所在地名は，神戸市(兵庫県)，大津市(滋賀県)，津市(三重県)である。表1の直線距離において，神戸市は大阪府に近いからA，大津市は京都府に近いからDと判断できる。残ったうち，奈良市や和歌山市よりも大阪府から離れているEを津市と判断する(右図参照)。Bは和歌山県庁，Cは奈良県庁。

Ⅲ　近畿地方は，人口が関東地方に次いで多く，農業生産額が低いから，ウと判断する。また，近畿地方には阪神工業地帯があるため，工業生産出荷額が比較的高い。アは中部地方，イは関東地方，エは中国地方，オは九州地方，カは東北地方。

(2)Ⅰ　2021 年時点，日本最小の都道府県は香川県である。　Ⅱ　大阪府にある関西国際空港は，1987 年～1991 年に人口島を造成してつくられた。そのため，1985 年度～1995 年度の間に，大阪府の面積が香川県を抜いている。

(3)Ⅰ①　法隆寺には釈迦三尊などの仏像があり，世界文化遺産に登録されている。　②　書院造には，障子やふすま，たたみ，床の間・ちがいだななどが設けられている。また，銀閣は室町幕府8代将軍の足利義政によって東山に建てられた。　③　平治の乱に勝利した平清盛は，一族の者を朝廷の高い位につけ，自らは武士として初めて太政大臣の地位に就いて，西日本を中心として政治の実権をにぎった。また，娘の徳子を高倉天皇にとつがせ，その子を安徳天皇とした。　④　東大寺の正倉院には聖武天皇の遺品が納められている。その1つである螺鈿紫《らでんし》檀五弦琵琶《たんごげんびわ》には，西アジアの文化が唐に伝わっていた証拠として，ヤシの木，ラクダ，ペルシャ風の吟遊詩人などがデザインされている。　⑤　室町幕府3代将軍の足利義満は，寝殿造・武家造・禅宗様を取り入れて，北山に金閣を建てた。　⑥　大和(現在の奈良県)の豪族が強い勢力をほこり，やがて大和朝廷を中心にまとまるようになった。大和朝廷の中心となった大王は，後に天皇と呼ばれるようになった。　Ⅱ　①の法隆寺と④の正倉院は奈良県，②の銀閣と⑤の金閣は京都府にある。厳島神社は広島県(中国地方)，稲荷山古墳は埼玉県(関東地方)にある。　Ⅲ　⑥古墳時代→①飛鳥時代→④奈良時代→③平安時代末期→⑤室町時代前半→②室町時代後半

2 (1) aは温度計，bは雨量計，cは風向風速計，dは日照計である。

(2) ①晴れの日には，太陽からの熱が地面，空気の順に伝わって，気温が上がりやすいので，くもりの日に比べて，気温の変化が大きい。　②太陽が出ていない夜間に気温が下がるので，日の出のころに最も気温が低くなる。

③④　空全体にしめる雲の割合が０～８のときは晴れ，９，10のときはくもりである。

(3) 画像ア～ウの雨が降っている地域と，画像Ａ～Ｃの雲がかかっている地域が同じになるものを選ぶ。

(4) ア○…ヨウ素液はデンプンにつけると青紫色に変化する。葉アでは，実験２日目の朝すぐに，アルミニウムはくを外して葉をとったものにデンプンがないことが確かめられた。また，葉イと葉ウでは，実験２日目の朝から４～５時間，アルミニウムはくを外すか外さないか(葉に日光が当たるか当たらないか)によって，デンプンができるかどうかを調べている。結果より，葉に日光が当たるとデンプンができることがわかる。

(5)Ⅰ　ある条件について調べたいときは，その条件だけが異なる実験の結果を比べる。おもりの重さだけが異なる組み合わせは，ＡとＣ，ＢとＤ，ＥとＧ，ＦとＨの４組である。　Ⅱ　ＡとＥでは，ふりこの長さの条件だけが異なるので，ふりこの長さについて調べることができる。ＡよりもＥの方が10往復する時間の平均が長いので，ふりこの長さを変えると，10往復する時間が変わることがわかる。なお，ＢとＦ，ＣとＧ，ＤとＨを比べても同様である。

3 (1) エ○…地面に垂直に100 cmの棒《ぼう》を立て，かげの長さが70 cmになったので，棒の長さを資料１の一辺の長さの10 cmとすると，かげの長さは $70\times\frac{10}{100}=7$ (cm)である。このとき，棒と太陽の光の間の角度は35度だから，太陽の光が地面に当たる角度は180－(90＋35)＝55(度)となる。

(2)Ⅰ　ア○…川の曲がっているところの外側では水の流れが速く，川底や川岸がしん食されてがけができやすい。また，川の曲がっているところの内側では水の流れがゆるやかで，小石や砂がたい積して川原ができやすい。

(3)Ⅰ　立法権を持つ国会・行政権を持つ内閣・司法権を持つ裁判所の三権が分散・独立し，それぞれが互いに抑制し合い，バランスを保つことで権力の集中やらん用を防いでいる。さらに，三権の中央にいる国民には，自由と権利を保障するために三権それぞれを監視する役割がある。　Ⅱ　イが誤り。裁判員裁判は重大な刑事事件の第一審で開かれる。くじで選ばれた裁判員が裁判官とともに裁判に参加し，有罪か無罪か，有罪であればどのような量刑が適当かを決定する。　Ⅲ　エが正しい。　Ａ．国会議員は国民の直接選挙によって選ばれる。　Ｂ．「世論」は様々な問題に対する考え方を意味し，世論がまとまった方向に動くと政治を動かす大きな力となる。　Ｃ．国民審査は，衆議院議員総選挙のときに最高裁判所の裁判官の適任・不適任を審査する制度である。

(4)Ⅰ　長篠の戦いでは，織田信長・徳川家康連合軍(左側の軍)が鉄砲を有効に用いて，武田勝頼の騎馬隊(右側の軍)を破った。　Ⅱ　豊臣秀吉がものさしの長さを統一するまで，地方によって長さの基準が違ったため，年貢の量もそろっていなかった。しかし，秀吉が行った太閤検地では予想される収穫量を米の体積である石高で表したため，年貢を確実に集めることができるようになった。

(5) ウが正しい。　ア．秋田県・青森県・福島県・岩手県・山形県は東北地方に位置している。　イ．秋田県・島根県・山口県・山形県は日本海に面している。　エ．2045年の沖縄県と東京都の高齢化率は，2018年の高齢化率５位の徳島県よりも低くなると予想されている。

(6) 初めて武士によって開かれたのは鎌倉幕府だから，その後の室町時代の文化のアとウが正しい。イとオは奈良時代，エは平安時代の文化である。

(7) ものが燃えるには酸素が必要である。写真のように，まきの方向を段ごとに変えて組み上げると，炎《ほのお》に新たな空気が届きやすくなるため，まきが燃えやすくなる。これと同様に，和ろうそくでは，まわりの空気に加えて，しんの空どうの中の空気が上しょうして炎に届くため，より安定して燃え続けることができる。

★南陽高等学校附属中学校　2021 令和3年度　適性をみる検査Ⅲ

《解答例》

1　(1)ア．40　イ．3240　ウ．45　エ．1035　(2)オ．58　カ．660

2　(1)ア．1000　イ．1250　(2)398

(3)球の表面積÷円周率の値をおよその数にすると，右表のようになります。表に並んでいる球の表面積÷円周率の値について，

直径(cm)	10	20	30	40
球の表面積÷円周率	100	400	900	1600

100＝10×10，400＝20×20，900＝30×30，1600＝40×40 だから，直径×直径の値と等しいです。したがって，球の表面積を直径から求める式は，直径×直径×円周率＝直径×直径×3.14 と予想できます。

3　(1)合計…4　種類…4　(2)1：2　(3)10 cmが4本，20 cmが1本　(4)合計…10　色の混ざったリボン…2

(5)

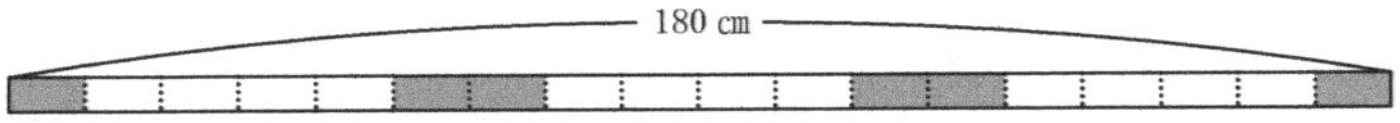

4　(1)A．24　B．12　C．32　(2)時間…14，24　B．768　C．864　(3)ア．32　イ．4　ウ．72　エ．8

《解　説》

1　(1)　1から80までの80個の数を2個1組にするのだから，和が81になる組み合わせが，80÷2＝ア40(個)できる。したがって，すべてのタイルの枚数は，81×40＝イ3240(枚)である。なお，80が偶数であるためにすべての数を2個1組のペアにすることができたが，1から偶数までの和でも1から奇数までの和でも，右のような筆算で考えると同じ求め方をすることができる。

　　1＋2＋3＋……＋80
＋)　80＋79＋78＋……＋1
　　81＋81＋81＋……＋81

1から80までの連続する整数の和の2倍は，右の筆算より，81×80となるから，1から80までの連続する整数の和は，$\frac{81\times80}{2}$＝3240となる。つまり，1からnまでの連続する整数の和は$\frac{(1+n)\times n}{2}$で求めることができる。

タイルの枚数が初めて1000枚をこえるときについては，この式のnにいろいろな数をあてはめて，条件に合うところを探す。まずはnに10の倍数をあてはめていくと，$\frac{(1+40)\times40}{2}$＝820，$\frac{(1+50)\times50}{2}$＝1275より，条件に合うnの値《あたい》は40と50の間にあるとわかる。1000は820と1275の真ん中より少し小さい数なので，nに44をあてはめてみると，$\frac{(1+44)\times44}{2}$＝990となり，45をあてはめてみると，$\frac{(1+45)\times45}{2}$＝1035となる。

よって，ウ45列目まで並べると，タイルの枚数が全部でエ1035枚になり，初めて1000枚をこえる。

(2)　15列目に並んでいるタイルの枚数は，30に2を15－1＝14(回)加えた数だから，30＋2×14＝オ58(枚)

すべてのタイルの枚数の計算では，(1)の筆算の考え方を利用できる。

15列目までのすべてのタイルの枚数の和の2倍は，右の筆算より88×15となるから，

15列目までのすべてのタイルの枚数の和は，$\frac{88\times15}{2}$＝カ660(枚)

　　30＋32＋34＋……＋58
＋)　58＋56＋54＋……＋30
　　88＋88＋88＋……＋88

2　(1)　直方体の2つの底面の面積の和は，10×10×2＝200(cm²)　柱体の側面積は(底面の周の長さ)×(高さ)で求められるから，直方体の側面積は，10×4×20＝800(cm²)　よって，直方体の表面積は，200＋800＝ア1000(cm²)

ペンキをぬった量はペンキの重さに比例し，球にぬったペンキは直方体にぬったペンキの$\frac{4.5}{3.6}$＝$\frac{5}{4}$(倍)である。

よって，球の表面積は直方体の表面積の$\frac{5}{4}$倍の，1000×$\frac{5}{4}$＝イ1250(cm²)と計算できる。

(2)　1250÷3.14＝398.0…より，$\frac{1}{10}$の位(小数第1位)を四捨五入すると，398になる。

(3)　解答例では，(球の表面積)＝(直径)×(直径)×3.14となった。中学で学習するが，球の表面積を求める公式は

ふつう，４×(円周率)×(半径)×(半径)と表記される。この式を変形すると，２×２×(半径)×(半径)×(円周率)＝(直径)×(直径)×(円周率)となり，この問題の解答と同じ式になる。ただし，問題文では「球の表面積を直径から求める式」とあるので，４×(円周率)×(半径)×(半径)はまちがいとされたであろう。球の表面積の公式を暗記していたとしても問題文をよく読まなければならなかったということである。

3 (1)　≪２：３で切る≫とき，②の長さと③の長さに切り分けたとする。右図は【３つ折り】にしたリボンの重なりを表した図であり，長方形の縦の辺が線で結んであるところは，リボンが実際につながっているところを表す。アとイをふくむ長方形は，$\frac{1}{3}$にしたリボンのうち一番上に位置する部分であり，上から順にウとエをふくむ部分，オとカをふくむ部分が重なっていることを表す。≪２：３で切る≫ことをしたあとのリボンは，長さが②のアのリボン，長さが③×２＝⑥のイとウをふくむリボン，長さが②×２＝④のエとオをふくむリボン，長さが③のカのリボンになるから，本数は４本，長さの種類は４種類である。

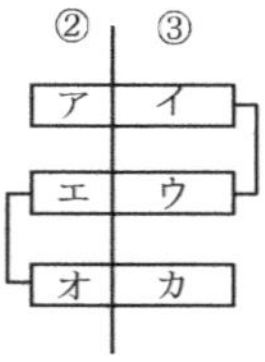

(2)　右図は，【２つ折り】にしたリボンを≪ａ：ｂで切る≫ときを表した図である(表し方は(1)と同様)。切り分けられたあと，長さがｂ，ａ×２，ｂの３本のリボンができるので，ａ×２とｂが等しい。よって，ａ：ｂ：＝１：２

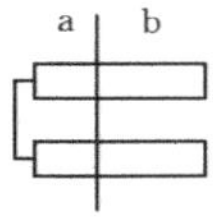

(3)　60 cmのリボンは【２つ折り】を２回することで２×２＝４(等分)され，見た目が60÷４＝15(cm)になり，≪１：２で切る≫ことをした結果，15×$\frac{1}{1+2}$＝５(cm)と，15－５＝10(cm)になる。図はその様子を表したものである(表し方は(1)と同様であり，最後に③，②，①，④の順に上から重なっている)。よって，切ったところから左側にあるリボンは，５×２＝10(cm)が２本であり，切ったところから右側にあるリボンは，10×２＝20(cm)が１本，10 cmが２本である。よって，できるリボンは，10 cmが４本，20 cmが１本である。

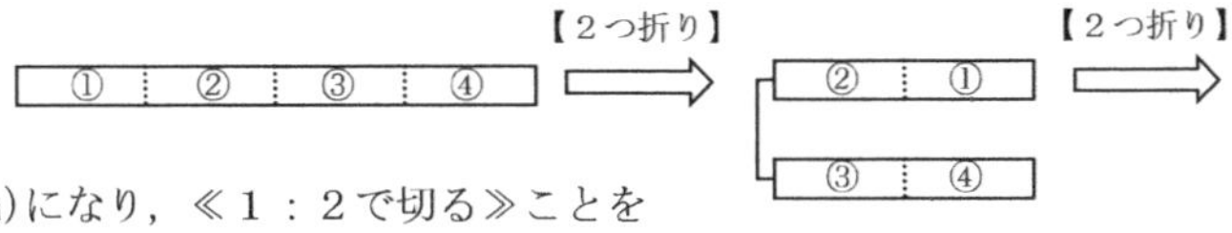

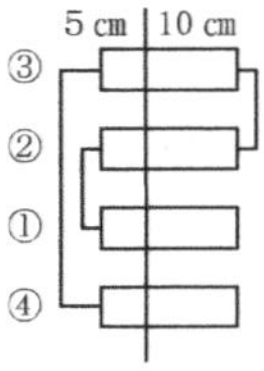

(4)

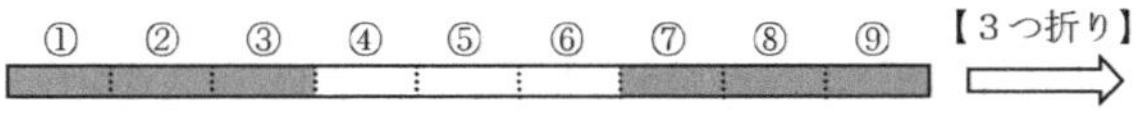

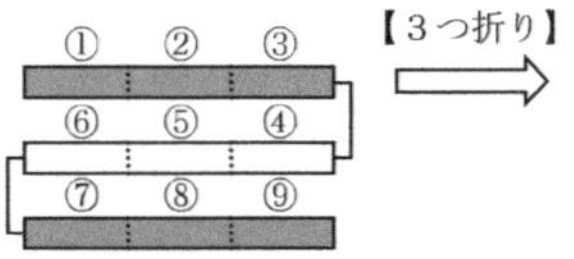

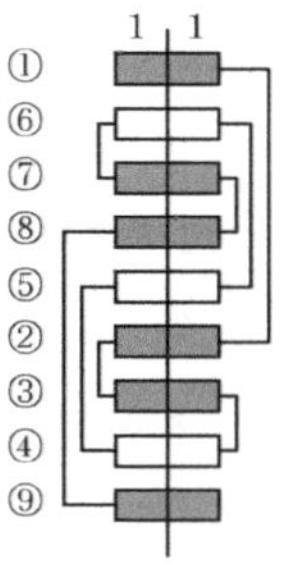

【３つ折り】を２回することで３×３＝９(等分)されるので，リボンを①～⑨の部分に分けると，図のように表せる(表し方は(1)と同様)。切ったところから左側に５本，右側に５本のリボンがあるから，合計５＋５＝10(本)のリボンができる。そのうち白色と黒色の混ざったリボンは，③と④をふくむリボンと，⑥と⑦をふくむリボンの２本である。

(5)

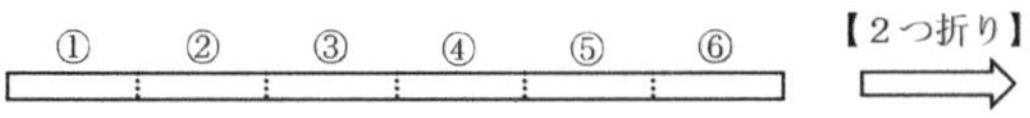

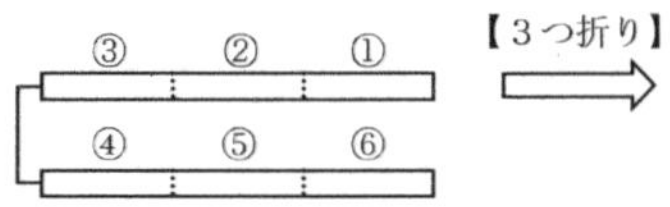

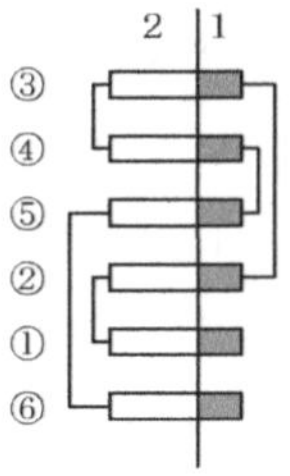

【２つ折り】と【３つ折り】をすることで２×３＝６(等分)されるので，リボンを①～⑥の部分に分けると，図のように表せる(表し方は(1)と同様)。①～⑥各部分の長さは180÷６＝30(cm)で，これを２：１に分けると，30×$\frac{2}{2+1}$＝20(cm)と30－20＝10(cm)になる。よって，折る前の図において，①の左端《ひだりはし》10 cmと⑥の右端 10 cmを黒色にし，さらに，②と③の間の 20 cm，④と⑤の間の 20 cmを黒色にすればよい。

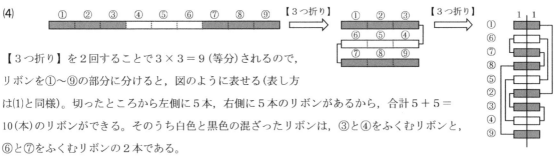

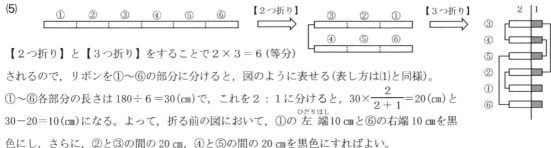

4 ランプは5分ごとに点灯と消灯をくり返すのだから，5×2＝10(分)ごとに点灯する。したがって，3人が出発してから t 分後のランプの状態を知るためには，t の十の位より上の位の数は関係ない。t の一の位より下の数が，0.5 から 5.5 の間のときランプは点灯していて，それ以外のときは消灯している。

また，Aは 960÷120＝8(分)ごと，Bは 960÷80＝12(分)ごと，Cは 960÷60＝16(分)ごとに1周する。

(1) Aがスタート地点に到着するのは，8分後，16 分後，24 分後，…だから，初めて左回りに移動し始めるのは 24 分後である。Bがスタート地点に到着するのは，12 分後，24 分後，…だから，初めて左回りに移動し始めるのは 12 分後である。Cがスタート地点に到着するのは，16 分後，32 分後，…だから，初めて左回りに移動し始めるのは 32 分後である。

(2) AとBが初めて出会う時間とAとCが初めて出会う時間を別々に計算する。

(1)より，12 分後にBが3人の中で初めて左回りに移動し始め，AとBが出会うのはこのあとである。12 分後の時点で，Aは2周目に入ってから 120×(12－8)＝480(m)進んでいるから，スタート地点まで 960－480＝480(m)の地点にいる。このあとAとBが出会うのは，480÷(120＋80)＝2.4(分後)だから，出発してから 12＋2.4＝14.4(分後)である。12 分後の時点でCは1周目を走っていて，スタート地点から 60×12＝720(m)進んでいるから，2周目のAの 720－480＝240(m)前を走っている。このあとAがCに追いつくのは，240÷(120－60)＝4(分後)だから，出発してから 12＋4＝16(分後)であり，ちょうどスタート地点で追いつく。

よって，AはCより先にBと出会う。その時間は 14.4 分後＝14 分(0.4×60)秒後＝14 分 24 秒後であり，Bはスタート地点から右回りに，960－80×2.4＝768(m)の位置にいて，Cはスタート地点から右回りに，60×14.4＝864(m)の位置にいる。

(3) A，B，Cの移動の様子を表などにまとめて，条件に合う時間を探す。そのさい，8と 12 と 16 の最小公倍数が 48 であることから，48 分ごとに3人が同時にスタート地点に到着することを意識するとよい。

まとめると右表のようになるから，初めて全員が左回りになるのは，ア32分後から 36 分後までのイ4分間であり，2回目に全員が左回りになるのは，ウ72分後から 80 分後までのエ8分間である。

A	0 → 8 → 16 → 24 ⇒ 32 ⇒ 40 → 48 → 56 → 64 ⇒ 72 ⇒ 80 → 88 → 96 …
B	0 → 12 ⇒ 24 ⇒ 36 → 48 → 60 → 72 ⇒ 84 ⇒ 96 …
C	0 → 16 → 32 ⇒ 48 → 64 ⇒ 80 → 96 …

※→は右回りを，⇒は左回りを表す。

《解答例》

一　⑴高鳴ら　⑵イ　⑶A．持続　B．不都合　C．天敵　D．最適　⑷高い体温を保つために、多くの食べ物を食べ続けなければならないこと。　⑸ア．予想　イ．調査　ウ．結果　エ．他にはないだろうか　オ．広範囲な回遊〔別解〕規模の大きな回遊

二　⑴A．ウ　B．ア　C．イ　⑵ウ　⑶エ　⑷問題自身の設定が誤っている、または、人によっていろいろな意見があり理由を聞いてもそれぞれに一理あるからだと考えている。　⑸相手の経験や振る舞いや考え方に驚き、問いを発して、相手のことを理解し、自分との違いを明確にしようとする会話。

三　(例文)

「知識を身につけること」と「考えること」がどちらも大切な理由は、知識が考える際の材料になるからだ。

私は自由研究で、食べ終えた果物や野菜の種を植えて、発芽するかどうかを調べたことがある。発芽して成長したものもあれば、発芽しなかったものや、発芽しても成長しなかったものもあった。なぜそのような結果になったのかを考える際に、発芽には酸素と水分と適度な温度が必要だという知識が必要だった。また、その植物自体の性質を知っている必要もあった。それらの知識がなかったら、実験結果から何が言えるのかを順序立てて考えることはできなかっただろう。この体験から、何かを考える際には、基本となる知識が必要だということがわかった。

知識がなかったら、物事を論理的に考察することはできない。また、知識を持っていることに満足し、自分自身で考えることをしなかったら、新たな何かを生み出すことはできない。このように、「知識を身につけること」と「考えること」は切りはなせないので、どちらも大切だと言える。

《解　説》

一　⑴　直前に「もしもそれをデータとしてはっきり示すことができれば～すばらしい論文《ろんぶん》が書けるはずだと私は大いに期待していた」とある。「胸《むね》を高鳴らせる」は、喜びや期待などで胸をどきどきさせるという意味。

⑵　直前に「これ以上なく明らかな結果が出た」「私の予想は正しかった！」とある。「私の予想」とは、２～３段落目に書かれている、「マグロ類やホホジロザメは」「筋肉《きんにく》が温かいのだから」「筋肉の活性が上がっている」と考えられ、「他の変温性の魚に比べて尾《お》びれをすばやく振《ふ》ることができ」「より速い遊泳スピードを長時間にわたって維持《いじ》できるのではないか」というもの。この予想が正しかったということなので、イが適する。

⑶　A　――線部①に「(マグロ類やホホジロザメは他の変温性の魚に比べて)継続《けいぞく》的に速く泳ぐことができる」とある。これは、「持続可能な遊泳スピードが引き上げ」られていると言いかえられる。　B　少し後に「避《さ》けることができる」とあるので、「 B な海洋環境《かんきょう》」は、魚にとってよくない環境であると考えられる。よって、「不都合」が適する。　C　 D に入る言葉を先に決めてから解く。子どもは大人に比べて体が小さく、力も弱いので、敵に襲《おそ》われると逃《に》げるのが難しい。よって、「子どもの生育に最適な海域」は、「天敵の少ない」海域である。　D　直後の「な海域」につながる言葉は、「不都合」か「最適」のどちらかである。 B に「不都合」が入るので、「最適」が適する。

⑷　直前に「中温性という」とあるので、――線部②は「中温性」の特徴《とくちょう》である。同じ段落に「多くの食べ物を食べ続けなければ生きていけないという深刻なデメリットを抱《かか》えている」とある。筆者が発見した「速い遊泳スピ

ードと広範囲な回遊」というメリットがなければ、このデメリットは「割《わり》に合わない奇妙《きみょう》な」特徴だと言える。

(5) **ア、イ、ウ**　2、3段落で筆者の予想を、4〜6段落でこの予想に関する調査を、7段落で調査の結果を説明している。［イ］の後に「データを集め、比較したり、分析したりして」とあるので、［イ］に「調査」が入ることがわかる。すると、調査で「得られた」ものである［ウ］には「結果」が入る。　**エ**　［エ］の前の行の「一つの結論」とは、7段落に書かれている「速く泳げる」という結論である。筆者はこの結論を得た後に、「しかし他にはないだろうか」と考え、研究を続けた。　**オ**　「中温性魚類が高い体温を持つ意味」のうち、「速い遊泳スピードを可能にした」ことではない方の意味が入る。最後の段落に「速い遊泳スピードと広範囲な回遊。これが私の発見した高い体温の進化的な意義である」とある。

三 (2) ウの「自分の考えにうたがいをもち」「本当に正しいことは何かと考え見つけ出そうとする」が、それぞれ——線部①の「思い込みを排《はい》して」「真理を愛して探求する」と対応するので、適する。

(3) ア〜ウは——線部②の前の一文にある「調べれば済む種類の問題」にあたるので、「現在、沖縄《おきなわ》の那覇《なは》市では雨が降《ふ》っているか」という問いと同様の問題である。エは、哲学《てつがく》的な問いであり、「調べれば済む種類の問題」ではない。よって、エが正解。

(4) 次の行に「では、なぜ、簡単に答えが出ないのでしょうか」とあり、ここからの2段落で理由を説明している。「ひとつは問題自身が誤って設定されている場合です」「哲学的な問題で答えが出ないのは、多くの場合、人によっていろいろな意見があり、理由を聞いてもそれぞれの立場にそれぞれ一理あるから、なのではないでしょうか」とあるので、これらをまとめる。

(5) 同じ段落で具体的に説明しているので、その部分をまとめる。

《解答例》

1 ⑴Ⅰ．平清盛　Ⅱ．b．イ　c．エ　Ⅲ．⑥→②→⑤→③→④→①　⑵時代…④　適切なもの…ア，エ

⑶Ⅰ．イ，エ　Ⅱ．国民の義務

⑷まず紙テープを使って地球儀上の赤道一周の長さを測ります。次に，択捉島から与那国島までの長さを紙テープで測ります。そうすれば，$40000\times\frac{\text{択捉島から与那国島までの紙テープの長さ}}{\text{赤道一周の紙テープの長さ}}$で求められます。

⑸ア，オ　⑹Ⅰ．A．ウ　B．ア　C．イ　Ⅱ．海面より低い土地が広い範囲に分布していること。

Ⅲ．国土が細長く，中央に山脈がそびえる

2 ⑴Ⅰ．下グラフ　Ⅱ．ア　⑵カ　⑶イ　⑷イ　⑸エ

3 ⑴a．海　b．内陸　県の名称…ながの　県の形…イ　⑵語群…ア，エ，オ　写真…セ

⑶奈良…エ　西安…ウ　サマルカンド…イ　ローマ…ア　説明している文として正しいもの…ケ　⑷エ

⑸適切な組み合わせ…イ　川に流れ込むまでの道すじ…下図

⑹［実験方法／アルミニウムの場合に得られる結果／鉄の場合に得られる結果］

［磁石に近づける。／磁石に引きつけられない。／磁石に引きつけられる。］

［水酸化ナトリウム水よう液を加える。／あわを出しながらとける。／変化しない。］　などから１つ

⑺c．さなぎ　d．イ　e．ウ　f．ア　g．Y　⑻h．きこう　i．イ

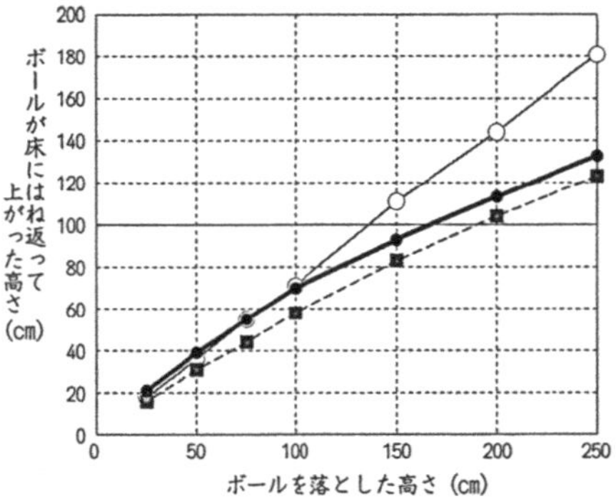

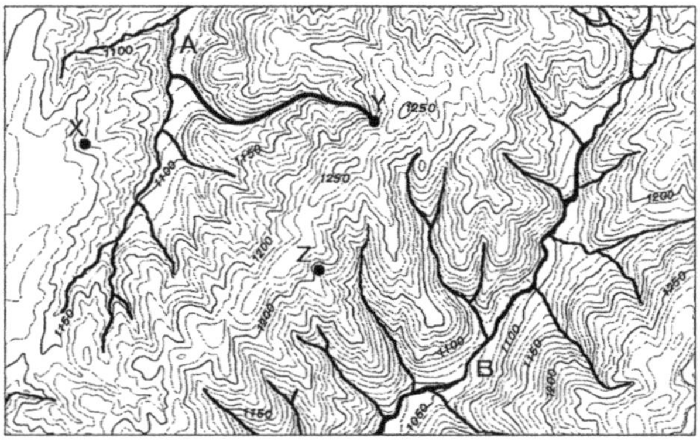

《解　説》

1 ⑴Ⅰ　保元の乱・平治の乱に勝利した平清盛は，一族の者を朝廷の高い位につけ，自らは太政大臣の地位に就いて，西日本を中心として政治の実権をにぎった。　Ⅱ　bはイを選ぶ。鎌倉幕府８代執権北条時宗が元による服属の要求をしりぞけた後の，元軍による襲来を元寇と言う。元寇は防衛戦であったため，幕府は十分な恩賞を武士(御家人)たちに与えることができなかった。そのため生活に困る武士が増え，幕府に不満を持つ者も出てきた。cはエを選ぶ。百姓は，検地によって勝手に土地を離れられなくなり，刀狩によって武器を使って戦うことができなくなったため，武士との身分がはっきりと区別されるようになった(兵農分離)。アは鉄砲伝来，ウは聖徳太子の遣隋使派遣，オは地租改正，カは織田信長の楽市・楽座についての記述である。　Ⅲ　⑥大化の改新(飛鳥時代)→②遣唐使の停止(平安時代)→⑤鎖国政策(江戸時代)→③不平等な修好通商条約の締約(幕末)→④関東大震災(大正

時代)→①真珠湾攻撃(昭和時代)

(2)**時代**　④資料1は「天橋立図」である。　**文化**　アとエを選ぶ。床の間は書院造の特徴であり，書院造を取り入れた建築物には，室町幕府8代将軍足利義政が建てた銀閣がある。能を大成させた観阿弥・世阿弥親子は，室町幕府3代将軍足利義満に保護された。イとオは平安時代，ウは江戸時代についての記述である。

(3)Ⅰ　イとエが正しい。エは弾劾裁判についての記述である。　ア．大日本帝国憲法下の明治時代は，衆議院と貴族院の二院制であった。　ウ．外国との条約の締結は内閣の持つ権限である。　オ．衆議院の解散は内閣総理大臣の専権事項である。　Ⅱ　「納税の義務」「教育の義務」「勤労の義務」が国民の三大義務である。

(4)　日本の端は，北が択捉島(北海道)，西が与那国島(沖縄県)，南が沖ノ鳥島(東京都)，東が南鳥島(東京都)。

(5)　アとオが正しい。　ア．熊本県が 98 以上 99 未満，鹿児島県が 98 未満であり，少なくなっている。　オ．青森県・岩手県・秋田県・山形県・福島県が 98 未満，宮城県が 99 以上 100 未満であり，全県で 2010 年を下回っている。

イ．2011 年から 2014 年までの人口がわからないので，「毎年，人口が前年より減った」と判断できない。

ウ．埼玉県・沖縄県・東京都が同じ 101 以上なので，「東京都は…日本で最も人口が増えた」と判断できない。

エ．埼玉県・東京都・沖縄県・千葉県・神奈川県・愛知県・滋賀県・福岡県の八つが 2010 年を上回っている。

(6)Ⅰ　A．神戸市(兵庫県)だからウを選ぶ。1995 年に発生した大地震は阪神大震災である。　B．三宅島(東京都)だからアを選ぶ。　C．つくば市(茨城県)だからイを選ぶ。　Ⅱ　海面より低い土地(0m地帯)では，大雨などで川があふれると，建物に流れこんで浸水被害が発生する恐れがある。Pの濃尾平野は日本最大の0m地帯であるため，堤防のかさ上げや長良川河口堰《せき》の建設などが進められている。　Ⅲ　日本の国土の$\frac{3}{4}$は山地や山脈であり，本州の中央部には飛驒山脈(北アルプス)・木曽山脈(中央アルプス)・赤石山脈(南アルプス)がある。

2　(1)Ⅱ　資料と図3のボールを落とした高さが 250 ㎝のときの結果から，○がゴルフ，●が卓球，■がテニスのボールだとわかる。「ボールを落とした高さ」をもとにした「ボールが床にはね返って上がった高さ」の割合は，例えば，ゴルフのボールを 25 ㎝の高さから落としたときは，$\frac{18}{25}=0.72$ と求めることができる。　ア○…この割合が一定になるということは，比例のグラフになるということである。ゴルフのボールのグラフが最も比例のグラフに近い。　イ×…「ボールを落とした高さ」が 25 ㎝のときに，この割合が大きいのは卓球のボールである。

ウ×…卓球のボールでは，「ボールを落とした高さ」を大きくしていくと，この割合がしだいに小さくなっていく。

(2)　カ○…太陽は東の地平線からのぼり，南の空で最も高くなって，西の地平線にしずんでいく。また，影《かげ》は，太陽がある方向と反対側にできる。図4，図5では，東から西へ向かって走っているから，前側が西，後ろ側が東，左側が南，右側が北である。以上のことから，太陽が東の空にあるスタート時には影は西(前側)にでき，太陽が南の空にある正午ごろには影は北(右側)にでき，太陽が西の空にある午後3時ごろには影は東(後ろ側)にできる。

(3)　イ○…中央部分がへこんだ鏡で光を反射させて一点に集めることで点火することができる。つまり，より多くの鏡で反射した光が当たっている部分ほどあたたかくなっていると考えればよい。あたたかくなっている順に並べると，イ《3枚分》 > ア《2枚分》 > ウ《1枚分》となる。

(4)　同じ体積での重さを重い順に並べると，金>銀>銅となるから，同じ重さでの体積を大きい順に並べると，銅>銀>金となる。したがって，金と銀では，同じ重さでも銀の方が体積が大きいから，集まった重さが重い銀の方が体積が大きい(金の方が体積が小さい)と断定できる。同様に考えて，金と銅では銅の方が体積が大きいと断定できる。銀と銅では，同じ重さでの体積は銅の方が大きいが，集まった重さは銀の方が重いので，それぞれの一定体積当たりの重さなどがわからなければ，どちらの方が体積が大きいのか断定することはできない。したがって，イが正答となる。

(5)　エ○…ヒトは肺で空気中の酸素を血液中に取り入れる。魚はえらで水中の酸素を血液中に取り入れる。

3　(1)　＜県の形＞は，アが岐阜県，イが長野県，ウが埼玉県，エが奈良県，オが山梨県，カが群馬県である。長野県の右(東)に群馬県，左(西)に岐阜県がとなりあう。

(2)《語群》　アとエとオを選ぶ。大陸から日本に移り住んだ渡来人は，儒学や須恵器の製法なども伝えた。イは旧石器時代，ウとカは縄文時代。　**《写真》**　セが正しい。奈良時代，日本は遣唐使を送り，唐の進んだ制度や文化を学んでいた。当時の唐には，シルクロードを通って西アジアから様々な宝物が伝わっており，その一部は遣唐使によって日本に持ちこまれ，東大寺の正倉院に納められた。資料１の螺鈿紫檀五弦琵琶《らでんしたんごげんびわ》には，西アジアの文化が中国に伝わっていた証拠として，ヤシの木，ラクダ，ペルシャ風の吟遊詩人などがデザインされている。サは厳島神社(平安時代)，シは銀閣(室町時代)，スは法隆寺(飛鳥時代)。

(3)雨温図　「奈良」はエを選ぶ。月平均気温が 20 度以上になる月は６月から９月までであり，３月から 10 月までの月降水量は 100 ㎜を上回る月が多い。　「西安」はウを選ぶ。月平均気温の最高月と最低月の気温差は約 25 度であり，月降水量は７月から９月までが 75 ㎜以上，１月・２月・11 月・12 月が 25 ㎜以下である。　「サマルカンド」はイを選ぶ。月平均気温が 15℃以上になる月は４月から 10 月までであり，夏が乾季，冬から春までが雨季である。　「ローマ」はアを選ぶ。月平均気温の最高月と最低月の気温差は約 15 度であり，10 月から 12 月までの月降水量の合計は約 270 ㎜である。　**説明**　ケが正しい。イギリスの旧グリニッジ天文台を通る経度０度の経線を本初子午線と言う。　カ．「奈良」は北緯 30 度から 35 度の間，東経 135 度から 140 度の間にある。　キ．「西安」と「奈良」の経度差は 25 度より大きい。　ク．「サマルカンド」は東経 65 度から 70 度の間にある。

(4)　「生糸の輸出額は，全体の半分には満たない」から 40%，「輸出額が最も多かった国…は，日本がのちに太平洋戦争では敵対し，戦後には安全保障条約を結ぶことになった国」からアメリカ合衆国を導き，「フランスへ輸出された生糸の輸出額は，イギリスへ輸出された生糸の輸出額の約５倍」と結び付けて，エと判断する。

(5)　１つ下の等高線の最も近い点を順につないでいけば，雨水がたどる道すじがわかる。それぞれの地点に降った雨水がたどる道すじは右図のようになる。ＸとＹに降った雨水は川Ａ，Ｚに降った雨水は川Ｂに流れ込《こ》む。

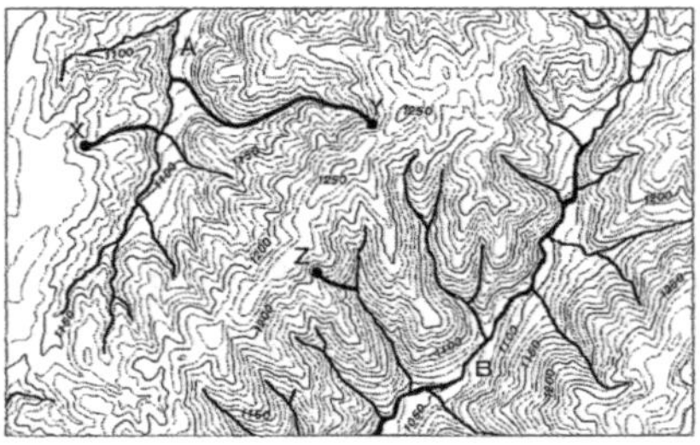

川に流れ込むまでの道すじ

(7)　カイコは，まゆの中でさなぎになっているとあるから，変化の仕方はＹである。カイコやチョウのように，さなぎになる成長の仕方を完全変態，トンボやバッタのようにさなぎにならない成長の仕方を不完全変態という。

(8)　ⅰ．資料４より，0.1×0.1＝0.01(㎟)あたり４個の気孔《きこう》があるから，資料３の１マス→１㎠→100 ㎟あたりでは$4\times\dfrac{100}{0.01}=$４万(個)になる。アでは最高でも 30 万個であり，これはマスの数にすると 30 万÷４万＝7.5(マス)である。資料３で，葉が重なっているマスはこれより明らかに多いので，アよりは多い。また，ウでは最低でも 900 万個であり，これはマスの数にすると 900 万÷４万＝225(マス)である。資料３で，方眼のマスの数は全部で 13×12＝156(マス)であり，すべてのマスに葉が重なっていたとしても気孔の数は 900 万個にはとどかないので，ウよりは少ない。したがって，イが正答となる。

★南陽高等学校附属中学校　2020 令和2年度　適性をみる検査Ⅲ

《解答例》

1　(1)ア．8.58　イ．1.02　(2)33.92　(3)直線部分…ゆうと／いつき　半円部分…りこ／かほ

2　(1)1318　※(2)範囲…238円以上250円以下　(3)15％引き…B　8％引き…D　5％引き…H　代金の合計…3388

3　(1)右図　(2)100：173　(3)辺ＡＤ…10.9　辺ＡＦ…2.9

4　(1)184.8　(2)一の位の数が1または6である数

(3)イ．21　ウ．12　エ．8100

5　(1)ア．10　イ．2600　ウ．2574　(2)右図

(3)6　値…2470，2520，2574，2600，2660，2700

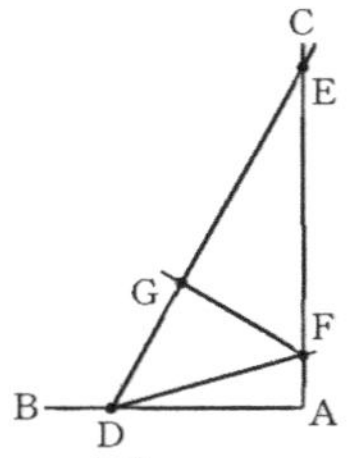

3(1)の図

5(2)の図

※の説明は解説を参照してください。

《解　説》

1　(1)　いつきさんが半円部分50mを走るタイムは，7.8×1.1＝ア8.58(秒)である。

りこさんが半円部分50mを走るタイムは，直線部分50mを走るタイムの，8.67÷8.5＝イ1.02(倍)である。

(2)　Aからスタートするから，直線部分を走るのはあさみさんとりこさん，半円部分を走るのはゆうとさんといつきさんである。あさみさんとりこさんの直線部分を走るタイムは，それぞれ8.1秒と8.5秒，ゆうとさんといつきさんの半円部分を走るタイムは，それぞれ8.74秒と8.58秒だから，求める時間は，8.1＋8.5＋8.74＋8.58＝33.92(秒)である。

(3)　かほさんが半円部分50mを走るタイムは，8.0×1.05＝8.4(秒)だから，5人のタイムをまとめると，右表のようになる。

	直線部分(50m)	半円部分(50m)
あさみ	8.1秒	8.91秒
ゆうと	7.6秒	8.74秒
りこ	8.5秒	8.67秒
いつき	7.8秒	8.58秒
かほ	8.0秒	8.4秒

直線部分と半円部分で，それぞれ速い方から2人選ぶと，直線部分はゆうとさんといつきさん，半円部分はかほさんといつきさんとなるが，いつきさんが2回走ることはできないので，どちらかを他の1人にかえなければならない。

直線部分のいつきさんを直線部分のタイムが3番目に速いかほさんにかえると，8.0－7.8＝0.2(秒)遅《おそ》くなり，このとき，半円部分のかほさんを半円部分のタイムが3番目に速いりこさんにかえなければならず，さらに8.67－8.4＝0.27(秒)遅くなるから，合計0.2＋0.27＝0.47(秒)遅くなる。

直線部分のいつきさんを直線部分のタイムが4番目に速いあさみさんにかえると，8.1－7.8＝0.3(秒)遅くなる。

半円部分のいつきさんを半円部分のタイムが3番目に速いりこさんに変えると，8.67－8.58＝0.09(秒)遅くなる。

これらのことから，直線部分はゆうとさんといつきさん，半円部分はりこさんとかほさんを選べばよいとわかる。

2　値引き後の代金を計算したとき，$\frac{1}{10}$の位を切り捨てるから，実際に値引きされる金額は，$\frac{1}{10}$の位を切り上げる。例えば130円の商品に「15％引き」のシールを貼った場合，$130\times\frac{15}{100}=19.5$より，実際に値引きされる金額は20円である。

(1)　「15％引き」のシールを貼った商品は，$280\times\frac{15}{100}=42$(円)引きとなり，「40円引き」のシールを貼った商品は40円引きだから，値引き後の代金の合計はもとの代金の合計から42＋40＝82(円)引きした代金である。

よって，280×5－82＝1318(円)である。

(2)　「８%引き」のシールを貼ったときに，実際に値引きされる金額が 20 円となればよいから，代金を計算したときに値引きされる金額が，19 円より高く 20 円以下となる場合が考えられる。

８%引きで値引きされる金額が 19 円より高くなるのは，もとの値段が，$19\div\frac{8}{100}=237.5$ より，238 円以上のときである。また，８%引きで値引きされる金額が 20 円以下となるのは，もとの値段が，$20\div\frac{8}{100}=250$(円)以下のときである。よって，「８%引き」のシールを貼るときと「20 円引き」のシールを貼るときの，値引き後の代金が同じになるのは，もとの値段が 238 円以上 250 円以下の商品である。

(3)　「40 円引き」,「20 円引き」,「10 円引き」のシールはどの商品に貼っても，値引きされる金額の合計は変わらず，40＋20＋10＝70(円)である。この３枚のシールについてはとりあえず考えない。

「15%引き」,「８%引き」,「５%引き」のシールは，商品の値段が高いものから順に貼ればよい。

牛肉１kgは，Ａを 10 個買うより，Ｂを１個買った方がもとの値段も安くなるので，Ｂを１個買う。また，他の商品にＢよりも高いものはないから，Ｂに「15%引き」のシールを貼ればよいとわかる。

とり肉 800 g は，Ｃを３個とＤを１個買う場合と，Ｄを２個買う場合が考えられる。Ｃを３個とＤを１個買う場合のもとの値段は 98×３＋480＝774(円)，Ｄを２個買う場合のもとの値段は 480×２＝960(円)である。Ｄに「８%引き」のシールを貼ると，480×0.08＝38.4 より，39 円引き，「５%引き」のシールを貼ると，480×0.05＝24(円)引きとなるので，Ｄを２個買う場合に，最も安くした代金は 960－39－24＝897(円)である。これはＣを３個とＤを１個買う場合のもとの値段より高いから，とり肉はＣを３個とＤを１個買えばよい。また，Ｂ以外にＤよりも高い商品はないから，Ｄに「８%引き」のシールを貼ればよいとわかる。

玉ねぎ３個は，Ｅを３個買う場合と，Ｆを１個買う場合が考えられる。Ｅを３個買う場合のもとの値段は，80×３＝240(円)である。Ｆに「５%引き」のシールを貼ると，298×0.05＝14.9 より，15 円引きとなるので，Ｆを１個買う場合に，最も安くした代金は 298－15＝283(円)である。これはＥを３個買う場合のもとの値段より高いから，玉ねぎはＥを３個買えばよい。

いも３本は，Ｇを３個買う場合と，Ｈを１個買う場合が考えられる。Ｇを３個買う場合のもとの値段は，65×３＝195(円)である。Ｈに「５%引き」のシールを貼ると，198×0.05＝9.9 より，10 円引きとなるので，Ｈを１個買う場合に，最も安くした代金は 198－10＝188(円)である。また，Ｇを３個買う場合に，１個に「５%引き」のシールを貼っても，65×0.05＝3.25 より，４円しか値引きされず，Ｇ３個の代金が 195－４＝191(円)となるから，いもはＨを１個買えばよく，これに「５%引き」のシールを貼ればよい。

よって，「15%引き」,「８%引き」,「５%引き」のシールで値引きされる金額は，それぞれ 2700×0.15＝405(円)，39 円，10 円であり，「40 円引き」,「20 円引き」,「10 円引き」の３枚のシールもすべていずれかの商品に貼ることができるので，求める代金は，2700＋774＋240＋198－405－39－10－70＝3388(円)である。

3　(1)　角ＥＤＡ＝60 度だから，三角定規の 60 度の角を使って作図する。

角ＦＤＡ＝15 度＝60 度－45 度だから，角ＣＤＦ＝45 度となるように，三角定規の 45 度の角を使って作図する。角ＥＧＦ＝90 度だから，三角定規の 90 度の角を使って作図する。

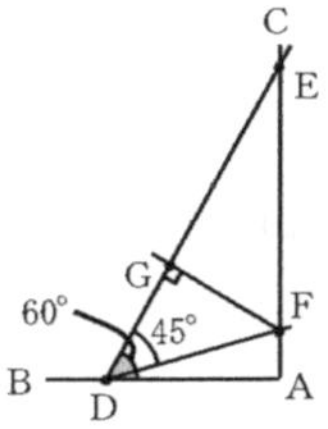

(2)　三角形ＥＧＦは，角ＧＥＦ＝30 度の直角三角形だから，図３より，ＧＦ：ＧＥ＝10：17.3 とわかる。三角形ＧＤＦは直角二等辺三角形だから，図３より，ＧＦ：ＤＧ＝10：10 とわかる。よって，ＤＧ：ＧＥ＝10：17.3＝100：173 である。

(3)　(2)の解説をふまえる。ＥＦ：ＧＦ：ＥＧ＝20：10：17.3 だから，ＧＦ＝ＥＦ×$\frac{10}{20}$＝16×$\frac{1}{2}$＝８(m)，ＥＧ＝ＥＦ×$\frac{17.3}{20}$＝16×$\frac{17.3}{20}$＝13.84(m)である。また，ＧＦ：ＧＤ＝10：10＝１：１だから，ＧＤ＝ＧＦ＝８m

である。したがって，ＥＤ＝ＥＧ＋ＧＤ＝13.84＋８＝21.84(m)となり，ＥＤ：ＡＤ：ＥＡ＝20：10：17.3だから，ＡＤ＝ＥＤ×$\frac{10}{20}$＝21.84×$\frac{1}{2}$＝10.92(m)，ＥＡ＝ＥＤ×$\frac{17.3}{20}$＝21.84×$\frac{17.3}{20}$＝18.8916(m)である。
よって，辺ＡＤの長さは10.9m，辺ＡＦの長さはＥＡ－ＥＦ＝18.8916－16＝2.8916(m)より，2.9mである。

4 (1) 294.8－110＝184.8(g)

(2) 500円玉は１枚あたり７gだから，何枚あっても重さに$\frac{1}{10}$の位の数がでることはない。100円玉は１枚あたり4.8gで，中身だけの重さが184.8gだから，4.8に整数をかけて，$\frac{1}{10}$の位の数が８となる数を探す。0.8に１，２，３，…をかけると，$\frac{1}{10}$の位の数は，８，６，４，２，０，８，…となるから，一の位の数が１または６であるとき，$\frac{1}{10}$の位の数が８になるとわかる。

(3) ㋐中身の重さ(184.8g)から，㋑100円玉の重さの合計を引いた重さが７の倍数であればよい。100円玉の枚数は，184.8÷4.8＝38余り2.4より，38枚以下だから，考えられる最大の枚数は36枚である。このとき500円玉の重さは184.8－4.8×36＝12(g)だから，７の倍数にならない。この状態から100円玉を５枚減らすごとに500円玉の重さは4.8×５＝24(g)増えるから，７の倍数になるところを探すと，右表より，100円玉が21枚のときとわかる。７と24の最小公倍数は168だから，次に500円玉の重さが７の倍数となるのは84＋168＝252(g)のときであり，これは問題に合わない。よって，100円玉はイ21枚，500円玉は84÷７＝ウ12(枚)で，中身の合計金額は，100×21＋500×12＝エ8100(円)である。

100円玉	㋑	㋐－㋑
36枚	172.8g	12g
31枚		36g
26枚		60g
21枚		84g
⋮	⋮	⋮

5 (1) 図５の水が入る部分の高さは，Ａのたての長さから，底板の厚さを引いた，11－１＝ア10(cm)である。
図５の水が入る部分の底面は右図のようになり，その面積は，(15－２)×20＝260(cm²)だから，図５の箱の容量は260×10＝イ2600(cm³)である。

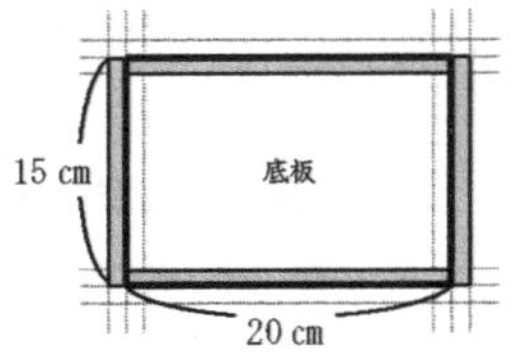

同じように考えると，図６の箱の容量は，(15－２)×(20－２)×11＝ウ2574(cm³)である。

(2) 水が入る部分の高さが最も高い場合と，底面積が最も大きい場合の箱の容量を比べる。
高さが最も高い場合の箱は，図６のようになり，そのときの容量は2574 cm³である。
底面積を最も大きくする場合は，底板の上に重ねることなく横板を接着したいが，横板の横の長さを見ると，それはできないとわかる。したがって，右図のように，Ｄの横板を底板の上に重ねずに手前と奥に接着し，Ａの横板を底板の上に接着すると，底面積が15×(20－２)＝270(cm²)となり，このときの高さは10 cmだから，この箱の容量は270×10＝2700(cm³)である。よって，容量が最も大きい箱は，底面積が最も大きい箱とわかる。

(3) 図５，６の箱と，(2)で求めた容量が最も大きい箱以外にどのような箱ができるか考える。
図６の箱は，すべての横板が底板の上に接着されていて，図５の箱と容量が最も大きい箱は２枚の横板が底板の上に接着されている。２枚の横板が底板の上に接着されている箱として，右図ａのような箱も考えられる。この箱は図ａ－２で示したように下の方に空白の部分があるが，これは問題の《きまり》の図３の「へこみ」にはあたらないため，条件に合う。ａの箱の容量は，(15－１)×(20－１)×10＝2660(cm³)
３枚の横板が底板の上に接着されている箱として，右図ｂとｃのような形が作れる。ｂの容量は，(15－２)×(20－１)×10＝2470(cm³)，ｃの容量は，(15－１)×(20－２)×10＝2520(cm³)である。

図ａ－１

図ａ－２

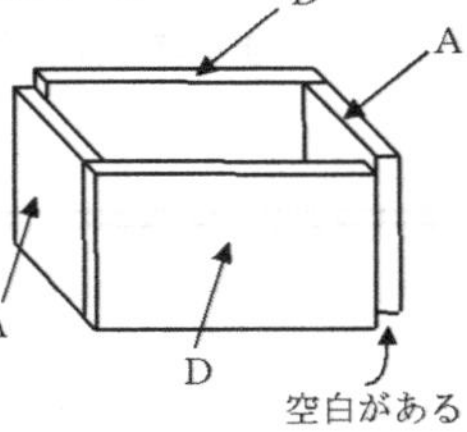

図ｂ

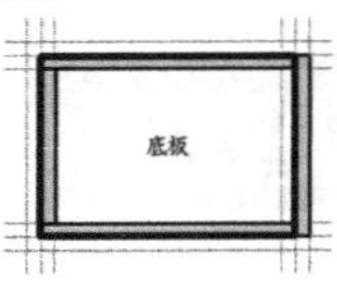

図ｃ

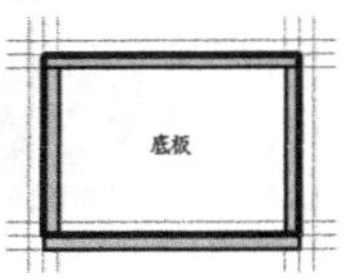

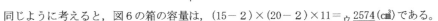

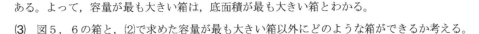

■ ご使用にあたってのお願い・ご注意

（1）問題文等の非掲載

著作権上の都合により，問題文や図表などの一部を掲載できない場合があります。

誠に申し訳ございませんが，ご了承くださいますようお願いいたします。

（2）過去問における時事性

過去問題集は，学習指導要領の改訂や社会状況の変化，新たな発見などにより，現在とは異なる表記や解説になっている場合があります。過去問の特性上，出題当時のままで出版していますので，あらかじめご了承ください。

（3）配点

学校等から配点が公表されている場合は，記載しています。公表されていない場合は，記載していません。

独自の予想配点は，出題者の意図と異なる場合があり，お客様が学習するうえで誤った判断をしてしまう恐れがあるため記載していません。

（4）無断複製等の禁止

購入された個人のお客様が，ご家庭でご自身またはご家族の学習のためにコピーをすることは可能ですが，それ以外の目的でコピー，スキャン，転載（ブログ，ＳＮＳなどでの公開を含みます）などをすることは法律により禁止されています。学校や学習塾などで，児童生徒のためにコピーをして使用することも法律により禁止されています。

ご不明な点や，違法な疑いのある行為を確認された場合は，弊社までご連絡ください。

（5）けがに注意

この問題集は針を外して使用します。針を外すときは，けがをしないように注意してください。また，表紙カバーや問題用紙の端で手指を傷つけないように十分注意してください。

（6）正誤

制作には万全を期しておりますが，万が一誤りなどがございましたら，弊社までご連絡ください。

なお，誤りが判明した場合は，弊社ウェブサイトの「ご購入者様のページ」に掲載しておりますので，そちらもご確認ください。

■ お問い合わせ

解答例，解説，印刷，製本など，問題集発行におけるすべての責任は弊社にあります。

ご不明な点がございましたら，弊社ウェブサイトの「お問い合わせ」フォームよりご連絡ください。迅速に対応いたしますが，営業日の都合で回答に数日を要する場合があります。

ご入力いただいたメールアドレス宛に自動返信メールをお送りしています。自動返信メールが届かない場合は，「よくある質問」の「メールの問い合わせに対し返信がありません。」の項目をご確認ください。

また弊社営業日（平日）は，午前９時から午後５時まで，電話でのお問い合わせも受け付けています。

2025春

株式会社教英出版

〒422-8054　静岡県静岡市駿河区南安倍３丁目12-28

TEL　054-288-2131　　FAX　054-288-2133

URL　https://kyoei-syuppan.net/

MAIL　siteform@kyoei-syuppan.net

教英出版　2025年春受験用　中学入試問題集

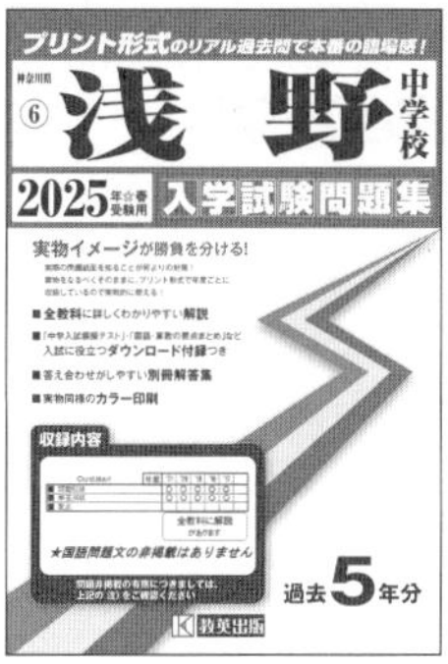

学校別問題集

✿はカラー問題対応

北海道

①［市立］札幌開成中等教育学校
②藤女子中学校
③北嶺中学校
④北星学園女子中学校
⑤札幌大谷中学校
⑥札幌光星中学校
⑦立命館慶祥中学校
⑧函館ラ・サール中学校

青森県

①［県立］三本木高等学校附属中学校

岩手県

①［県立］一関第一高等学校附属中学校

宮城県

①［県立］宮城県古川黎明中学校
②［県立］宮城県仙台二華中学校
③［市立］仙台青陵中等教育学校
④東北学院中学校
⑤仙台白百合学園中学校
⑥聖ウルスラ学院英智中学校
⑦宮城学院中学校
⑧秀光中学校
⑨古川学園中学校

秋田県

①［県立］大館国際情報学院中学校
　　　　　秋田南高等学校中等部
　　　　　横手清陵学院中学校

山形県

①［県立］東桜学館中学校
　　　　　致道館中学校

福島県

①［県立］会津学鳳中学校
　　　　　ふたば未来学園中学校

茨城県

①［県立］日立第一高等学校附属中学校
　　　　　太田第一高等学校附属中学校
　　　　　水戸第一高等学校附属中学校
　　　　　鉾田第一高等学校附属中学校
　　　　　鹿島高等学校附属中学校
　　　　　土浦第一高等学校附属中学校
　　　　　竜ヶ崎第一高等学校附属中学校
　　　　　下館第一高等学校附属中学校
　　　　　下妻第一高等学校附属中学校
　　　　　水海道第一高等学校附属中学校
　　　　　勝田中等教育学校
　　　　　並木中等教育学校
　　　　　古河中等教育学校

栃木県

①［県立］宇都宮東高等学校附属中学校
　　　　　佐野高等学校附属中学校
　　　　　矢板東高等学校附属中学校

群馬県

①［県立］中央中等教育学校
　［市立］四ツ葉学園中等教育学校
　［市立］太田中学校

埼玉県

①［県立］伊奈学園中学校
②［市立］浦和中学校
③［市立］大宮国際中等教育学校
④［市立］川口市立高等学校附属中学校

千葉県

①［県立］千葉中学校
　　　　　東葛飾中学校
②［市立］稲毛国際中等教育学校

東京都

①［国立］筑波大学附属駒場中学校
②［都立］白鷗高等学校附属中学校
③［都立］桜修館中等教育学校
④［都立］小石川中等教育学校
⑤［都立］両国高等学校附属中学校
⑥［都立］立川国際中等教育学校
⑦［都立］武蔵高等学校附属中学校
⑧［都立］大泉高等学校附属中学校
⑨［都立］富士高等学校附属中学校
⑩［都立］三鷹中等教育学校
⑪［都立］南多摩中等教育学校
⑫［区立］九段中等教育学校
⑬開成中学校
⑭麻布中学校
⑮桜蔭中学校
⑯女子学院中学校
✿⑰豊島岡女子学園中学校
⑱東京都市大学等々力中学校
⑲世田谷学園中学校
✿⑳広尾学園中学校（第2回）
✿㉑広尾学園中学校（医進・サイエンス回）
㉒渋谷教育学園渋谷中学校（第1回）
㉓渋谷教育学園渋谷中学校（第2回）
㉔東京農業大学第一高等学校中等部（2月1日 午後）
㉕東京農業大学第一高等学校中等部（2月2日 午後）

神奈川県

①［県立］相模原中等教育学校
　　　　平塚中等教育学校
②［市立］南高等学校附属中学校
③［市立］横浜サイエンスフロンティア高等学校附属中学校
④［市立］川崎高等学校附属中学校
✿⑤聖光学院中学校
✿⑥浅野中学校
⑦洗足学園中学校
⑧法政大学第二中学校
⑨逗子開成中学校（1次）
⑩逗子開成中学校（2·3次）
⑪神奈川大学附属中学校（第1回）
⑫神奈川大学附属中学校（第2·3回）
⑬栄光学園中学校
⑭フェリス女学院中学校

新潟県

①［県立］村上中等教育学校
　　　　柏崎翔洋中等教育学校
　　　　燕中等教育学校
　　　　津南中等教育学校
　　　　直江津中等教育学校
　　　　佐渡中等教育学校
②［市立］高志中等教育学校
③新潟第一中学校
④新潟明訓中学校

石川県

①［県立］金沢錦丘中学校
②星稜中学校

福井県

①［県立］高志中学校

山梨県

①山梨英和中学校
②山梨学院中学校
③駿台甲府中学校

長野県

①［県立］屋代高等学校附属中学校
　　　　諏訪清陵高等学校附属中学校
②［市立］長野中学校

岐阜県

①岐阜東中学校
②鶯谷中学校
③岐阜聖徳学園大学附属中学校

静岡県

①［国立］静岡大学教育学部附属中学校
　　　　（静岡·島田·浜松）
②［県立］清水南高等学校中等部
　［県立］浜松西高等学校中等部
　［市立］沼津高等学校中等部
③不二聖心女子学院中学校
④日本大学三島中学校
⑤加藤学園暁秀中学校
⑥星陵中学校
⑦東海大学付属静岡翔洋高等学校中等部
⑧静岡サレジオ中学校
⑨静岡英和女学院中学校
⑩静岡雙葉中学校
⑪静岡聖光学院中学校
⑫静岡学園中学校
⑬静岡大成中学校
⑭城南静岡中学校
⑮静岡北中学校
⑯常葉大学附属常葉中学校
　常葉大学附属橘中学校
　常葉大学附属菊川中学校
⑰藤枝明誠中学校
⑱浜松開誠館中学校
⑲静岡県西遠女子学園中学校
⑳浜松日体中学校
㉑浜松学芸中学校

愛知県

①［国立］愛知教育大学附属名古屋中学校
②愛知淑徳中学校
③名古屋経済大学市邨中学校
　名古屋経済大学高蔵中学校
④金城学院中学校
⑤椙山女学園中学校
⑥東海中学校
⑦南山中学校男子部
⑧南山中学校女子部
⑨聖霊中学校
⑩滝中学校
⑪名古屋中学校
⑫大成中学校
⑬愛知中学校
⑭星城中学校
⑮名古屋葵大学中学校
　（名古屋女子大学中学校）
⑯愛知工業大学名電中学校
⑰海陽中等教育学校（特別給費生）
⑱海陽中等教育学校（I·II）
⑲中部大学春日丘中学校
新刊⑳名古屋国際中学校

三重県

①［国立］三重大学教育学部附属中学校
②暁中学校
③海星中学校
④四日市メリノール学院中学校
⑤高田中学校
⑥セントヨゼフ女子学園中学校
⑦三重中学校
⑧皇學館中学校
⑨鈴鹿中等教育学校
⑩津田学園中学校

滋賀県

①［国立］滋賀大学教育学部附属中学校
②［県立］河瀬中学校
　　　　守山中学校
　　　　水口東中学校

京都府

①［国立］京都教育大学附属桃山中学校
②［府立］洛北高等学校附属中学校
③［府立］園部高等学校附属中学校
④［府立］福知山高等学校附属中学校
⑤［府立］南陽高等学校附属中学校
⑥［市立］西京高等学校附属中学校
⑦同志社中学校
⑧洛星中学校
⑨洛南高等学校附属中学校
⑩立命館中学校
⑪同志社国際中学校
⑫同志社女子中学校（前期日程）
⑬同志社女子中学校（後期日程）

大阪府

①［国立］大阪教育大学附属天王寺中学校
②［国立］大阪教育大学附属平野中学校
③［国立］大阪教育大学附属池田中学校

④[府立]富田林中学校
⑤[府立]咲くやこの花中学校
⑥[府立]水都国際中学校
⑦清風中学校
⑧高槻中学校（A日程）
⑨高槻中学校（B日程）
⑩明星中学校
⑪大阪女学院中学校
⑫大谷中学校
⑬四天王寺中学校
⑭帝塚山学院中学校
⑮大阪国際中学校
⑯大阪桐蔭中学校
⑰開明中学校
⑱関西大学第一中学校
⑲近畿大学附属中学校
⑳金蘭千里中学校
㉑金光八尾中学校
㉒清風南海中学校
㉓帝塚山学院泉ヶ丘中学校
㉔同志社香里中学校
㉕初芝立命館中学校
㉖関西大学中等部
㉗大阪星光学院中学校

兵庫県

①[国立]神戸大学附属中等教育学校
②[県立]兵庫県立大学附属中学校
③雲雀丘学園中学校
④関西学院中学部
⑤神戸女学院中学部
⑥甲陽学院中学校
⑦甲南中学校
⑧甲南女子中学校
⑨灘中学校
⑩親和中学校
⑪神戸海星女子学院中学校
⑫滝川中学校
⑬啓明学院中学校
⑭三田学園中学校
⑮淳心学院中学校
⑯仁川学院中学校
⑰六甲学院中学校
⑱須磨学園中学校(第1回入試)
⑲須磨学園中学校(第2回入試)
⑳須磨学園中学校(第3回入試)
㉑白陵中学校
㉒夙川中学校

奈良県

①[国立]奈良女子大学附属中等教育学校
②[国立]奈良教育大学附属中学校
③[県立]
国際中学校
青翔中学校
④[市立]一条高等学校附属中学校
⑤帝塚山中学校
⑥東大寺学園中学校
⑦奈良学園中学校
⑧西大和学園中学校

和歌山県

①[県立]
古佐田丘中学校
向陽中学校
桐蔭中学校
日高高等学校附属中学校
田辺中学校
②智辯学園和歌山中学校
③近畿大学附属和歌山中学校
④開智中学校

岡山県

①[県立]岡山操山中学校
②[県立]倉敷天城中学校
③[県立]岡山大安寺中等教育学校
④[県立]津山中学校
⑤岡山中学校
⑥清心中学校
⑦岡山白陵中学校
⑧金光学園中学校
⑨就実中学校
⑩岡山理科大学附属中学校
⑪山陽学園中学校

広島県

①[国立]広島大学附属中学校
②[国立]広島大学附属福山中学校
③[県立]広島中学校
④[県立]三次中学校
⑤[県立]広島叡智学園中学校
⑥[市立]広島中等教育学校
⑦[市立]福山中学校
⑧広島学院中学校
⑨広島女学院中学校
⑩修道中学校
⑪崇徳中学校
⑫比治山女子中学校
⑬福山暁の星女子中学校
⑭安田女子中学校
⑮広島なぎさ中学校
⑯広島城北中学校
⑰近畿大学附属広島中学校福山校
⑱盈進中学校
⑲如水館中学校
⑳ノートルダム清心中学校
㉑銀河学院中学校
㉒近畿大学附属広島中学校東広島校
㉓AICJ中学校
㉔広島国際学院中学校
㉕広島修道大学ひろしま協創中学校

山口県

①[県立]
下関中等教育学校
高森みどり中学校
②野田学園中学校

徳島県

①[県立]
富岡東中学校
川島中学校
城ノ内中等教育学校
②徳島文理中学校

香川県

①大手前丸亀中学校
②香川誠陵中学校

愛媛県

①[県立]
今治東中等教育学校
松山西中等教育学校
②愛光中学校
③済美平成中等教育学校
④新田青雲中等教育学校

高知県

①[県立]
安芸中学校
高知国際中学校
中村中学校

福岡県

①[国立]福岡教育大学附属中学校（福岡・小倉・久留米）

②[県立]
- 育徳館中学校
- 門司学園中学校
- 宗像中学校
- 嘉穂高等学校附属中学校
- 輝翔館中等教育学校

③西南学院中学校
④上智福岡中学校
⑤福岡女学院中学校
⑥福岡雙葉中学校
⑦照曜館中学校
⑧筑紫女学園中学校
⑨敬愛中学校
⑩久留米大学附設中学校
⑪飯塚日新館中学校
⑫明治学園中学校
⑬小倉日新館中学校
⑭久留米信愛中学校
⑮中村学園女子中学校
⑯福岡大学附属大濠中学校
⑰筑陽学園中学校
⑱九州国際大学付属中学校
⑲博多女子中学校
⑳東福岡自彊館中学校
㉑八女学院中学校

佐賀県

①[県立]
- 香楠中学校
- 致遠館中学校
- 唐津東中学校
- 武雄青陵中学校

②弘学館中学校
③東明館中学校
④佐賀清和中学校
⑤成穎中学校
⑥早稲田佐賀中学校

長崎県

①[県立]
- 長崎東中学校
- 佐世保北中学校
- 諫早高等学校附属中学校

②青雲中学校
③長崎南山中学校
④長崎日本大学中学校
⑤海星中学校

熊本県

①[県立]
- 玉名高等学校附属中学校
- 宇土中学校
- 八代中学校

②真和中学校
③九州学院中学校
④ルーテル学院中学校
⑤熊本信愛女学院中学校
⑥熊本マリスト学園中学校
⑦熊本学園大学付属中学校

大分県

①[県立]大分豊府中学校
②岩田中学校

宮崎県

①[県立]五ヶ瀬中等教育学校

②[県立]
- 宮崎西高等学校附属中学校
- 都城泉ヶ丘高等学校附属中学校

③宮崎日本大学中学校
④日向学院中学校
⑤宮崎第一中学校

鹿児島県

①[県立]楠隼中学校
②[市立]鹿児島玉龍中学校
③鹿児島修学館中学校
④ラ・サール中学校
⑤志學館中等部

沖縄県

①[県立]
- 与勝緑が丘中学校
- 開邦中学校
- 球陽中学校
- 名護高等学校附属桜中学校

もっと過去問シリーズ

北海道
北嶺中学校
7年分（算数・理科・社会）

静岡県
静岡大学教育学部附属中学校
（静岡・島田・浜松）
10年分（算数）

愛知県
愛知淑徳中学校
7年分（算数・理科・社会）
東海中学校
7年分（算数・理科・社会）
南山中学校男子部
7年分（算数・理科・社会）
南山中学校女子部
7年分（算数・理科・社会）
滝中学校
7年分（算数・理科・社会）
名古屋中学校
7年分（算数・理科・社会）

岡山県
岡山白陵中学校
7年分（算数・理科）

広島県
広島大学附属中学校
7年分（算数・理科・社会）
広島大学附属福山中学校
7年分（算数・理科・社会）
広島学院中学校
7年分（算数・理科・社会）
広島女学院中学校
7年分（算数・理科・社会）
修道中学校
7年分（算数・理科・社会）
ノートルダム清心中学校
7年分（算数・理科・社会）

愛媛県
愛光中学校
7年分（算数・理科・社会）

福岡県
福岡教育大学附属中学校
（福岡・小倉・久留米）
7年分（算数・理科・社会）
西南学院中学校
7年分（算数・理科・社会）
久留米大学附設中学校
7年分（算数・理科・社会）
福岡大学附属大濠中学校
7年分（算数・理科・社会）

佐賀県
早稲田佐賀中学校
7年分（算数・理科・社会）

長崎県
青雲中学校
7年分（算数・理科・社会）

鹿児島県
ラ・サール中学校
7年分（算数・理科・社会）

※もっと過去問シリーズは
国語の収録はありません。

教英出版
〒422-8054
静岡県静岡市駿河区南安倍3丁目12-28
TEL 054-288-2131
FAX 054-288-2133
詳しくは教英出版で検索
教英出版 検索
URL https://kyoei-syuppan.net/

令和6年度入学考査

適性をみる検査Ⅰ

注意

1 「解答を始めなさい」の合図があるまで、この問題用紙を開いてはいけません。

2 問題は、1ページから8ページまであります。問題用紙のあいている場所は、下書きや計算などに使用してもかまいません。

3 **記入用紙**は、**記入用紙1**と**記入用紙2**があります。指示にしたがい、**記入用紙1**と**記入用紙2**に、一か所ずつ受付番号を書きなさい。

4 検査時間は50分間です。

5 一・二の解答は**記入用紙1**に、三の解答は**記入用紙2**に記入しなさい。

6 **記入用紙**の※印のらんには何も記入してはいけません。

7 「解答をやめなさい」の合図があるまで、問題に取り組んでいてもかまいません。

京都府立中学校

一 次の文章を読んで、あとの(1)～(5)の問いに答えなさい。

(注意) *のついている語句の説明が2ページにあります。

モズが*はやにえをつくる理由は、これまでさまざまな*解釈《かいしゃく》がなされてきました。例えば、なわばりを主張するマーキング行動であるとか、なわばりのエサの豊富さを*誇示《こじ》するための行動、獲物《えもの》を食べている途中《とちゅう》で放置しただけでとくに意味のない行動などです。その中でも、とくに人気のあるのが「冬の保存食説《ほぞんしょくせつ》」です。この仮説では、モズはエサの少ない冬を乗《の》り越《こ》えるためにはやにえを貯《たくわ》える、と解釈されています。

エサを貯える習性は専門的《せんもんてき》には「貯食」といい、越冬《えっとう》のための貯食はモズ以外のさまざまな鳥類で知られています。例えば、ヤマガラやホシガラス、カケスなどは、木の実を樹皮《じゅひ》の割《わ》れ目や土の中などに貯えて、冬にこれを食べ物として利用します。

はたして、モズのはやにえにも同様の役割《やくわり》があるのでしょうか。(中略)

もし、はやにえが冬の保存食ならば、モズは気温の低い（＝エサの少ない）時期にはやにえを活発に消費するはずです。そこで、この予想を確かめるため、私《わたし》ははやにえの生産や消費の時期を①つぶさに観察することにしました。

調査地は大阪府《おおさかふ》南部の里山で、私がモズの生態調査を長年してきた場所です。モズは9月ごろにここに渡《わた》ってきて、越冬のためのなわばりを巡《めぐ》って争い始めます。10月になるとなわばり争いも落ち着き、モズはなわばりの中にはやにえをせっせと貯えるようになります。はやにえの生産は越冬シーズン（10～1月）後の*繁殖《はんしょく》シーズン（2～5月）にも続いていく可能性があったため、はやにえ調査は10～5月に月1回の頻度《ひんど》で行《おこ》ないました。

調査方法はいたってシンプルです。なわばりの中にある木の枝先や*鉄条網《てつじょうもう》、農作用の*杭先《くいさき》などをすべて見て回り、はやにえの生産時期と消費時期をひたすら*モニタリングするだけです。約2100個のはやにえをモニタリングした結果、おもしろいことがわかってきました。

まず、はやにえの生産時期についてですが、モズは本格的に寒くなる前の時期である10～12月に、はやにえを集中的に生産することがわかりました。月々の平均生産数は約40個で、合計120個ほどのはやにえがオスのなわばりに貯えられることになります。モズは1日あたり10個程度のエサを食べるため、貯えたはやにえは単純計算《たんじゅんけいさん》で、12日分のエサに相当すると考えられます。

次に、*肝心《かんじん》のはやにえの消費時期についてです。モズは貯えたはやにえを、繁殖シーズンが始まる前までに食《た》べ尽《つ》くしました。月々のはやにえの消費数は、気温が低くなるにつれてどんどん増えていき、もっとも寒い1月にピークに達していました。これはつまり、モズが真冬のエサ不足を補《おぎな》うためにはやにえを貯えていたことを示しています。

モズが真冬に何を食べているかを、彼《かれ》らの吐《は》き戻《もど》した物から調べた過去の研究によると、冬には植物の実を多く食べていることがわかっています。モズは肉食性の小鳥です。普段《ふだん》は食べない植物の実に頼《たよ》らねばならないほど、エサが不足しているのでしょう。つまり、はやにえは真冬の貴重《きちょう》なエネルギー源《げん》だったのです。

②これにて一件落着！ とはならないのが、研究のおもしろいところです。私はひとつ不思議なことに気づきました。はやにえの主な役割が冬の保存食ならば、1月と同じくらい寒い2月に、なぜはやにえがもっと多く消費されなかったのでしょうか。もしかすると、はやにえには「冬の保存食以外」の役割もあるのかもしれません。(中略)

モズのオスは繁殖シーズンになると、メスの気を引こうとして、なわばりの中で活発に歌い始めます。私の*先行研究で、早口で（＝速い歌唱速度で）歌うオスほどメスからモテること、体調のよかったオスほど早口で魅力的《みりょくてき》に歌えることがわかっていました。

そこで私は、はやにえの第二の役割として、「オスははやにえを食べることで、歌声の魅力を高められる?」という大胆《だいたん》な仮説を思いつきました。

この仮説を検証するため、はやにえのモニタリング調査と並行《へいこう》して、繁殖シーズンにはオスの歌声の録音も行ない、はやにえの消費数とオスの歌唱速度(歌声の魅力の指標)の関係を調べてみました。すると、おもしろいことがわかってきたのです。

なんと! 予想どおり、はやにえを多く消費したオスほど、歌唱速度の速い魅力的な歌声をもつことが明らかになったのです。この結果には椅子《いす》から転げ落ちるほど驚《おどろ》きました。しかし、注意しなければならないのは、因果関係(はやにえを食べたことが原因となり、歌が上手になったのか)は本当のところはわからない点です。もしかすると、歌がはじめから上手なオスがいて、エサのよいなわばりを偶然《ぐうぜん》手に入れて、はやにえをたくさん貯えられただけかもしれません。そこで、私は実験による*アプローチでこれを再検証することにしました。

実験では3つのオスのグループを用意しました。オスのなわばりからはやにえを取《と》り除《のぞ》いた「除去群《じょきょぐん》」、はやにえに手を加えなかった「対照群」、はやにえの通常の消費量の3倍相当のエサをオスに与《あた》えた「給餌群《きゅうじぐん》」です。もしはやにえの消費が歌の魅力のアップに重要ならば、グループ間で歌唱速度が大きく異《こと》なるはずです。

その結果、対照群に比べて、除去群のオスは歌唱速度が遅《おそ》くなり、メスと結婚《けっこん》できなくなったのに対して、給餌群のオスは歌唱速度が速くなり、メスと早く結婚できるようになったのです。つまり、モズのはやにえは「プロポーズを成功させるための栄養補給食《えいようほきゅうしょく》」の役割をもつことが、これではっきりとしました。

貯食は多くの鳥類に共通する行動であり、多数の研究例があります。これまでは、貯食はエサ不足を補うことで生存率を高める行動として、主に解釈されてきました。モズのはやにえにも同様の役割がありました。さらに今回の発見で、繁殖相手の獲得《かくとく》を成功させるための役割も併《あわ》せもつことが、世界で初めて明らかになりました。

生きものの究極的な目的は、自分の遺伝子《いでんし》つまり子孫を多く残すことです。それには、繁殖を迎《むか》えるまで生き残ることと、繁殖相手をうまく見つけることの両方を達成せねばなりません。モズのはやにえは、まさにその「生存率の向上」と「繁殖相手の獲得」をうまく達成させられるように進化した行動だったのです。

(西田有佑《にしだゆうすけ》「モズのはやにえの不思議」
上田恵介監修《うえだけいすけかんしゅう》『日本野鳥の会のとっておきの野鳥の授業』による)

〈注〉

*はやにえ　モズ科の小鳥が木々の枝先などに刺《さ》しておいた獲物《えもの》や、そのような獲物を刺す行動のこと。

*解釈《かいしゃく》　物事や文章などの意味・内容を自分なりに理解すること。

*誇示《こじ》する　見せびらかす。

*繁殖《はんしょく》　動物や植物が子孫を増やすこと。

*鉄条網《てつじょうもう》　鉄線で作られた柵《さく》。

*杭先《くいさき》　地中に打《う》ち込《こ》んで目印や支柱にする棒《ぼう》の先。

*モニタリング　定期的に観察・記録すること。

*肝心《かんじん》　最も大切なさま。

*先行研究　以前に行われた研究のこと。

*アプローチ　学問・研究で一定の対象に迫《せま》る方法。

(1) ――線部①の「つぶさに」の意味として最も適切なものを、次のア～エから一つ選び、記号で答えなさい。

ア　適切に
イ　早めに
ウ　わかりやすく
エ　くわしく

(2) ――線部②にあるように筆者は「これにて一件落着！　とはならない」として、ここで研究を終えずに、さらに研究を続けました。どのような疑問《ぎもん》が出てきたから、研究を続けたのですか。次の文の空らん［　　　］にあてはまるように、本文中の言葉を使って、**二十字以上、三十字以内**で答えなさい。

（注意）句読点（。、）やかぎ（「　」）などの記号は、それぞれ字数に数えます。

はやにえが冬の保存食であるなら、［　　　］という疑問。

(3) 本文中に見られる筆者の調査や実験のしかたについて説明したものとして最も適切なものを、次のア～エから一つ選び、記号で答えなさい。

ア　疑問やわからないことは、本や資料を使って細かく調べ、解決するようにしている。
イ　一つの疑問が解決すると、モニタリングをやめて、その疑問とは別の疑問を探《さが》している。
ウ　調査をして出た結果とその理由の関係がわからない場合は、実験を行い検証している。
エ　仮説に対して、先行研究をふまえず、調査・実験をし、結論《けつろん》を見い出している。

(4) 筆者が行った調査や実験で初めて明らかになったこととして最も適切なものを、次のア～エから一つ選び、記号で答えなさい。

ア　モズのはやにえは、なわばりを主張するマーキング行動だということ。
イ　モズのはやにえは、繁殖相手の獲得に成功するための行動だということ。
ウ　モズのはやにえは、歌の上手なオスがエサのよいなわばりを偶然手に入れたとき、たくさん貯えられるものであるということ。
エ　モズのはやにえは、冬の保存食であり、越冬のための貯食は、モズ以外の鳥類にも見られる習性だということ。

(5) 本文の内容として適切なものを、次のア～オから**二つ**選び、記号で答えなさい。

ア　モズは2～5月の繁殖シーズンに、メスをめぐって激《はげ》しいなわばり争いを行う。
イ　モズは貯えたはやにえを、1月中に最も消費し、繁殖シーズンに備えている。
ウ　モズは本格的に寒くなる12～2月の間に、はやにえを集中的に生産する。
エ　モズは肉食性の小鳥だが、冬の間は保存食として植物の実を好んで多く食べる。
オ　モズははやにえをたくさん消費することによって、速く歌えるようになる。

二

次の文章を読んで、あとの(1)〜(5)の問いに答えなさい。

（注意）＊のついている語句の説明が5〜6ページにあります。

お詫び

著作権上の都合により、文章は掲載しておりません。

ご不便をおかけし、誠に申し訳ございません。

教英出版

お詫び

著作権上の都合により、文章は掲載しておりません。
ご不便をおかけし、誠に申し訳ございません。

教英出版

（岡根谷実里《おかねやみさと》『世界の食卓から社会が見える』による）

〈注〉

＊紀元前　西暦《せいれき》１年（紀元）よりも前。現在は西暦２０２４年。

＊需要《じゅよう》　必要とするものを求めること。

＊右肩上《みぎかたあ》がり　時間がたつにつれて増えていること。

＊ヒスパニック系《けい》住民　メキシコなどのスペイン語を話す地域から来た人やその子孫である住民のこと。

＊ワカモレ　アボカドをつぶして味付けした食品。メキシコ料理で作られる。

＊拍車《はくしゃ》をかけて　進行を速くさせて。

＊侮《あなど》れない　軽く見ることができない。

＊潤《うるお》って　豊かになり、ゆとりができて。

＊礎《いしずえ》　もとになる大切なもの。

＊アイデンティティ　そのものが他とはちがう独自のものであるということをはっきりさせるもの。

＊脅《おびや》かされて　あぶない状態にされて。
＊概念《がいねん》　本文では、物事の考え方のこと。
＊灌漑《かんがい》　田畑に必要な水を、ひき入れて使うこと。
＊希釈《きしゃく》　水などを加えて、うすめること。
＊地盤沈下《じばんちんか》　地面がしずんで、地表が低くなること。
＊代替品《だいたいひん》　ある物の代わりに使う品。
＊動物倫理《りんり》　人と動物との関係がどうあるべきかについての考え。

(1) ――線部①に「そんな世界の状況」とありますが、筆者が、日本や世界の状況として述べている内容として適切なものを、次のア～オから**二つ**選び、記号で答えなさい。

ア　アボカドはビタミンやミネラルを多く含んでいて、美容や健康によい食材であるというイメージをもたれ、アボカドを使って作ったメニューも人気があり、日本での需要が高まった。

イ　メキシコは、中央アメリカ地域の中で最大のアボカド生産国であり、メキシコで生産されたアボカドの半分以上が日本に運ばれ、おしゃれなカフェでワカモレをつくるために使われている。

ウ　日本では、バレンタインデーのたった1日だけで、侮れないほどたくさんの量のアボカドが消費されており、そのおかげで、アボカドを生産しているメキシコの全ての農家の生活が大変豊かになった。

エ　アメリカでは、スーパーボウルという大きなイベントと関連付けられる食材になるなど、アボカドがアメリカ文化に入り込んでおり、一人あたりにすると年間3・8キログラムも消費している。

オ　中央アメリカ地域はアボカドの原産地とされ、紀元前に栽培をしていた痕跡があるが、今も多く消費されており、アメリカで生産されるアボカドの大部分が中央アメリカ地域に輸出されている。

(2) ――線部②に「単純に比較すると、バナナの2倍以上、トマトの10倍近くも水を飲むのだ」とありますが、この部分の表現の説明として最も適切なものを、次のア～エから一つ選び、記号で答えなさい。

ア　飲み水にもなる地下水がアボカドの生産ではほとんど使われていないことを、くわしい数字を使って伝えている。

イ　大きな数字を使って述べたことを、2や10という数字に整理することで、バナナが多くの水分をふくむことを印象づけている。

ウ　アボカドが生育のために多量の水を必要とすることを、アボカドを人間のようにたとえて表現している。

エ　アボカドを育てる人が多くの水を飲むことを、トマトの場合と比べて印象づけ、生産の大変さに目を向けさせている。

(3) 空らん［ a ］、［ b ］に入る言葉の組み合わせとして最も適切なものを、次のア～エから一つ選び、記号で答えなさい。

ア　a　たとえば　　b　なぜなら
イ　a　たとえば　　b　さらに
ウ　a　しかし　　b　ところが
エ　a　しかし　　b　また

(4)　――線部③に「こういった問題は、何もアボカドに限ったことではなく多くの食品に関して起こっている」とありますが、筆者の文章の組み立て方や「問題」の述べ方について、山本《やまもと》さんと川上《かわかみ》さんが話し合っています。次の会話文の空らん[あ]～[う]にあてはまる内容として最も適切なものを、それぞれ答えなさい。ただし、[あ]については本文中から**十六字でぬき出して初めの五字**を、[い]についてはあとのア～エから一つ選んで記号で、[う]については本文中から**三十三字でぬき出して初めの五字**をそれぞれ答えなさい。

（注意）句読点（。、）やかぎ（「」）などの記号は、それぞれ字数に数えます。

山本　「こういった問題」とありますが、筆者はこの文章の中で、アボカドに関係して「[あ]」ようだということを先に述べています。それから、段落《だんらく》を分けて、その具体的な内容を次々と挙げています。

川上　そうですね。それまで述べてきた「日本や世界の状況」から「アボカドに関係して生じる問題」に話題をかえる段落と、実際に問題を次々と挙げていく段落というように、段落に役割を持たせて組み立てています。そして、筆者がそれらの問題を述べていく順番は、よく整理されていますね。

山本　はい。それらの問題は、全体を大きく分けると[い]という二つのグループに分けることができます。また、この二つのグループは、一つ目のグループであれば、「生産地域の土地によくない影響《えいきょう》を与《あた》えているという問題」と、「生産地域の食文化を脅かしているという問題」というように、さらに分けて整理することができます。文章を読むときには、内容を整理しながら読むことが大切ですね。

川上　そうですね。内容を整理するということでは、問題を述べたときのまとめにも注目できます。たとえば、「生産地域の土地によくない影響を与えているという問題」の二つ目として挙げた内容は、「[う]」とまとめています。このように、文章の中で述べたことをまとめながら進めていくという書き方は、自分で書く時の参考になりますね。

ア　アボカドを生産する側に影響を与える問題と、消費する側に影響を与える問題
イ　アボカドの生産や消費を続けることで起こる問題と、やめることで起こる問題
ウ　アボカドを栽培するときに使われる水に関係した問題と、栽培している地域の動植物に関係した問題
エ　アボカドの利用をプラントベースという点から見たときの問題と、健康面から見たときの問題

(5)　――線部④に「よかれと思ったところでよくない結果をもたらすこともある」とありますが、拡大しているアーモンドの生産では、消費者のどのような「よかれと思った選択」が、どのような「よくない結果」をもたらしていると筆者は述べていますか。どのような面からその選択がよいと思ったのかをふくめ、次の文の空らん[　]にあてはまるように、本文中の言葉を使って、**三十五字以上、四十五字以内**で答えなさい。

（注意）句読点（。、）やかぎ（「」）などの記号は、それぞれ字数に数えます。

[　　　　]と筆者は述べている。

三　次の□に示したように、課題を発見し、考えを深めていく学習がよく行われます。

課題を発見する
→　発見した課題の解決に必要な情報を集める
→　課題の解決に向けて考えを深めたりまとめたりする
→　新たな課題を発見する

あなたは、このように学習を進めていくためには何が大切だと考えますか。大切だと考えることを、そう考える理由とともに、記入用紙２に、三百六十一字以上、四百五十字以内（二十五行以上、三十行以内）で書きなさい。ただし、大切だと考えることは二つまでとし、自分自身の体験や、見たり聞いたりした内容を例にあげて書くこと。

〈書き方の注意〉

①　題や氏名は書かないで、一行目から書き始めます。
②　段落《だんらく》を変えるときの残りのマス目は、字数として数えます。
③　最後の段落の残りのマス目は、字数として数えません。

【適性をみる検査Ⅰおわり】

令和６年度入学考査

適性をみる検査Ⅱ

注　意

1　「解答を始めなさい」の合図があるまで，この問題用紙を開いてはいけません。

2　問題は，１ページから14ページまであります。問題用紙のあいている場所は，下書きや計算などに使用してもかまいません。

3　**記入用紙**は，**記入用紙**１と**記入用紙**２があります。指示にしたがい，**記入用紙**１には２か所に，**記入用紙**２には１か所に受付番号を書きなさい。

4　検査時間は50分間です。

5　**1**・**2**の解答は**記入用紙**１に，**3**の解答は**記入用紙**２に記入しなさい。

6　**記入用紙**の※印のらんには何も記入してはいけません。

7　「解答をやめなさい」の合図があるまで，問題に取り組んでいてもかまいません。

1 次の文章は太郎《たろう》さんが給食をテーマにまとめた**レポートの一部**です。これについて，あとの（1）～（5）の問いに答えなさい。

レポートの一部

ある日の給食の献立《こんだて》はカレーライス，オレンジ，牛乳《ぎゅうにゅう》でした。食材について調べてみると，外国産の食材もいろいろあり，世界とのつながりを感じました。そして，a国内で消費された食料のうち，国内で作られている食料の割合《わりあい》を調べてみました。そこから，b貿易や世界の地域《ちいき》について興味を持つようになりました。

＜献立（食材）＞

カレーライス（c米，牛肉，じゃがいも，にんじん，玉ねぎなど），オレンジ，牛乳

（1） 下線部aについて，次のⅠ・Ⅱの問いに答えなさい。

Ⅰ 下線部aを何といいますか，**ひらがな12字**で答えなさい。

Ⅱ 下の**グラフ**は，日本における，果物，小麦，米，肉類，野菜の下線部aのうつり変わりを示したものです。米のうつり変わりを示したものを**グラフ**中のア～オから１つ選び，記号で答えなさい。

グラフ

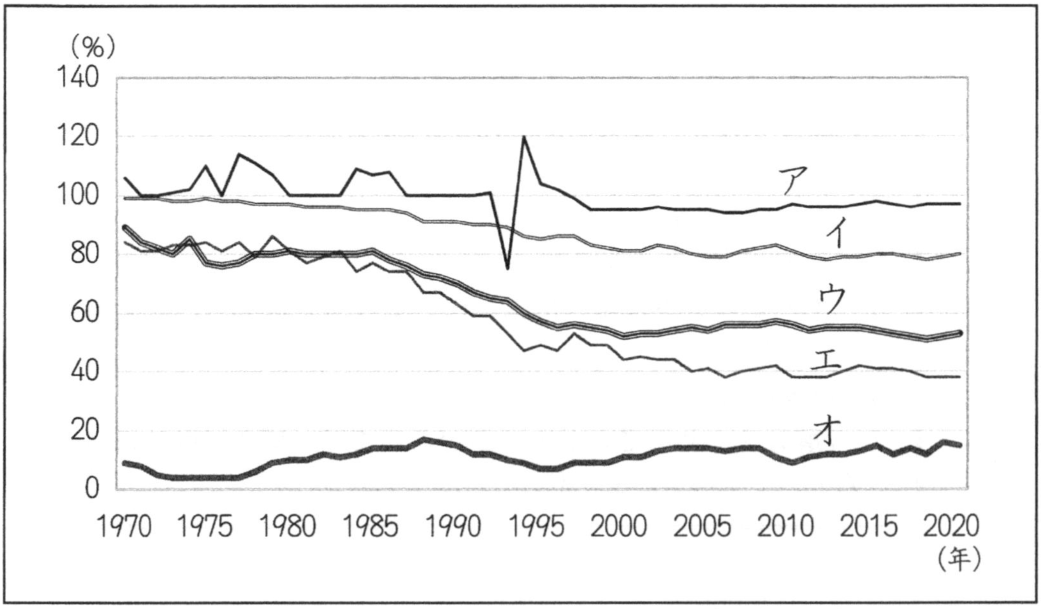

（農林水産省《のうりんすいさんしょう》統計より作成）

（2） 下線部ｂについて，次のⅠ・Ⅱの問いに答えなさい。

Ⅰ 日本の貿易がスムーズにできるように働きかけたり，パスポートの申請《しんせい》手続きを決めたりするなど，外交に関わる仕事を担当《たんとう》する省の名前は何か，**ひらがな**で答えなさい。

Ⅱ 太郎さんは，日本がオレンジを輸入する相手国を調べ，年間輸入量の１位がアメリカ合衆国《がっしゅうこく》，２位がオーストラリアであることを知り，月ごとの輸入量（kg）を表にまとめ**資料１**を作りました。また，**資料２**はそれぞれの国のオレンジ主要産地の月ごとの降水量《こうすいりょう》（mm）と平均気温（℃）を表したグラフです。下の**「輸入オレンジの特ちょう」**，**資料１・２**から分かる，日本におけるオレンジの輸入量を安定させる工夫《くふう》について，**記入用紙１**の空らんに適するように，**15 字以上 20 字以内**で答えなさい。

「輸入オレンジの特ちょう」

輸入オレンジで最も輸入量の多い種類がネーブルオレンジです。寒い時期に収穫《しゅうかく》されます。

資料１

	アメリカ合衆国	オーストラリア
1月	199万 kg	42万 kg
2月	446万 kg	5万 kg
3月	410万 kg	0 kg
4月	1027万 kg	0 kg
5月	293万 kg	0 kg
6月	472万 kg	78万 kg
7月	18万 kg	797万 kg
8月	0 kg	910万 kg
9月	0 kg	886万 kg
10月	0 kg	361万 kg
11月	0 kg	301万 kg
12月	16万 kg	208万 kg

（2022 年農林水産物輸出入概況《がいきょう》より作成）

資料２

ロサンゼルス
（アメリカ合衆国）

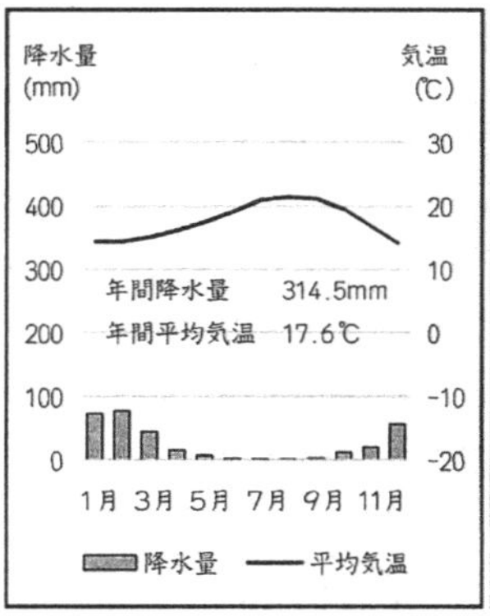

シドニー
（オーストラリア）

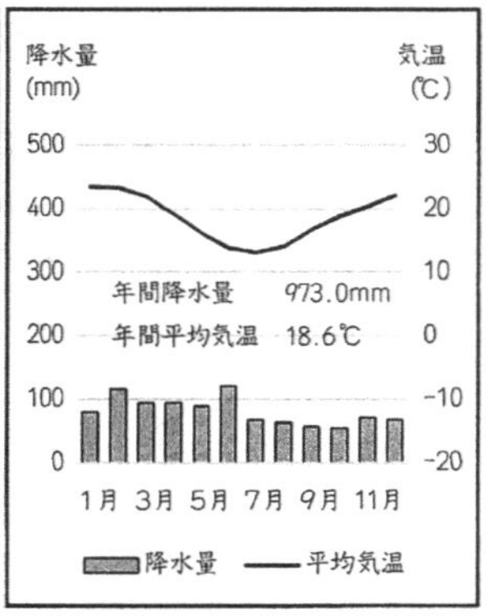

（気象庁《きしょうちょう》「世界の気候」より作成）

（3） 下線部 c について，下の**絵**の**A・B**は米作りのために，江戸《えど》時代に使われていた代表的な農具です。**A**の農具の名前を**ひらがな**で答えなさい。また，下の**表 1** は米作りのカレンダーを表しています。**A・B**の農具を米作りで主に使用する時期を，**表 1** を参考に，次のア〜エからそれぞれ 1 つ選び，記号で答えなさい。

ア 3月初めごろ 〜 5月初めごろ
イ 3月中ごろ 〜 4月終わりごろ
ウ 5月中ごろ 〜 9月中ごろ
エ 9月中ごろ 〜 10月終わりごろ

絵

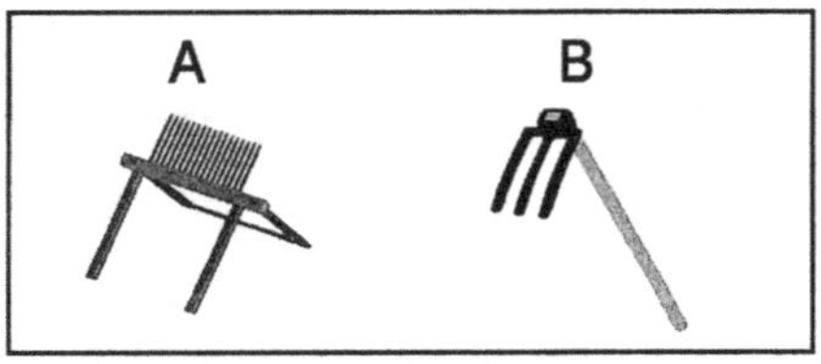

表 1

3月	4月	5月	6月	7月	8月	9月	10月
	苗《なえ》つくり						乾燥《かんそう》・もみすり
田おこし	代《しろ》かき	草とり・水の管理・肥料				稲刈《いねか》り・脱穀《だっこく》	
	肥料	田植え					

（農林水産省ホームページ「くらべてみよう昔といまのコメ作り」より作成）

（4） 給食から世界とのつながりを感じた太郎さんは，地球儀《ちきゅうぎ》を眺《なが》めてみると，縦《たて》と横に線が引かれていたり，地表の起伏《きふく》が表面の色分けで表されていたりすることに気づきました。地球儀に興味を持った太郎さんは，地球儀を北《ほっ》極《きょく》側と南極《なんきょく》側から見た**地図**をそれぞれかきました。次の**地図**を見て，下のⅠ・Ⅱの問いに答えなさい。

北極側から見た地図

南極側から見た地図

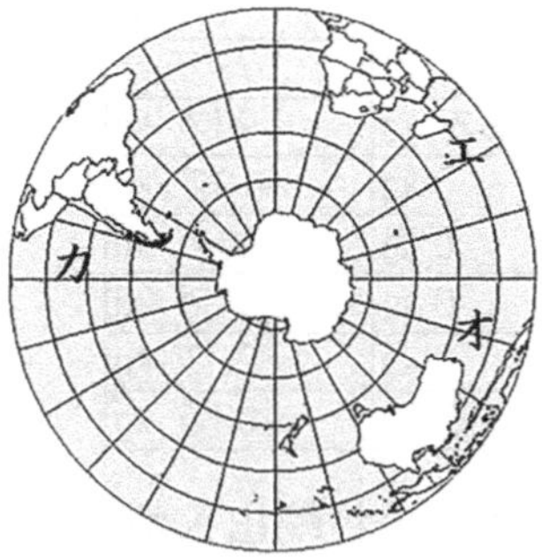

Ⅰ 太郎さんは，これから**地図**中に日本をかこうとしています。**地図**中のア〜カの中から，日本の位置として最も適当な場所を選び，記号で答えなさい。

Ⅱ 記入用紙の**北極側から見た地図**と**南極側から見た地図**のそれぞれに，西経 30 度の経線を黒くなぞって示しなさい。ただし，陸地部分には経線が引かれていないので，西経 30 度の線の陸地部分にはあらたに線を引いて示しなさい。

2024(R6) 京都府立中
K 教英出版

（5） 次の**資料3**は，太郎さんが地球儀の色分けに注目し，①～⑦の地域ごとに総面積のなかでの土地の高さの割合（%）をまとめたものです。**資料3**を見て，下のⅠ～Ⅲの問いに答えなさい。

資料3

以上　未満		① アジア	② ヨーロッパ	③ アフリカ	④ 北アメリカ	⑤ 南アメリカ	⑥ オーストラリアと周辺の島々	⑦ 南極
土地の高さ	200m	24.6	52.7	9.7	29.9	38.2	39.3	6.4
	200～500m	20.2	21.2	38.9	30.7	29.8	41.6	2.8
	500～1000m	25.9	15.2	28.2	12.0	19.2	16.9	5.0
	1000～2000m	18.0	5.0	19.5	16.6	5.6	2.2	22.0
	2000～3000m	5.2	2.0	2.7	9.1	2.2	0.0	37.6
	3000～4000m	2.0	0.0	1.0	1.7	2.8	0.0	26.2
	4000～5000m	4.1	0.0	0.0	0.0	2.2	0.0	0.0
	5000m	1.1	－	0.0	0.0	0.0	－	－
	平均の高さ	960m	340m	750m	720m	590m	340m	2200m

＊その高度の陸地は存在《そんざい》するが割合が0.1%に満たない場合は「0.0」を示し，その高度の陸地が存在しない場合は「－」で表記しています。
＊調整と誤差《ごさ》により，アジアとヨーロッパの合計は100%になりません。

（データブック オブ・ザ・ワールド2020年版より作成）

Ⅰ **資料3**の①・②の両方の地域の大部分をふくむ大陸の名前を答えなさい。

Ⅱ **資料3**から読み取れる内容として**適切でない**ものを，次のア～オから**すべて**選び，記号で答えなさい。

ア 500m未満の土地の高さの割合が50%以上を占《し》める地域は全部で3つある。
イ 赤道が通る地域のうち，平均の高さが最も高いのはアジアである。
ウ 200m以上500m未満の土地の高さの割合がその地域内で最も多い地域は3つある。
エ 0度の経線が通る地域のうち，平均の高さが最も高いのはアフリカである。
オ 2000m以上の高さの割合が50%以上を占めるのは南極のみである。

Ⅲ 世界の国々に興味を持った太郎さんは，日本人が多く住んでいる外国を調べ，右の**表2**にまとめました。**表2**にのっている国が3つ以上含まれる地域を**資料3**の①～⑦から**すべて**選び，番号で答えなさい。

表2

	国名
1位	アメリカ合衆国
2位	中国《ちゅうごく》
3位	オーストラリア
4位	タイ
5位	カナダ
6位	イギリス
7位	ブラジル
8位	ドイツ
9位	韓国《かんこく》
10位	フランス

（海外在留邦人《ほうじん》数調査統計2022年版より作成）

2 一郎《いちろう》さんは先生，友だちの次郎《じろう》さん，花子《はなこ》さん，三郎《さぶろう》さんといっしょに，生物の観察に海へ出かけました。出かけた先の海には，磯《いそ》と呼《よ》ばれる岩の多い波打ちぎわが見られました。その岩の上でいくつかの種類の生物を観察することができました。**図1**はその一例です。生物と生物の間の矢印は，それらの生物の「食べる・食べられる」の関係を示しています。矢印の向きは「食べられる」生物から「食べる」生物になっています。

図1

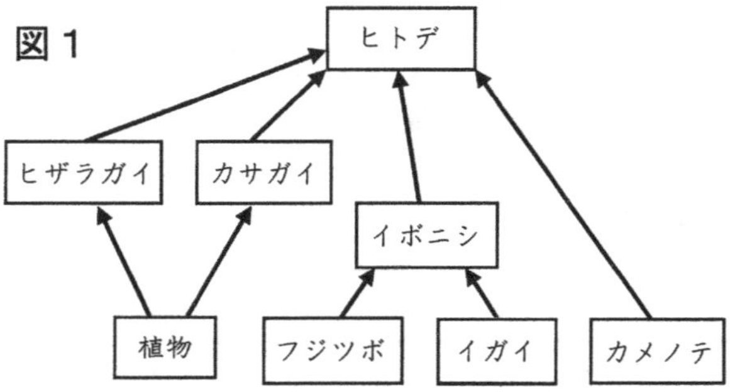

図1の中のフジツボ，イガイ，カメノテは岩にはりついて，ほとんど移動せずに生活していますが，ヒトデ，ヒザラガイ，カサガイ，イボニシは岩場を動きまわって生活しています。次の（1）～（5）の問いに答えなさい。

（1） 一郎さんは貝の仲間であるイガイがこの磯に何びきすんでいるか調べようと考えました。磯には危険《きけん》な場所もあったので，安全に調べることのできる5つの岩（岩1～5）にいるイガイの数から，磯全体にいるイガイの数を推《すい》測《そく》することにしました。岩1～5で数えられたイガイの数（ひき）は**表**のようになりました。

表

岩1	岩2	岩3	岩4	岩5
84	79	80	81	76

また，この磯にはイガイが岩1～5と同じようにすんでいる岩が，岩1～5をふくめて70個あり，それぞれの岩の大きさもほぼ同じであることがあらかじめ知られています。

この磯の岩には，全体で何びきのイガイがすんでいると推測できますか。ただし，岩から別の場所への移動については考えないものとします。次の①～⑤から，最も適切なものを1つ選び，番号で答えなさい。

① 500 ～ 1000　② 1000 ～ 2000　③ 5000 ～ 6000
④ 10000 ～ 20000　⑤ 50000 ～ 60000

（2） 一郎さんが磯のイガイの数を推測したのと同じ方法で数を推測できるのは次の①～③のうちどれですか。最も適切なものを１つ選び，番号で答えなさい。

① 等間隔《とうかんかく》にイネが植わっている水田において，水田の一部のイネの数とその面積，水田の全面積から，水田全体に植わっているイネの本数を推測する。

② ミツバチが巣箱から出ていく１時間あたりの回数とその巣箱の大きさから，巣箱内にいるミツバチの数を推測する。

③ 池１m^2あたりにすむザリガニの数と大きさ，池の総面積から，ザリガニの餌《えさ》となる魚が池全体に何びきいるか推測する。

（3） 次郎さんは水 50 mL に 1.5 g の食塩を入れて完全に溶《と》かし，海水と同じこさの食塩水を作ろうとしています。**図２**は水の体積を測るのに使った器具と目《め》盛《も》りを読むときの目《め》線《せん》を，それぞれ表しています。次のⅠ～Ⅳの問いに答えなさい。

図２

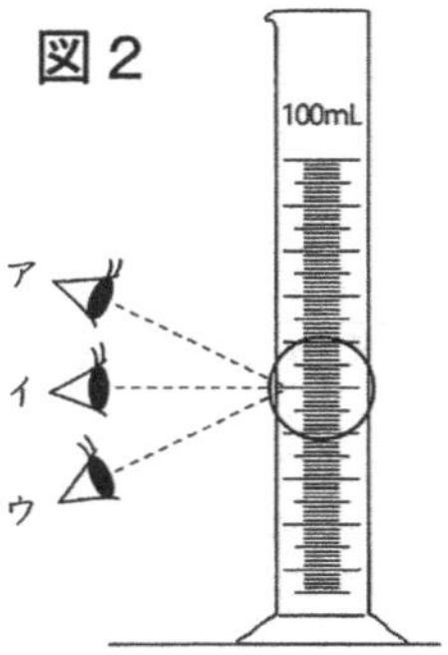

Ⅰ 右の**図２**の器具の名前を**カタカナ**で答えなさい。

Ⅱ 目盛りを読み取るときの目線として正しいものはどれですか。右の**図２**中のア～ウから１つ選び，記号で答えなさい。

Ⅲ 下の図は**図２**の器具に水を入れたときの液面《えきめん》のようすを表しています。液面のようすとして最も適切なものはどれですか。次の①～③から１つ選び，番号で答えなさい。

①　　　　②　　　　③

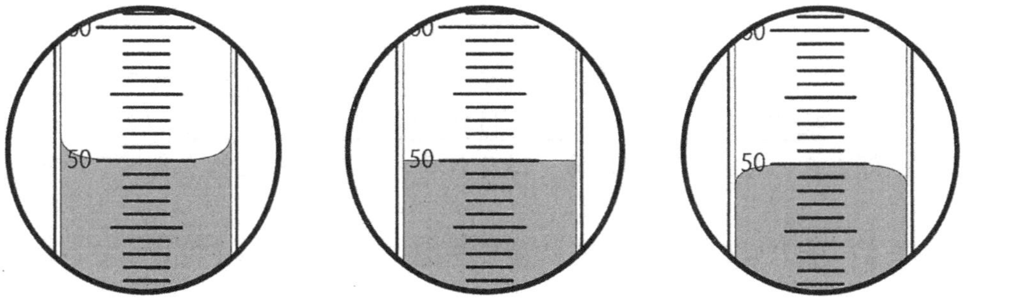

Ⅳ　次郎さんは作った海水と同じこさの食塩水をろ紙でこして，ろ過する前の食塩水とろ過された後の液体を比べてみました。次の①～③から，正しいものを１つ選び，番号で答えなさい。

①　ろ過された後の液体には食塩はふくまれていない。

②　ろ過する前と後で食塩水は同じこさである。

③　ろ過された後のほうがこい食塩水である。

（４）　フジツボは**図３**に見られるような貝に似た殻《から》を持っていますが，花子さんが図《ず》鑑《かん》で調べたところ，かたい殻の中には足に節のある生物が入っており，フジツボは下の①～⑤にあげた特ちょうをもつ，昆虫《こんちゅう》に近い仲間だということが分かりました。

図３

①　卵《たまご》から生まれる。

②　からだは，頭とむねの２つの部分に分かれる。

③　足は左右で対《つい》になっていて，全部で12本ある。

④　脱《だっ》皮《ぴ》をして（皮をぬいで）大きくなる。

⑤　成長する間に，からだの形が何度か大きく変わる。

上のフジツボの特ちょう①～⑤のうち，すべての昆虫に共通して見られる特ちょうを**すべて**選び，番号で答えなさい。

（５）　三郎さんは学校の近くにすんでいる生物（植物，バッタ，ネズミ，キツネ）を観察して，興味を持ったことを先生に相談しました。これについて，あとのⅠ～Ⅲの問いに答えなさい。

三郎：学校の近くで見られた植物，バッタ，ネズミ，キツネの４種類の生物とそれらの間の関係に興味をもちました。

先生：この学校周辺の地《ち》域《いき》でそれらの生物を研究した結果をまとめたレポートが図書館にありますよ。

三郎：それらの生物はそれぞれ何を食べて生活しているんですか。

先生：この４種類の生物の中では，キツネはネズミだけを食べ，バッタは植物だけを食べ，ネズミは植物だけを食べているそうです。

三郎：なるほど。この地域ではそれぞれ１種類の生物を食べているんですね。

先生：それらの生物どうしの関係を図に整理してみてはどうでしょう。

Ⅰ　三郎さんが調べている生物（植物，バッタ，ネズミ，キツネ）の間にみられた，下線部の「食べる・食べられる」の関係を，５ページの**図１**のように生物どうしを矢印でつなぎ，表しなさい。

Ⅱ　三郎さんが調べている４種類の生物どうしの関係から考えると，もしバッタが減ったら，そのせいで最初に増える生物は何だと推測できますか。４種類の生物から最も適切な生物を１つ選び，生物の名前を答えなさい。

Ⅲ「この地域の４種類の生物どうしの関係から考えると，キツネが減ったら，バッタも減るだろう。」と先生が説明してくれました。どうしてキツネの数が減ったらバッタの数が減るのか，その理由を説明しなさい。

3 次のみくさんと先生の会話文を読み，あとの（1）～（6）の問いに答えなさい。

みく：先週，家族で宮津《みやづ》市にある天橋立《あまのはしだて》に行きました。そして，天橋立では a船に乗って，美しい景色を一望《いちぼう》することができました。

先生：天橋立は，社会の授業で取り上げましたね。b雪舟《せっしゅう》がかいた「天橋立図《あまのはしだてず》」という水墨画《すいぼくが》では，自然のようすをていねいにかいていましたね。

みく：次の日に，舞鶴《まいづる》市の旧海軍の赤レンガ倉庫群や赤れんが博物館を見学して帰りました。舞鶴市は明治《めいじ》時代から有名な港のある街として知られていて，「c日本近代化の躍動《やくどう》を体感できるまち」として日本遺産《いさん》にも認定《にんてい》されているとのことでした。

（1） 下線部aについて，みくさんは時代ごとの船に関連したできごとについて調べることとしました。次のア～エのできごとを歴史的に古い順に並《なら》び替《か》え，記号で答えなさい。

ア

ペリーの上陸

イ

ノルマントン号事件

ウ

欧米《おうべい》へ向かう岩倉使節団《いわくらしせつだん》

エ

朱印状《しゅいんじょう》を用いた貿易

（2） 下線部ｂについて，次のⅠ・Ⅱの問いに答えなさい。

Ⅰ　次のア～エの人物の中から雪舟を選び，記号で答えなさい。

ア　イ　ウ　エ

Ⅱ　下の**資料１**は雪舟のかいた「天橋立図」の一部です。国ごとに国分寺《こくぶんじ》を建てるように聖武天皇《しょうむてんのう》から命令が出されてから，この絵がかかれるまでの期間のできごととして正しいものを次のア～オから**すべて**選び，記号で答えなさい。

資料１

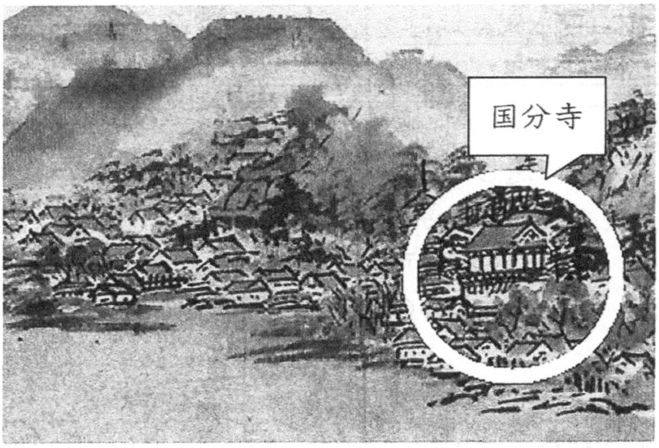

ア　種子島《たねがしま》に鉄砲《てっぽう》が伝来した。
イ　天智《てんじ》天皇が天皇中心の政治を本格的に始めた。
ウ　都が平安京《へいあんきょう》に移された。
エ　五街道《ごかいどう》が整備され，各地の産業がいっそう栄えた。
オ　モンゴルが中国《ちゅうごく》にせめ込《こ》んで，元《げん》という大きな国を築いた。

（3） 下線部ｃについて，「日本近代化の躍動を体感できるまち」として選ばれたのは，舞鶴市に横須賀《よこすか》市（神奈川《かながわ》県），呉《くれ》市（広島《ひろしま》県），佐世保《させぼ》市（長崎《ながさき》県）を加えた４都市です。これらの４都市はいずれも，明治時代に鎮守府《ちんじゅふ》という海軍の拠点《きょてん》が置かれた町でした。この４都市の現在のようすを比較《ひかく》した下の**資料２**と**文章**を見て，下のⅠ～Ⅲの問いに答えなさい。

資料２

	面積	人口	65歳《さい》以上の人口	流出人口	流入人口
横須賀市	100 km^2	388,078 人	124,875 人	77,082 人	44,226 人
舞鶴市	342 km^2	80,336 人	25,881 人	6,365 人	4,447 人
呉市	352 km^2	214,592 人	76,207 人	20,738 人	18,437 人
佐世保市	426 km^2	243,223 人	77,833 人	13,560 人	17,162 人

（2020 年国勢《こくせい》調査より作成）

文章

４都市の中で面積が最も広いのは佐世保市です。１km^2 あたりの人口を調べてみると，（　①　）が最も多く，次に多い都市の６倍以上です。65 歳以上の高齢者《こうれいしゃ》数が人口に占《し》める割合《わりあい》について，４都市とも約（　②　）となっています。**資料２**の人口は，夜間人口とも言われ，現在居住している都市の人口を示しています。流出人口は昼間に通学や通勤《つうきん》でその都市から出る人口を，流入人口は昼間に通学や通勤でその都市に入って来る人口を表し，③様々な取組に利用されるデータとなっています。

④佐世保市は他の都市と違《ちが》い，流出人口より流入人口の方が多くなっています。

Ⅰ　**文章**中の空らん①に適した語句をア～エから，空らん②に適した語句をカ～ケからそれぞれ１つ選び，記号で答えなさい。

ア　横須賀市　　イ　舞鶴市　　ウ　呉市　　エ　佐世保市

カ　３分の１　　キ　４分の１　　ク　５分の１　　ケ　６分の１

Ⅱ　**文章**中の下線部③について，**資料２**中の流出人口と流入人口は，どのような取組に主に活用されるデータか，次のア～カより適切なものを**すべて**選び，記号で答えなさい。

ア　その都市の工業生産出荷《しゅっか》額　　イ　新しい店の出店《しゅってん》計画

ウ　65 歳以上の人口調査　　エ　病院の通院者の人数の調査

オ　交通網《こうつうもう》の整備　　カ　一家庭あたりの車の保有台数調査

Ⅲ　**文章**中の下線部④について，昼間の佐世保市は夜間人口に比べて人口が何％上昇《じょうしょう》するか**資料２**をもとに答えなさい。なお，$\frac{1}{100}$の位を四捨五入《ししゃごにゅう》した数で答えなさい。

(4)　宮津市への移動中に，みくさんが自動車の窓《まど》から外の景色をながめていると，たくさんの太陽光パネルが並んでいるところがありました。太陽光や水力のように，石油や天然ガスのような二酸化炭素を出す燃料を使わないエネルギーを，再生可能なエネルギーとよびます。ただし，原子力は再生可能なエネルギーにふくまれません。次のⅠ・Ⅱの問いに答えなさい。

Ⅰ　再生可能なエネルギーの例を太陽光と水力以外で**2つ**答えなさい。

Ⅱ　日本における2022年度の総発電量に対して，再生可能なエネルギーによる発電（全ての再生可能なエネルギーによる発電量の合計），火力発電，原子力発電のそれぞれの発電量が占める割合を多い順に並べたものとして，正しいものはどれですか。次のア～カから１つ選び，記号で答えなさい。

ア　原子力，再生可能なエネルギー，火力
イ　原子力，火力，再生可能なエネルギー
ウ　火力，原子力，再生可能なエネルギー
エ　火力，再生可能なエネルギー，原子力
オ　再生可能なエネルギー，火力，原子力
カ　再生可能なエネルギー，原子力，火力

(5)　みくさんは発電のしくみを知るために，**資料3**の手回し発電機を使い，電気をつくる**【実験１】**を行いました。これについて，あとの問いに答えなさい。

資料3

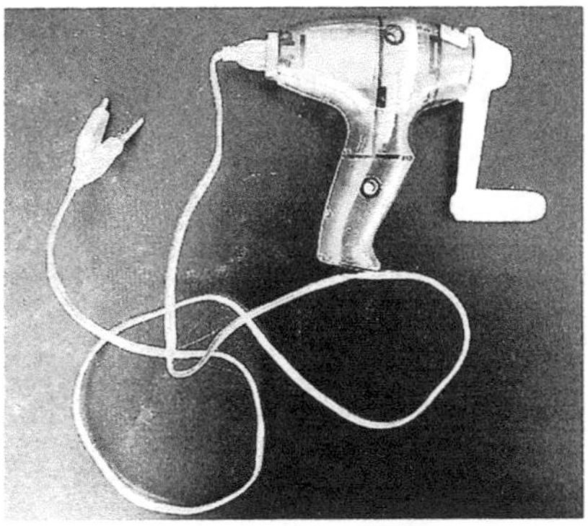

手回し発電機

【実験１】の手順は次のようにしました。

手順１　手回し発電機に豆電球をつなぎ，ハンドルを回したときの豆電球のようすを観察する。
手順２　ハンドルを手順１と逆の向きで，同じ速さで回して，手順１の結果と比較する。
手順３　ハンドルを手順１と同じ向きで，より速く回して，手順１の結果と比較する。

豆電球の代わりに発光ダイオード，モーターにそれぞれつなぎかえ，手順１～３と同じ手順をくり返す。

【実験１】の結果をまとめると下の**資料４**のようになりました。

資料４

	手順１の結果	手順２の結果	手順３の結果
豆電球	明かりがついた（①）	①と同じ明るさで明かりがついた	Ａ
発光ダイオード	明かりがついた（②）	Ｂ	②よりも明るく明かりがついた
モーター	回転した（③）	③と逆向きに同じ速さで回転した	Ｃ

手順１の結果①～③と比較しながら，上の**資料４**の空らんＡ～Ｃにはどのような文が当てはまるか考え，それぞれ答えなさい。

（６）　みくさんは夏休みの自由研究で「植物では取り入れた水がどこから出ていくのか」を調べるために，ホウセンカを用いて**【実験２】**を行うことにしました。これについて，あとのⅠ～Ⅲの問いに答えなさい。

【実験２】

三角フラスコを４つ（Ａ～Ｄ）用意して，それぞれ水を100 mLずつ入れる。

茎《くき》の長さと太さを同じにそろえた４つのホウセンカを用意して，**図**のように１つずつ水の入った三角フラスコに入れる。

Ａ～Ｄのフラスコのホウセンカそれぞれに，次のページの**<処理《しょり》>**のような処理を行う。

12時間後にＡ～Ｄの三角フラスコに残っている水の量を調べる。

図

＜処理＞

A　どこにも*ワセリンをぬらない。

B　ホウセンカの葉の表だけにワセリンをぬる。

C　ホウセンカの葉の裏《うら》だけにワセリンをぬる。

D　ホウセンカの葉をすべて切り取り，その切り口にワセリンをぬる。

＊ぬった部分から水が蒸発《じょうはつ》するのを防ぐ油

Ⅰ　この**【実験２】**で使う４つのホウセンカを選ぶときに，外見の特ちょうでは，**【実験２】**の下線部に加えて何をそろえる必要がありますか，１つ答えなさい。

Ⅱ　水が水蒸気《すいじょうき》となって植物の体から出ていくことを何と言いますか。**ひらがな**で答えなさい。

Ⅲ　**【実験２】**から得られる結果を用いて，葉全体から出ていく水の量(mL)を計算する式として正しいものはどれですか。次のア～エから１つ選び，記号で答えなさい。

ア　100 －（A に残っている水の量）

イ　（D に残っている水の量）－（A に残っている水の量）

ウ　（A に残っている水の量）－（D に残っている水の量）

エ　（B に残っている水の量）＋（C に残っている水の量）

【適性をみる検査Ⅱおわり】

令和６年度入学考査

適性をみる検査Ⅲ

注　意

1　「解答を始めなさい」の合図があるまで，この問題用紙を開いてはいけません。

2　問題は，１ページから８ページまであります。問題用紙のあいている場所は，下書きや計算などに使用してもかまいません。

3　指示にしたがい，**記入用紙**に受付番号を書きなさい。

4　検査時間は50分間です。

5　解答はすべて，**記入用紙**に記入しなさい。

6　**記入用紙**の※印のらんには何も記入してはいけません。

7　「解答をやめなさい」の合図があるまで，問題に取り組んでいてもかまいません。

1　太郎《たろう》さんは，図のような１辺８cmの立方体の形をした容器と，１辺５cmの立方体の形をした金属，プラスチック，木材の３種類の立体を用いて，立体を水に入れたときの浮《う》き沈《しず》みについて実験をしました。太郎さんと先生の会話文を読み，あとの（１）～（３）の問いに答えなさい。ただし，容器の厚みは考えないものとします。

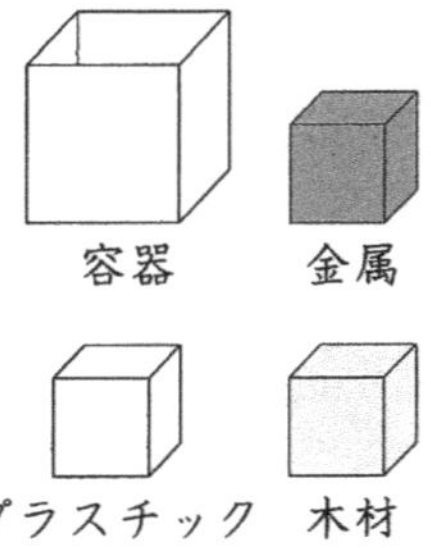

太郎：３種類の立体の浮き沈みを調べてみると，金属は沈み，プラスチックと木材は浮きました。ものの浮き沈みにはどんな法則があるのですか？

先生：実は比重《ひじゅう》というものが関係しています。この金属は鉄でできているのですが，まずは重さをてんびんで測ってみてください。

太郎：ちょうど984gでした。

先生：では，この金属の1cm^{3}あたりの重さを求められますか。

太郎：計算すると，1cm^{3}あたり約［　ア　］gになります。

先生：正解です。1cm^{3}あたりの重さのことを密度《みつど》といい，単位はg/cm^3（グラム毎立方《まいりっぽう》センチメートル）を使います。また，水は1cm^{3}あたり1gなので，密度は1g/cm^{3}になります。

太郎：もしかして，密度が水より大きいものは沈むのですか？

先生：すばらしい発想です！正確にはものの比重が１より大きいか小さいかで判断できます。ものの比重とは，「ものの密度÷水の密度」で計算できる値《あたい》です。水の密度が1g/cm^{3}なので，鉄の比重は［　ア　］になりますね。

太郎：木材やプラスチックの比重はどれくらいなのですか？

先生：実験で求めてみましょう。**《実験１》**のように，水平に置いた容器に水をいっぱいに入れた後，プラスチックの立体を静かに入れると，プラスチックは浮き，119cm^{3}の水が押《お》しのけられて容器からあふれました。なお，ものが水に浮くとき，「ものの重さ」と「ものによって押しのけられた水の重さ」は等しくなります。

《実験１》

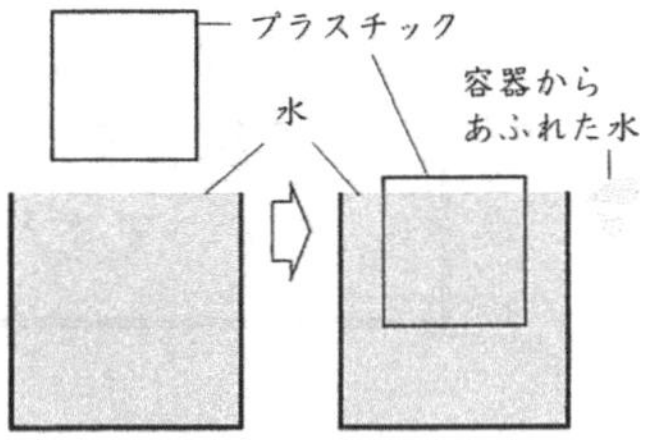

太郎：ということは，プラスチックの比重を計算すると約［　イ　］になりますね。

先生：その通りです。では，木材の比重についても実験してみましょう。**《実験２》**のように，水平に置いた容器に高さ６cmまで水を入れた後，木材の立体を静かに入れると，水面が0.8cm上がり，木材は浮きました。aこの結果から，この木材の比重を求められますか。また，木材

《実験２》

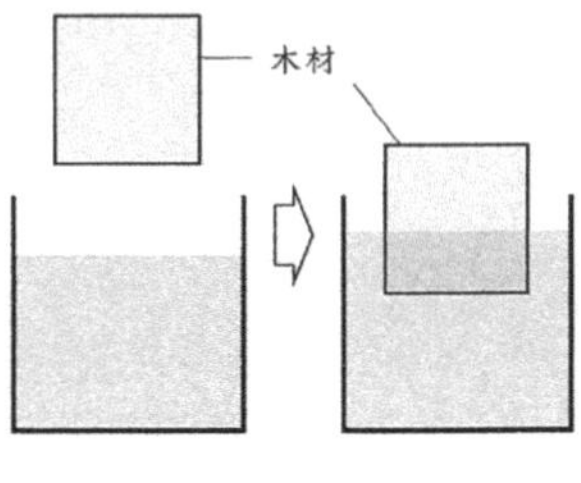

の比重は，その種類や状態によって異《こと》なるのですが，b太郎さんが求めた比重から，木材の比重をまとめた資料を使って，この木材の種類を予想してください。

太郎：［　X　］。

先生：よくできました。この木材の種類も資料から正しく予想できています。

太郎：ものの浮き沈みと比重の関係がよく分かりました。ところで氷は，もともと水が凍《こお》ったもののはずなのに，どうして水に浮くのですか？

先生：するどい質問ですね！実は水が氷になるとき，重さは変化しませんが，体積が約９％増えます。この値を用いて，氷の比重を計算してみてください。

太郎：比重は約［　ウ　］なので１より小さくなります！氷が水に浮く理由がよく分かりました。

（１）**《実験１》**でプラスチックの立体が浮いている状態において，体積が等しいものの組み合わせと，重さが等しいものの組み合わせを，次のＡ～Ｆからそれぞれ記号で答えなさい。

Ａ　容器からあふれた水の体積

Ｂ　水に沈んでいる部分の，プラスチックの体積

Ｃ　プラスチック全体の体積

Ｄ　容器からあふれた水の重さ

Ｅ　水に沈んでいる部分の，プラスチックの重さ

Ｆ　プラスチック全体の重さ

（２）会話文中の［　ア　］～［　ウ　］にあてはまる数を答えなさい。ただし，すべて$\frac{1}{1000}$の位を四捨五入《ししゃごにゅう》した小数で答えることとします。

（３）会話文中の［　X　］には，木材の比重を求め，木材の種類を予想する説明が入ります。また，右の表は，先生が用意した資料で，様々な木材を乾《かん》燥《そう》させたときの比重を表しています。

下線部ａと下線部ｂについて，実験で用いた**木材の比重**を求め，**木材の種類が何か**予想しなさい。ただし，ことばと式を使って説明することとします。会話文の形式でなくても構いません。また，木材の比重は$\frac{1}{1000}$の位を四捨五入した小数で答えることとし，木材の種類は，表から予想できるものとして最も適切なものを答えなさい。

木材（植物）	比重
クヌギ	0.86
コナラ	0.78
ヤマザクラ	0.56
アカマツ	0.49
ヒノキ	0.41
スギ	0.34
キリ	0.26

2 学校から図書館までの道のりが1600 m である一直線の道があり，その途《と》中《ちゅう》には公園があります。Aさん，Bさん，Cさん，Dさんのそれぞれは，学校を出発し，この道を通って図書館へ移動します。次の（1）～（3）の問いに答えなさい。

（1）Aさんと Bさんは，同じ日の午前 10 時ちょうどに学校を出発し，図書館に向かってそれぞれ一定の速さで移動しました。**図1**のグラフは，2人が出発してからの時間 x 分と学校からの道のり y m の関係を途中まで表したものです。ただし，グラフが，目もりの縦《たて》線と横線が交わる点を通っていることを，点（•）で表しています。次の会話文は，**図1**のグラフを見てCさんとDさんが話し合ったものです。会話文中の下線部 a ～ d について，内容が正しいものを**すべて**選び，記号で答えなさい。

図1

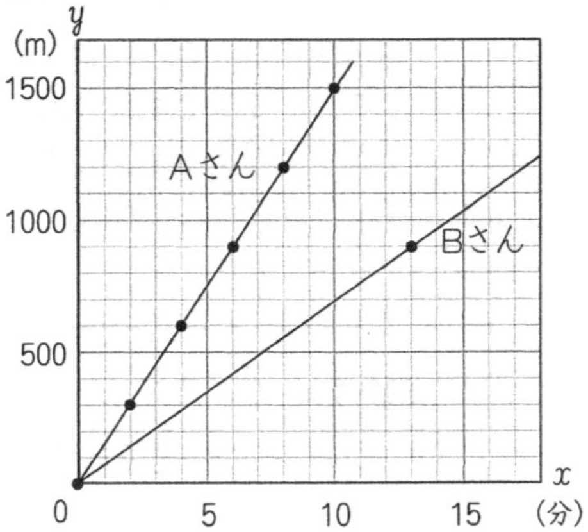

Cさん：2つのグラフを見れば，$_{a}$Bさんよりも A さんの方が速いことがすぐ分かるね。

Dさん：Aさんの移動する速さも計算できそうだよ。計算すると，$_{b}$Aさんの移動する速さは，分速 150 m だね。

Cさん：すると，$_{c}$Aさんが図書館に到着《とうちゃく》した時刻《じこく》は午前 10 時 10 分 30 秒ということも計算できるね。

Dさん：グラフが途中までしかないから，Bさんが図書館に到着した時刻はすぐには読み取れないけど，$_{d}$Bさんが図書館に到着した時刻を求めることはできるね。

（2）Cさんは，午前10時ちょうどに学校を出発して一定の速さで歩き，学校からの道のりが860 m である公園でしばらく休みました。その後，公園を出発して一定の速さで走り，10時20分ちょうどに図書館に到着しました。なお，走った速さは，歩いた速さの1.5倍でした。**図2**のグラフは，Cさんが移動し始めてからの時間 x 分と学校からの道のり y m の関係を表したものです。ただし，グラフが，目もりの縦線と横線が交わる点を通っていることを，点（•）で表しています。次の文章中の［ア］～［ク］にあてはまる数を答えなさい。

図2

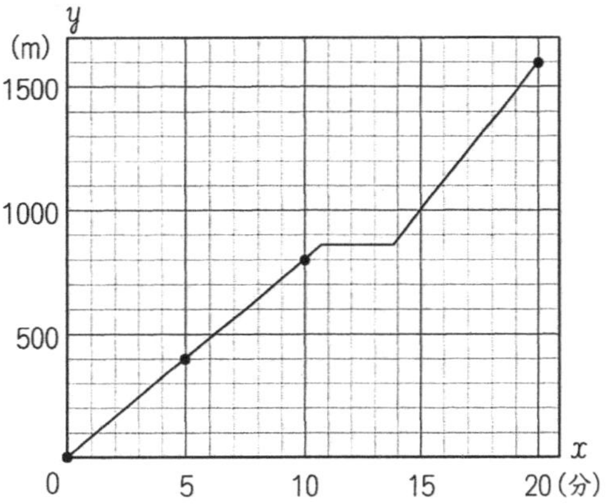

Cさんの歩いた速さは分速［ア］mになるので，公園に到着した時刻は午前10時［イ］分［ウ］秒になります。また，Cさんの走った速さは分速［エ］mなので，走った時間は，［オ］分［カ］秒になります。よって，公園で休んでいた時間は，［キ］分［ク］秒となります。

（3）Cさんが（2）のように移動するとき，Dさんは，同じ日の午前10時6分30秒に学校を出発し，自転車を使って一定の速さで図書館に移動したところ，Cさんが公園で休んでいるときに，公園を通過しました。このときのDさんの移動する速さについて，次の文章中の［ケ］，［コ］にあてはまる数を，それぞれ，$\frac{1}{10}$の位を四《し》捨《しゃ》五《ご》入《にゅう》した整数で答えなさい。

Dさんが分速［ケ］mで移動すれば，Cさんが公園に到着したときに公園を通過し，Dさんが分速［コ］mで移動すれば，Cさんが公園を出発したときに公園を通過するので，Dさんは分速［コ］mから分速［ケ］mの間の速さで移動したことになります。

3 真也《まや》さんは，水にぬれたタイヤの跡《あと》が地面にあるのを見つけ，その跡が途《と》切《ぎ》れて点線のようになっていることに興味を持ちました。そこで，厚さが一定の木の板を様々な半径で円形にくりぬき，**図1**のような円盤《えんばん》を作ることにしました。**図1**のように，円盤の表面《おもてめん》を決め，表面に垂直《すいちょく》である12本の平行な点線によって，円盤の曲面を12個の区画に等分します。そして，点線，または区画にペンキを塗《ぬ》り，次の《操作《そうさ》Ⅰ》を行います。

図1

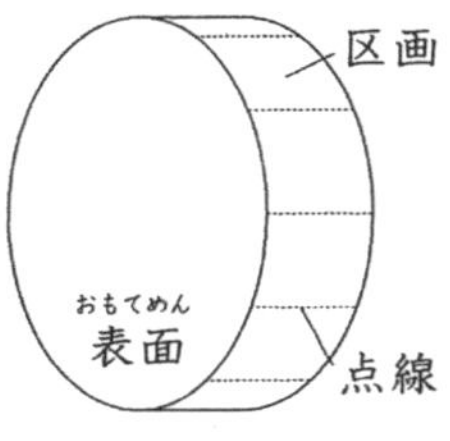

図2

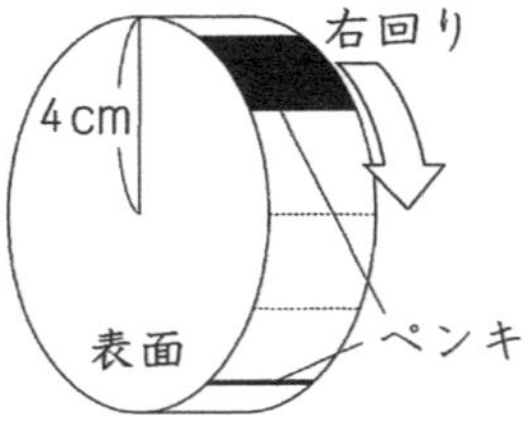

《操作Ⅰ》

紙の上で円盤を，表面の方から見て右回りに，すべらないようにまっすぐ転がす

図2は，半径4 cmの円盤の1つの点線と1つの区画をペンキで塗った状態を表しています。また，**図3**は**図2**の円盤を表面の方から見た図で，ペンキを塗った点線を • で，ペンキを塗った区画を ⌒ で表します。この円盤に《操作Ⅰ》を行うと，**図4**のようにペンキが紙につきました。なお，《操作Ⅰ》を行ったときに，円盤のそれぞれの区画が紙と触《ふ》れる部分を，24個の長方形のマスとして点線で表します。次の（1），（2）の問いに答えなさい。ただし，円周率を3.14とします。

図3

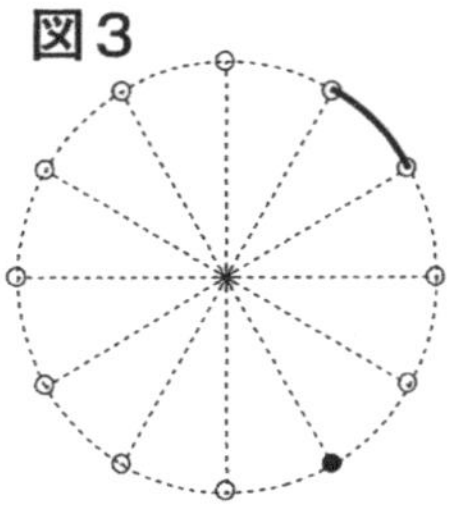

図4

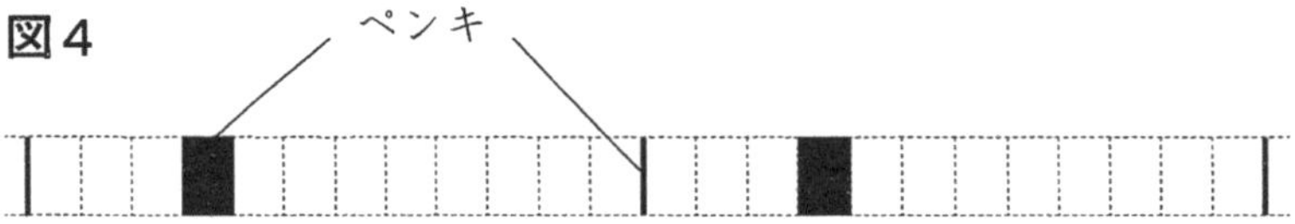

（1）半径4 cmの円盤を新たに作り，1つの点線にペンキを塗り，《操作Ⅰ》を行うと，紙の上に平行なペンキの線が等間隔《とうかんかく》で並《なら》びました。紙の上における隣《とな》り合う平行な2本のペンキの線の幅《はば》は何 cm ですか。

（2）半径4 cmの円盤を新たに作り，1つの点線といくつかの区画にペンキを塗り，《操作Ⅰ》を行うと，**図5**のようにペンキが紙につきました。この円盤にはどのようにペンキが塗られていたか記入用紙の図にかきなさい。ただし，記入用紙の図にはペンキを塗った点線を1つ • でかいてあります。

図5

記入用紙1

適性をみる検査Ⅰ

一

(1)

(2) はやにえが冬の保存食であるなら、

30字

20字

という疑問。

(3)

(4)

(5) （　　）と（　　）

※

※

※

※

※

※100点満点
（配点非公表）

※

受付番号	

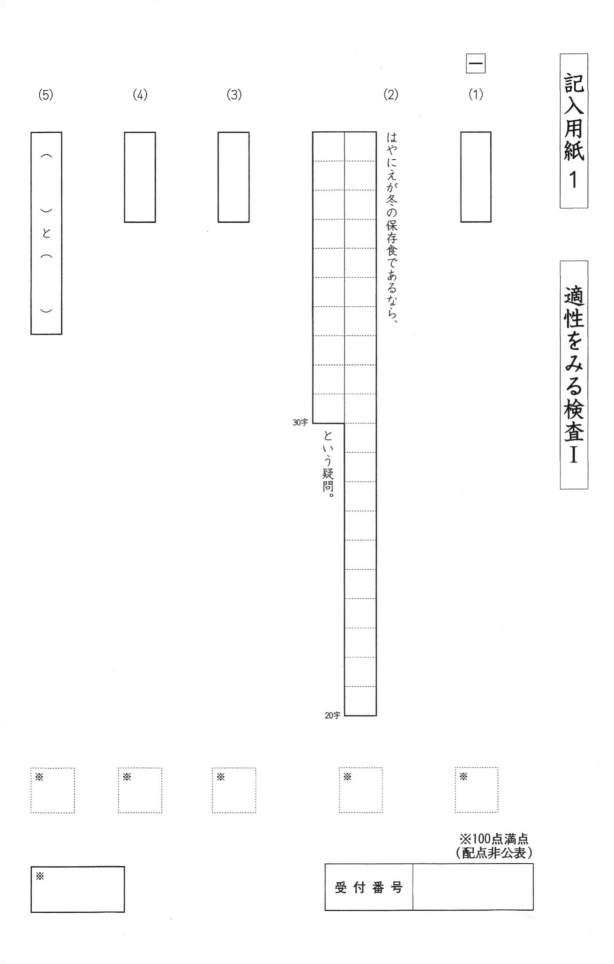

受付番号

※

2

(1)			※
(2)			※
(3)	Ⅰ		※
	Ⅱ		※
	Ⅲ		※
	Ⅳ		※
(4)			※
(5)	Ⅰ	ネズミ　キツネ 植物　バッタ	※
	Ⅱ		※
	Ⅲ		※

記入用紙２

適性をみる検査Ⅱ

受付番号

※

3

（1）		（　　　）→（　　　）→（　　　）→（　　　）	※
（2）	Ⅰ		※
	Ⅱ		※
（3）	Ⅰ	①	※
		②	※
	Ⅱ		※
	Ⅲ	（　　　　　）％上昇	※
（4）	Ⅰ	｜	※
	Ⅱ		※
（5）	A		※
	B		※
	C		※
（6）	Ⅰ		※
	Ⅱ		※
	Ⅲ		※

※

3

(1)	cm		
(2)	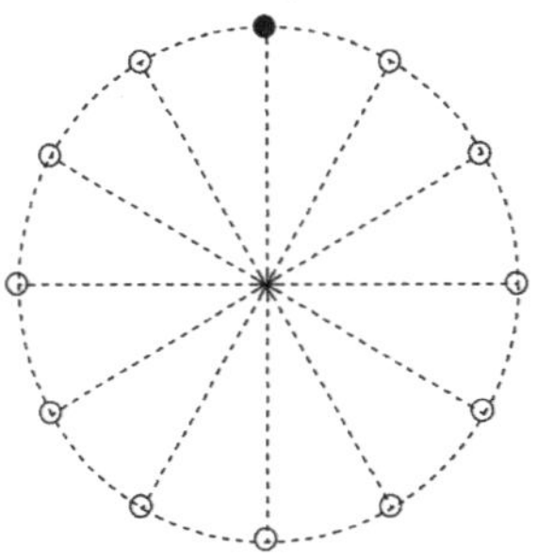	(3)	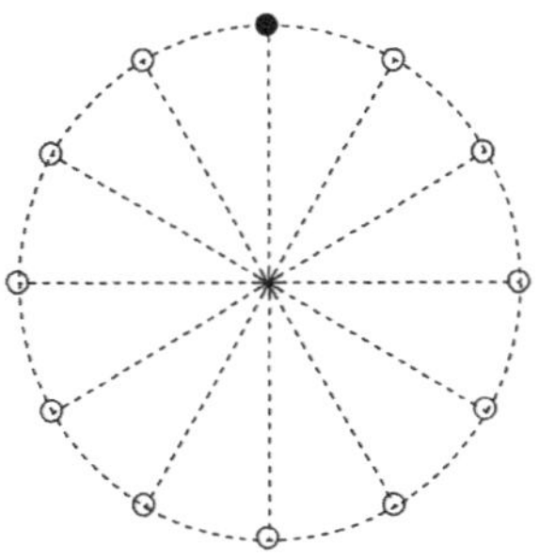
(4)	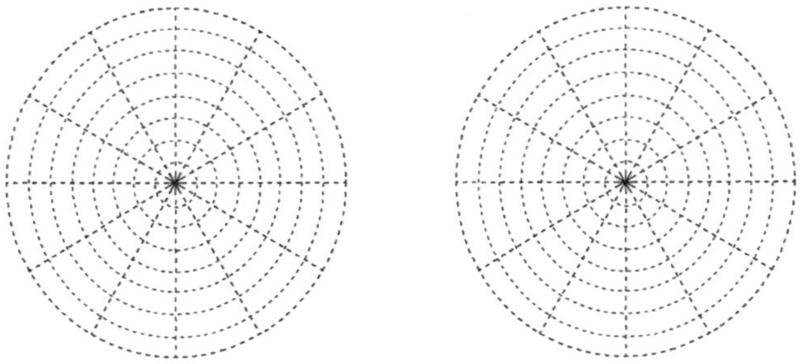		

※

※

※

※

※

4

(1)	ア	イ	
(2)	1月27日	6月27日	12月27日
(3)	(　　　　)	(　　　　)	(　　　　)
(4)	ウ	エ	

※

※

※

※

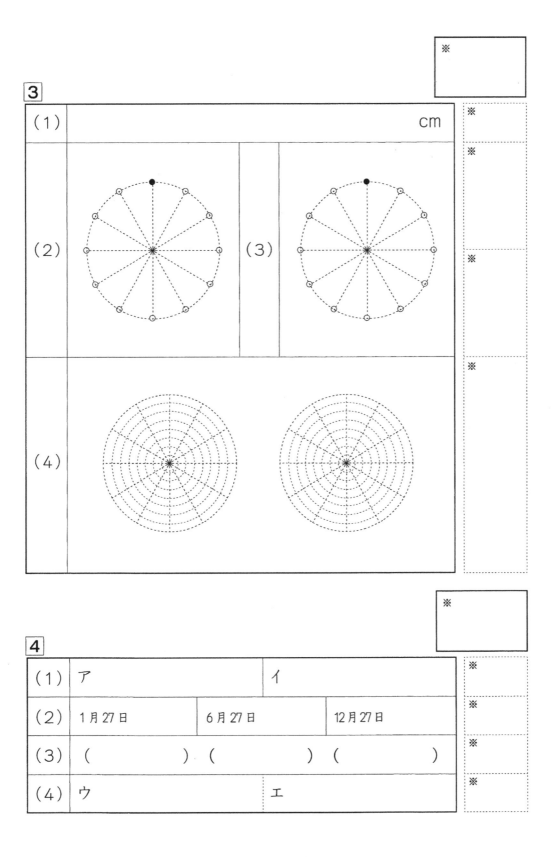

記入用紙

適性をみる検査Ⅲ

受付番号

※100点満点
（配点非公表）

※

1

(1)	（　　と　　）（　　と　　）			※
(2)	ア	イ	ウ	※
(3)				※

※

2

(1)					※
(2)	ア	イ	ウ	エ	※
	オ	カ	キ	ク	※
(3)	ケ		コ		※

記入用紙１

適性をみる検査Ⅱ

受　付　番　号

※100点満点
（配点非公表）

※

1

（1）	Ⅰ		※
	Ⅱ		※
（2）	Ⅰ	（　　　　　　　　　　　）省	※
	Ⅱ	日本は，北半球のアメリカ合衆国と南半球のオーストラリアという， □□□□□□□□□□ □□□□□□□□□□ することで，オレンジの輸入量を安定させることができる。	※
（3）	A		※
	Aの主な使用時期（　　　　）・Bの主な使用時期（　　　　）		※
（4）	Ⅰ		※
	Ⅱ	北極側から見た地図  南極側から見た地図  	※
（5）	Ⅰ	（　　　　　　　　　　　）大陸	※
	Ⅱ		※
	Ⅲ		※

記入用紙 2

適性をみる検査Ⅰ

三

450字
（30行）

360字

※

※

※

※

※

※

受付番号	

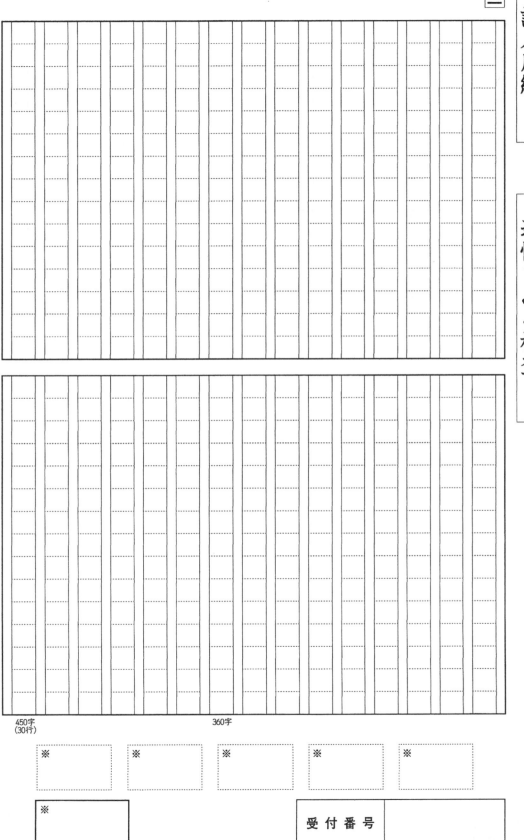

【解答

二

(1) （　　）と（　　）

※

(2)

※

(3)

※

(4)

あ

い

う

※ ※ ※

(5)

45字

35字

と筆者は述べている。

※

三

記入用紙２に書きなさい。

※

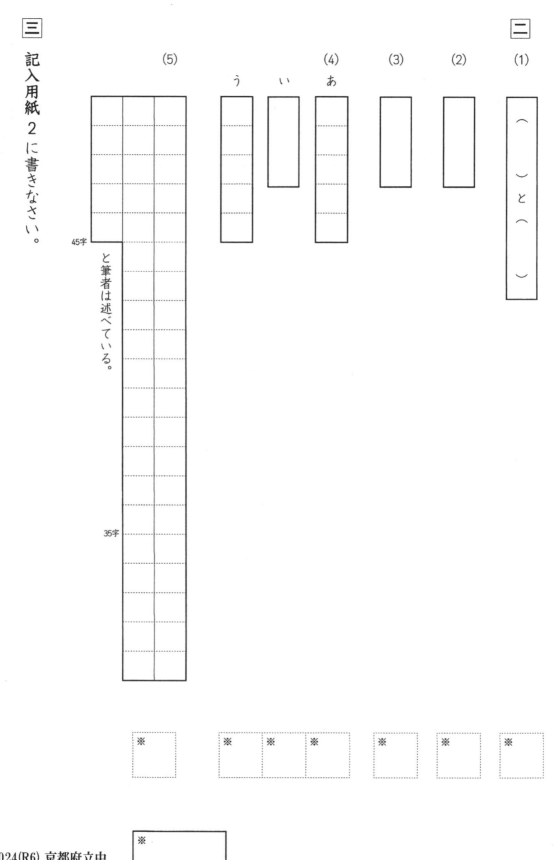

図6

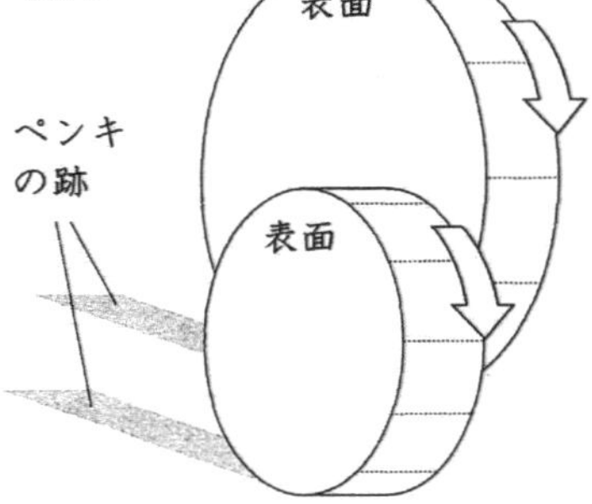

半径の異《こと》なる２つの円盤に対して，次の《操作Ⅱ》を考えます。下の（３），（４）の問いに答えなさい。

《操作Ⅱ》

図6のように，紙の上で２つの円盤を並べて，それぞれの円盤を表面の方から見て右回りに，すべらないようにまっすぐ80 cm 転がす

（３）半径４cm の円盤を新たに作り，**図7**のようにペンキを塗ります。また，半径８cm の円盤を作ってペンキを塗り，この２つの円盤に《操作Ⅱ》を行うと，それぞれのペンキの跡はまったく同じものになりました。半径８cm の円盤にはどのようにペンキが塗られていたか記入用紙の図にかきなさい。ただし，記入用紙の図にはペンキを塗った点線を１つ ● でかいてあります。

図7

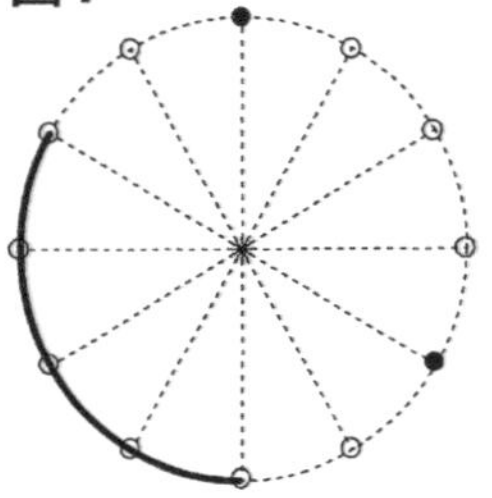

（４）半径４cm の円盤を新たに作り，２つの点線にペンキを塗ります。また，半径が８cm 未満である**別の円盤**を作ってペンキを塗り，この２つの円盤に《操作Ⅱ》を行うと，それぞれのペンキの跡は，ペンキの線が等間隔に並ぶまったく同じものになりました。このような**別の円盤**およびペンキの塗り方は，半径４cm の円盤を用いたものの他に**２通り**あります。**【記入例】**を参考にして，そのような**別の円盤**およびペンキの塗り方を**２通り**，記入用紙の図にそれぞれかきなさい。

なお，【記入例】は，半径７cm の円盤の１つの点線にペンキを塗る場合について，半径７cm の円盤を円（**○**）で，ペンキを塗った点線を点（●）で表しています。ただし，記入用紙にかかれている円はすべて中心が同じ点であり，一番外側の円の半径は８cm で，内側の円は半径が１cm ずつ異なります。

【記入例】

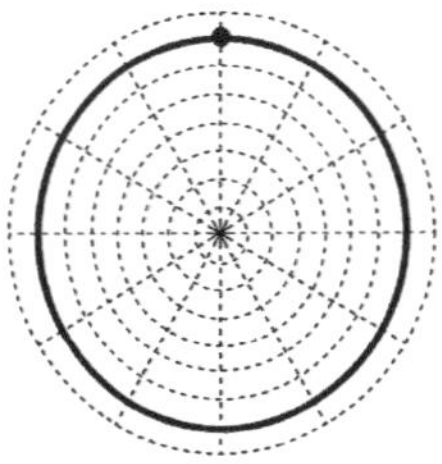

4 次の《会話文Ⅰ》と《会話文Ⅱ》は，それぞれ，航太《こうた》さんと加奈《かな》さんが誕《たん》生《じょう》日《び》について話したものです。ただし，《会話文Ⅰ》と《会話文Ⅱ》は，どちらも2023年6月15日にされたものです。2つの会話文を読み，あとの（1）～（4）の問いに答えなさい。

《会話文Ⅰ》

航太：今日6月15日は僕《ぼく》の誕生日なんだ。
加奈：12才の誕生日おめでとう！たしか，誕生日が同じいとこもいたよね？
航太：そうなんだ。僕と同じ2011年6月15日に生まれたいとこが韓国《かんこく》（大韓民国《だいかんみんこく》）に住んでいるんだけど，日本と韓国では年齢《ねんれい》の数え方が異《こと》なるから，僕とは違《ちが》う年齢としてあつかわれるんだ。
加奈：どういうこと？
航太：日本では「満年齢《まんねんれい》」という数え方が一般的《いっぱんてき》で，生まれたときが0才で誕生日をむかえるごとに1才年をとるよね。韓国は「数《かぞ》え年《どし》」という数え方が一般的で，生まれたときが1才で1月1日をむかえるごとに1才年をとるんだって。
加奈：そうなんだ。じゃあ「数え年」の数え方だと，もし12月31日に生まれた赤ちゃんは次の日には［　ア　］才になっているんだね。
航太：うん。ちなみに僕の年齢を「数え年」の数え方で数えると何才かわかる？
加奈：うーん…［　イ　］才だと思う。
航太：そのとおり。数え方が違うとなんだか違和感《いわかん》があるよね。そういえば，いとこから聞いたんだけど，韓国の年齢の数え方が今年2023年の6月28日に，日本と同じ「満年齢」の数え方に変わるんだって。
加奈：じゃあ韓国の人は，6月28日に，急に年齢が変わることになるのか。
航太：うん。ただ，$_a$誕生日によって何才年齢が変化するかが異なるんだよ。
加奈：どう異なるんだろう。考えてみよう。

《会話文Ⅱ》

航太：加奈さんの誕生日はいつだったっけ？
加奈：当ててみてよ。ヒントは，月と日を足した数を考えると，約数の個数が3個になるよ。
航太：月は1から12の整数で，日は1から31の整数だから，$_b$月と日を足した数について考えると，約数の個数が3個になる数は，3つあるね。でも，まだ誕生日はわからないな。
加奈：じゃあ2つ目のヒント。日は2けたの数で約数の個数が2個になるよ。
航太：……だいぶしぼれたけど，まだ誕生日はわからないな。

加奈：最後のヒント。今日６月15日の時点で，「満年齢」の数え方で数えた年齢と「数え年」の数え方で数えた年齢の差は１才だよ。
航太：わかった！［ウ］月［エ］日だね！
加奈：正解だよ。

（1）《会話文Ⅰ》中の［ア］，［イ］にあてはまる数を答えなさい。

（2）《会話文Ⅰ》中の下線部ａについて，2023年６月28日に韓国の年齢の数え方が「数え年」から「満年齢」に変わることで，韓国において，**誕生日が１月27日**の人，**誕生日が６月27日**の人，**誕生日が12月27日**の人はそれぞれ年齢がどうなるか，次のＡ～Ｅから１つ選び，記号で答えなさい。

Ａ　変化しない
Ｂ　１増える
Ｃ　２増える
Ｄ　１減る
Ｅ　２減る

（3）《会話文Ⅱ》中の下線部ｂにあてはまる整数を**３つ**答えなさい。

（4）《会話文Ⅱ》中の［ウ］，［エ］にあてはまる数を答えなさい。

【適性をみる検査Ⅲおわり】

令和5年度入学考査

適性をみる検査Ⅰ

注意

1 「解答を始めなさい」の合図があるまで、この問題用紙を開いてはいけません。

2 問題は、1ページから8ページまであります。問題用紙のあいている場所は、下書きや計算などに使用してもかまいません。

3 記入用紙は、**記入用紙1**と**記入用紙2**があります。指示にしたがい、**記入用紙1**と**記入用紙2**に、一か所ずつ受付番号を書きなさい。

4 検査時間は50分間です。

5 [一]・[二]の解答は**記入用紙1**に、[三]の解答は**記入用紙2**に記入しなさい。

6 記入用紙の※印のらんには何も記入してはいけません。

7 「解答をやめなさい」の合図があるまで、問題に取り組んでいてもかまいません。

京都府立中学校

一　次の文章を読んで、あとの(1)〜(4)の問いに答えなさい。
（注意）　＊のついている語句の説明が2〜3ページにあります。

マツタケが*絶滅危惧種《ぜつめつきぐしゅ》に指定されたことを知っているだろうか。今さら言われなくても、ずっと前から国産マツタケは滅多《めった》に食べられないキノコじゃないか、と思う人もいるだろうが、これは世界規模《せかいきぼ》での指定なのである。日本で食べるマツタケの多くが輸入物だというのに、外国でも*稀少《きしょう》になったのだろうか。

指定したのは、野生生物の専門家《せんもんか》などで組織される*IUCN（国際自然保護連合《こくさいしぜんほごれんごう》）だ。絶滅の恐《おそ》れのある野生の動植物を*記載《きさい》した*レッドリスト最新版で、マツタケは世界的に生育量が減少していることから絶滅危惧種に加えたのである。[a]、正確には絶滅危惧二類（危《き》急《きゅう》）への分類であり、危険度から言えば上から三番目。「絶滅の危険が増大している」種という位置づけだ。

日本の森だけの問題ではない。日本の食卓《しょくたく》に上がるマツタケは、中国産やカナダ産、ときにモロッコ産、ブータン産など国際色豊かだ。世界的にマツタケの生産量（採取量）が減ってきたことを心配して指定したものだ。

マツタケが完全に地球上から消えてしまうとは考えにくいが、少なくとも地球規模で滅多に見かけなくなる（だから食べられなくなる）可能性もあるのだろう。このニュースが出ると、世間ではマツタケが食べられなくなる、と心配する声が多かった。そしてマツタケが減った理由について、採りすぎたのか、それとも森が荒《あ》れたからか、と騒《さわ》がれた。

一体、世界の森で何が起きているのか。

まず知ってほしいのは、採りすぎということはない。キノコは地中に広く*菌糸《きんし》を広げていて、地上に出てくる*子実体《しじったい》は一部にすぎない。ここを採取したからといって絶滅するものではないし、そもそもマツタケに*狂奔《きょうほん》して、必死に採って食べるのは日本人ぐらいのものだ。日本への輸出用に採るか、日本の影響《えいきょう》でマツタケを食べだした地域《ちいき》も一部にあるが、世界的にはさほど人気の高いキノコではない。

報道では「①健全なマツ林が減っているため」と解説されている。が、これも誤解《ごかい》を招きかねない表現だ。どんな状態を「健全なマツ林」と言うのだろうか。

マツタケは、マツ林の中に発生する*菌類である。マツタケ菌は、生きたマツの根に菌糸を伸《の》ばして生育する菌根菌《きんこんきん》の一種で、枯《か》れた木に寄生する腐生菌《ふせいきん》とは違《ちが》って生きたマツの根が必要だ。非常に繊細《せんさい》で弱いため、ライバルとなる菌がいない土地を好む。マツがあっても、落葉が溜《た》まると土は*富栄養化し、多くの菌類、微生物《びせいぶつ》が増殖《ぞうしょく》する。するとマツタケ菌は負けてしまうのである。

一方でマツという樹種《じゅしゅ》は、痩《や》せた土地に生える。土壌《どじょう》が肥えるとマツは衰退《すいたい》する。戦前のマツばかり生えている日本の山を見て「赤松亡国論《あかまつぼうこくろん》」という言葉が流行《はや》った（アカマツしか生えていないのは豊かな森を失って痩せた山だから、という主張。林学者の本多静六《ほんだせいろく》が講演で訴《うった》えた意見を要約した言葉）こともある。

つまりマツタケは、落葉も溜まらないような*貧栄養状態《ひんえいようじょうたい》のマツ林に生育するのだ。[b]、マツタケがたくさん採れた時代は、なぜ山が痩せていたのか。

過去、日本の山では過度な草木の採取が続いていた。木材は、建築材料だけでなく多くの道具の素材であり、エネルギー源《げん》としても重要だった。【A】日々の*煮炊《にた》きや暖房《だんぼう》から産業に*供《きょう》する燃料まで、薪《たきぎ》や木炭の形で木々が燃やされたのである。江戸《えど》時代の大坂《おおさか》の町で使われる薪は、遠く四国や九州から運ばれた。【B】

さらに農業でも、山林の落葉を集め、草や枝葉を切り取って農地に*すき込《こ》み*堆肥《たいひ》にした。農地を肥やすために、山の養分を奪《うば》ったのである。【C】

かくして山の土壌は栄養分を失い、*末期的状況《まっきてきじょうきょう》に陥《おちい》った。そこに生えられるのはマツぐらいしかなかったのである。【D】

つまり「亡国」とさえ言われたマツしか生えない荒れた山の状態が、マツタケの生育にぴったりだったのだ。昭和《しょうわ》初期の日本の山に多くのマツが生え、マツタケが大量に生えていたのは、それだけ山が荒れていた証拠《しょうこ》というわけだ。

だが戦後の日本は、エネルギー源を化石燃料に頼《たよ》るようになり薪や木炭の*需要《じゅよう》は激減《げきげん》した。農業でも化学肥料が主流となって、わざわざ山から落葉を採取して堆肥をつくらなくなった。素材としては金属製や*合成樹脂《ごうせいじゅし》製が*席巻《せっけん》し、また建材も輸入が増えた。すると山に草が茂《しげ》り落葉が溜まり、富栄養化が進んだ。するとマツは樹勢を弱め、ほかの樹木に生育場所を譲《ゆず》るようになった。また土壌の中には多くの菌類が繁殖《はんしょく》するようになる。

加えて日本ではマツクイムシ（*マツノザイセンチュウによるマツ枯れ）が蔓延《まんえん》して、多くのマツが枯れたこともある。

マツタケが生育できる山は少なくなった。国産マツタケの生産量もどんどん減って、戦前の一〇分の一以下になってしまっている。

ただ今回の〝絶滅危惧種〟指定は、日本だけではない。世界的にマツタケ減少が起きているらしい。

海外のマツタケ山の状況はよくわからないが、おそらく日本が歩んだ道と同じことが進行したのではなかろうか。*発展途上国《はってんとじょうこく》では、燃料として薪や落枝《らくし》が採取されるので、山は痩せて荒れがちだった。だが、化石燃料が普及《ふきゅう》することが森林の復活に結びついている。結果的に表土の富栄養化が進み、草木がよく繁《しげ》るようになったのかもしれない。

これを「健全なマツ林が減った」と言うこともできるが、マツが減ってさまざまな樹木や草が生える「豊かな森が再生した」と見てもいい。

時間軸《じかんじく》を長く取って見れば、豊かな森に覆《おお》われていた*先史時代は、ほとんどマツタケが採れなかったのではないか。そもそもマツは、縄文《じょうもん》や弥生《やよい》時代には生えていなかったようだ。花粉がほとんど見つからないのである。マツは古墳《こふん》時代に持ち込まれた外来種ではないかという説もあるほどだ。

②マツタケが*絶滅を危惧されるほど減少したことを嘆《なげ》く前に、森の*生態系《せいたいけい》、生物多様性という面から見ると、どちらが好ましいかを考えてみてもいいだろう。

（田中淳夫《たなかあつお》『虚構《きょこう》の森』による）

〈注〉

＊絶滅危惧種《ぜつめつきぐしゅ》　絶滅するおそれのある生物の種。マツタケは二〇二〇年に指定された。

＊稀少《きしょう》に　ひじょうに少ないものに。

＊ＩＵＣＮ　日本では国際自然保護連合と呼《よ》ばれる、地球全体の自然環境《かんきょう》の保全や野生動物の保護を目的としている団体。

＊記載《きさい》　書物や書類などに書くこと。

＊レッドリスト　絶滅のおそれのある野生生物のリスト。絶滅の危険度の高いものから順に、絶滅危惧一Ａ類、一Ｂ類、二類に分けられている。

＊菌糸《きんし》　菌類（キノコなどの生物）のからだを構成している細い糸状のもの。

＊子実体《しじったい》　菌類のからだの中で、一般的《いっぱんてき》にキノコと呼ばれている部分のこと。

＊狂奔《きょうほん》　夢中になって追い求め、大変な努力をすること。

＊菌類　栄養を自分で作らず、他のものから得る、キノコなどの生物。

＊富栄養化　ふくまれる栄養分が多くなること。

＊貧栄養状態《ひんえいようじょうたい》　ふくまれている栄養分が少なくなっている状態。

＊煮《に》炊《た》き　食物を煮たり炊いたりして食事を作ること。

＊供《きょう》する　役立てる。

＊すき込《こ》み　肥料にするために、耕した土の中に混ぜること。

＊堆肥《たいひ》　わら・雑草・落葉などを積み重ね、水などをかけてくさらせた肥料。
＊末期的状況《まっきてきじょうきょう》　物事が最終の段階《だんかい》になり、変化が望めない状況。
＊需要《じゅよう》　必要とするものを求めること。
＊合成樹脂《ごうせいじゅし》　化学物質を組み合わせて作った、プラスチックなどのもの。
＊席巻《せっけん》　はげしく勢力をのばすこと。
＊マツノザイセンチュウ　マツの木の中で繁殖する生物。マツ枯れの主な原因とされる。
＊発展途上国《はってんとじょうこく》　経済《けいざい》や産業を発展させた先進国に対して、経済や産業が発展する途中《とちゅう》の段階にある国。
＊先史時代　文字で書かれた記録の残っていない時代。
＊危惧《きぐ》　良くないことが起こるのではないかと心配すること。
＊生態系《せいたいけい》　ある地域にすむ生物と、それを取りまく大気・水・土壌などの環境を、ひとまとまりのものとしてとらえたもの。

(1) 空らん［a］、［b］に入る言葉として最も適切なものを、次のア～オからそれぞれ選び、記号で答えなさい。ただし、［a］、［b］に同じものは入りません。

ア　なぜならば　イ　では　ウ　したがって　エ　もっとも　オ　もしくは

(2) ――線部①に「健全なマツ林が減っているため」とありますが、この部分について、山田《やまだ》さんと青木《あおき》さんが感じたことや考えたことを話し合っています。次の会話文中の空らん［あ］、［い］にあてはまる内容として最も適切なものを、それぞれ答えなさい。ただし、［あ］については本文中から十字でぬき出して答え、［い］についてはあとのア～エから一つ選び、記号で答えなさい。

（注意）句読点（。、）やかぎ（「　」）などの記号は、それぞれ字数に数えます。

山田　この文章では、最初の文で述べた「マツタケが絶滅危惧種に指定されたこと」についての説明のあとに、そのニュースを知った人々の反応が紹介《しょうかい》されていますね。その反応の中で、［あ］について誤解されていることが二つ挙げられ、説明されていきます。一つ目の内容については、マツタケをふくむキノコについて説明することで、かんちがいであると伝えています。

青木　そうですね。続いて、二つ目の内容について、筆者は「健全なマツ林が減っているため」という表現が「誤解を招きかねない表現だ」と述べています。この表現を誤解すると「［い］」というような考えに至《いた》りかねないという心配を、筆者は抱《いだ》いているのではないでしょうか。

山田　わたしもそうだと思います。マツやマツタケについて知らないから、そのような誤解をするのですね。物事について、なぜそうなるのかと深く考えることを、生活の中の多くの場面で大切にしていきたいですね。

ア　マツが育ちやすい健全な林になるように、荒れた山林を豊かにしなければならない。
イ　減った林の面積を正確に調べるには、「健全な」という表現では不十分である。
ウ　健全なマツ林を増やしてマツタケが増えたとしても、それが生態系のためになるのか。
エ　日本の林の中で、最も健全なのがマツ林なので、マツ林を増やしていくことが大切だ。

(3) 本文中に、次の一文が入ります。この一文を入れるには、本文中の【Ａ】～【Ｄ】のどこが最も適切ですか。一つ選び、記号で答えなさい。

江戸の町も同じく東北・関東一円からエネルギー源として薪や木炭を集めていた。

(4) ――線部②の「マツタケが絶滅を危惧されるほど減少したことを嘆く前に、森の生態系、生物多様性という面から見ると、どちらが好ましいかを考えてみてもいいだろう」について、次のⅠ、Ⅱの問いに答えなさい。

Ⅰ　かつての日本の山にマツが多かったのは、山がどのような状態であったからだと筆者は述べていますか。そのような状態になった理由もふくめ、次の文の空らん［　　］にあてはまるように、本文中の言葉を使って、十五字以上、二十五字以内で答えなさい。

（注意）句読点（。、）やかぎ（「」）などの記号は、それぞれ字数に数えます。

［　　　　］状態であったから。

Ⅱ　「マツタケが絶滅を危惧されるほど減少した」とありますが、今後、マツタケが日本の山で多く採れるようになる場合、本文の内容から考えると、日本の山の樹木と土の中の生物には、それぞれどのような変化が生じていると考えられますか。次の文の空らん［　　］にあてはまるように、本文中の言葉を使って、二十五字以上、三十五字以内で答えなさい。

（注意）句読点（。、）やかぎ（「」）などの記号は、それぞれ字数に数えます。

［　　　　］という変化が生じていると考えられる。

二　次の文章を読んで、あとの(1)~(5)の問いに答えなさい。

（注意）　＊のついている語句の説明が6ページにあります。

私《わたし》がこれまで開発してきたロボットは、どれも人間に似たロボットである。少なくとも、工場で働いている＊マニピュレータや＊自動搬送車《じどうはんそうしゃ》のようなものではない。（中略）

では、なぜ人と関わるロボットは、このような人間型でないといけないのか？　その答えは、

〈人間は人間を認識《にんしき》する脳《のう》を持つ〉

からである。

①人間の脳は、どのように進化してきたのだろうか。もちろん、様々な道具を使えるように進化しているのであるが、それ以前に、人どうしで対話したり、協力し合ったりするために、脳が進化してきたことは明らかである。昆虫《こんちゅう》や動物を見ればさらに明らかで、道具は使えなくても、同種間でコミュニケーションをすることができる。それゆえ人間においては、その脳を、人間を認識し、人間とコミュニケーションをするために進化させてきたと言える。

ではその前提において、人間にとって最も理想的な＊インターフェースとはどんなものだろうか？

それは人間である。人間が最も関わりやすいものは人間なのである。ゆえに、人間と関わるロボットは人間らしくあるべきで、少なくとも部分的には人間らしい機能を持つ必要がある。そうでなければ、そのロボットを利用する人間は、ロボットの使い方をかなり努力して学ぶ必要がある。

そして、また一方で、

〈人間らしいロボットは、人間を理解するテストベット（研究材料）になる〉。

その人間らしいロボットと関わることによって、そのロボットと十分自然に関われるかどうか評価することができるのであるが、その関わり方が人間らしかったとすると、そのロボットには人間らしさの何かが再現されていることになる。すなわち、その人間らしさの秘密《ひみつ》はロボットに＊実装《じっそう》されており、ロボットを分解して中身を見ることによって、人間らしさの秘密を知ることができるのである。これが、人間らしいロボットを用いて人間を理解するということである。

このような②人間に似たロボットを用いて、人間を理解する研究の方法は、「構成的方法」と呼《よ》ばれる。（中略）

構成的方法の反対は、「解析的方法《かいせきてきほうほう》」である。解析的方法において、例えば人間のようなロボットを開発するとしよう。まずやるべきことは、徹底《てってい》して人間を調べることである。人間を完全に調べきった後で、その知識をもとにしてロボットを組み立てる。しかし、人間をそう簡単《かんたん》に調べきることはできない。人間そのものを理解することは、多くの研究分野の目的であり、いまだほとんど解《わ》かっていないと言っても過言ではない。

例えば、脳の機能について言えば、脳の各部位の機能は徐々《じょじょ》に解かってきたのであるが、全体としての働きはまだほとんど理解できていない。その一つの例が意識である。意識はどのような仕組みでもたらされるのか、ほとんど理解ができていない。それゆえ、解析的方法では、意識を持つようなロボットは造ることができないし、意識ほど複雑でないものでも、その仕組みは完全に理解されておらず、解析の結果をもとにロボットを造るということは難《むずか》しい。

一方で、人間の＊精緻《せいち》な解析結果にもとづかずとも、人間のように振《ふ》る舞《ま》うロボットを造ることはできる。人間とは構造が異《こと》なっていても、人間らしく二足歩行するロボットは実現されている。そうしたロボットの開発においては、必ずしも完全に人間の二足歩行の原理を理解している必要はないのである。いまだ人間の二足歩行は完全に理解されていない。私たちの知らな

い多くの性質がある。しかし、技術や経験によって、人間の二足歩行の原理を完全に理解していなくても、また人間の二足歩行と多少異なっても、実際に二足歩行できるロボットを造り出すことはできている。

このようにして、いったん、技術や経験によって二足歩行を実現してしまうと、今度はそれをもとに、人間の複雑な二足歩行について理解を深めることができる。その二足歩行ロボットを使って、二足歩行に関する様々な仮説を検証したり、より効率的に歩くことができる二足歩行ロボットに改良したりすることで、人間の二足歩行の真のメカニズムに近づけることができる。すなわち、

〈　　　　〉

のである。このように、*工学的方法によって、複雑なものを構成し、それをもとに複雑なものの原理を理解する研究方法が構成的方法である。

脳全体や体にも関わる複雑な機能は、従来《じゅうらい》の解析的方法では、理解が非常に難しい。一方で、構成的方法を用いれば、複雑だが誰《だれ》もが知っている基本的な人間の機能について、実際にロボットを造ってみることで理解を深めることができる。近い将来《しょうらい》、ロボットがより進化し、人間のパートナーとなって働く世界を実現するには、知能や意識や感情といった人間の基本的な機能は非常に重要になる。構成的方法を用いれば、それらについて理解を深められる可能性がある。

ちなみに、このような構成的方法にもとづく研究開発は、人と関わるロボットに限ったものではない。

〈世の中の最先端《さいせんたん》の多くの研究開発が、むしろ構成的方法で研究開発されている〉

と考えられる。

例えば、スマートフォンのデザインはどうであろうか？

人間の*認知機能を精緻に解析して、その結果得られた*知見をもとに、スマートフォンはデザインされたのだろうか？　そうではない。直感の優《すぐ》れた技術者がひらめきをもとにデザインし、実際に商品として売り出したら爆発的《ばくはつてき》に普及《ふきゅう》したということだろう。そして、普及した後になって、多くの研究者が、なぜ今のスマートフォンのデザインが、人を惹《ひ》きつけるかを研究している。これはまさに構成的方法そのものである。ひらめきでデザインされた人を惹きつけるスマートフォンと、それをもとにした人間の性質の理解である。

（石黒浩《いしぐろひろし》『ロボットと人間　人とは何か』岩波新書による）

〈注〉

＊マニピュレータ　人間の手作業を、代わりに行うことを目的とした装置・ロボットのこと。

＊自動搬送車《じどうはんそうしゃ》　工場や倉庫で物を運んで送る作業などを行うロボットのこと。

＊インターフェース　本文では、人間とロボットなどの装置をつなぐために間に入るもののこと。

＊実装《じっそう》　本文では、ロボットに「装備」されるという意味。

＊精緻《せいち》　非常にくわしく、細かいこと。

＊工学　基礎科学《きそかがく》を工業生産に応用する学問。

＊認知機能　理解、判断、論理《ろんり》などの知的な働きのこと。

＊知見　新しく得られた知識。

(1) ——線部①に「人間の脳は、どのように進化してきたのだろうか」とありますが、筆者は、人間の脳は何をするために進化してきたと述べていますか。本文中から二十四字でぬき出し、初めの三字と終わりの三字をそれぞれ答えなさい。
(注意) 句読点(。、)やかぎ(「 」)などの記号は、それぞれ字数に数えます。

(2) ——線部②の「人間に似たロボットを用いて、人間を理解する研究の方法」を本文では「構成的方法」と呼んでいます。次のⅠ、Ⅱの問いに答えなさい。

Ⅰ 「構成的方法」によって、人間を理解するとは具体的にどういうことですか。——線部②よりも前の言葉を使って、三十字以上、四十字以内で答えなさい。
(注意) 句読点(。、)やかぎ(「 」)などの記号は、それぞれ字数に数えます。

Ⅱ 「構成的方法」と対比される「解析的方法」で、ロボットを開発するとしたら、どのような方法になりますか。本文中の言葉を使って、二十字以上、三十字以内で答えなさい。
(注意) 句読点(。、)やかぎ(「 」)などの記号は、それぞれ字数に数えます。

(3) 空らん［　　］に入る内容として最も適切なものを、次のア～エから一つ選び、記号で答えなさい。

ア 人間を理解することで、ロボットを開発するということができる
イ ロボットを開発することで、人間を理解するということができる
ウ 人間を理解するだけでは、ロボットを開発することはできない
エ ロボットを開発しなければ、人間を理解することはできない

(4) 本文に**述べられていない**ものを、次のア～エから一つ選び、記号で答えなさい。

ア 人と関わるロボットは、人間らしいほうがよいといえる。
イ 道具を使えない昆虫や動物も、同種間でコミュニケーションをすることはできる。
ウ 将来、ロボットが進化することで、人間の基本的な機能をすべて理解することができる。
エ スマートフォンのデザインが、なぜ人を惹きつけたのかを考察するのは、構成的方法といえる。

(5) この文章における筆者の述べ方として最も適切なものを、次のア～エから一つ選び、記号で答えなさい。

ア 筆者は、人間型ロボットの事例のみを挙げながら、研究の方法について自身の意見を述べようとしている。
イ 筆者は、自身の経験をもとに問いを立て、実験結果を提示しながらその問いの答えを述べようとしている。
ウ 筆者は、これまで科学的な知見として不確かだったことを明らかにして、より正確に述べようとしている。
エ 筆者は、用語の説明も交えながら、研究開発の方法を分かりやすく述べようとしている。

三　SF作家アイザック・アシモフは、自ら考えて動くロボットの行動を支配する「ロボット三原則」を、小説の中で示しました。それは、

1　人間に危害《きがい》を加えてはならない

2　人間の命令に従《したが》わなければならない

3　自己《じこ》を守らなければならない

の三つです。あなたが「ロボット三原則」にもう一つ原則を加えるとしたら、どのような原則にしますか。あなたの考えを、そう考える理由とともに、**記入用紙2**に、三百六十一字以上、四百五十字以内（二十五行以上、三十行以内）で書きなさい。ただし、自分自身の体験や、見たり聞いたりした内容を例にあげて書くこと。

〈書き方の注意〉

①　題や氏名は書かないで、一行目から書き始めます。

②　段落《だんらく》をかえるときの残りのます目は、字数として数えます。

③　最後の段落の残りのます目は、字数として数えません。

【適性をみる検査Ⅰおわり】

令和５年度入学考査

適性をみる検査Ⅱ

注　意

1　「解答を始めなさい」の合図があるまで，この問題用紙を開いてはいけません。

2　問題は，１ページから14ページまであります。問題用紙のあいている場所は，下書きや計算などに使用してもかまいません。

3　記入用紙は，**記入用紙１**と**記入用紙２**があります。指示にしたがい，**記入用紙１**には２か所に，**記入用紙２**には１か所に受付番号を書きなさい。

4　検査時間は50分間です。

5　1・2の解答は**記入用紙１**に，3の解答は**記入用紙２**に記入しなさい。

6　記入用紙の※印のらんには何も記入してはいけません。

7　「解答をやめなさい」の合図があるまで，問題に取り組んでいてもかまいません。

8　配られた検査用品については，指示にしたがいなさい。

1 A班《はん》・B班は，環境《かんきょう》に関する地方自治体の取り組みや環境問題について述べている文章を読んで調べ学習を行いました。**A班が読んだ文章**と**B班が読んだ文章**を読んで，あとの（1）～（6）の問いに答えなさい。

A班が読んだ文章

横浜《よこはま》市のＳＤＧｓ《エスディージーズ》達成に向けた取り組み

SDGsとは2015年9月に国連《こくれん》で決められた，人間が活動すると引き起こされる課題に対して，世界各国が協力して解決に取り組んでいこうとする国際社会共通の目標のことをいいます。環境未来都市に選ばれている横浜市では，SDGsでもあげられている「aエネルギーをみんなに　そしてクリーンに」の目標のもと，地球温暖化《ちきゅうおんだんか》の原因と考えられている二酸化炭素を減らし，環境に優《やさ》しい水素をエネルギーとして活用していこうとする「水素社会」の実現に向けて取り組んだり，b横浜市風力発電所の電力を利用したりするなど，さまざまな形でSDGsの達成を目指しています。

〈参考資料〉環境省『平成29年度環境白書』

B班が読んだ文章

和歌山《わかやま》県出身の南方熊楠《みなかたくまぐす》と環境問題

和歌山県に生まれた南方熊楠（1867年～1941年）は，博物学《はくぶつがく》※や生物学など様々な分野で活躍《かつやく》し，国内外で大学者として名を知られました。神社の数を減らしたり，神社をおおう森林を大規模《だいきぼ》に伐採《ばっさい》したりする，当時の明治《めいじ》政府の方針《ほうしん》に，南方は反対していました。後に，南方について研究したある学者は，次のように述べています。

南方は，植物学者として，c森林の伐採がもたらす危険性《きけんせい》をうったえました。伐採により森林が消滅《しょうめつ》すれば，やがてそこに生きる鳥たちも絶滅してしまうため，害虫が増え，農作物に害を与《あた》えて農民を苦しませることになるというのです。また，d村の寄《よ》り合《あ》いの場である神社をとりこわすことによって，人々の宗教心《しゅうきょうしん》がおとろえ，村の連帯感がうすらぐことを心配しました。自然を破壊《はかい》することで，人間の職業と暮《く》らしがおとろえ，生活が成りたたなくなり，人間性をこわしてしまうと警告《けいこく》したのです。

〈参考資料〉鶴見和子《つるみかずこ》『南方熊楠　地球志向の比較《ひかく》学』

※　博物学《はくぶつがく》…動物・植物・鉱物などの性質を研究する学問

（1） **A班が読んだ文章**の下線部ａについて，右の**資料1**は，世界の未電化人口（電気を使えない生活を送っている人口）と，その国や地域《ちいき》別の割合《わりあい》を示したものです。この資料を見てわかることとして適切なものを，次のア～エから**すべて**選び，記号で答えなさい。

ア 世界の人口のうち約70％がサブサハラに集中している。

イ 面積が広い国や地域ほど未電化人口が多くなっている。

ウ アジアでは，インドに次いで未電化人口が多いのはパキスタンである。

エ アフリカでは，サブサハラの北とサブサハラで未電化人口に大きな差がある。

資料1 世界の未電化人口

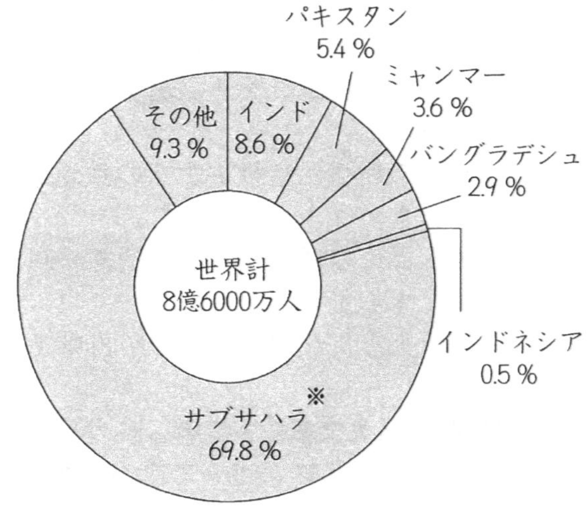

※ サブサハラ
アフリカのサハラ砂漠《さばく》とサハラ砂漠より南の地域の総称《そうしょう》

（資源《しげん》エネルギー庁《ちょう》ホームページより作成）

（2） **A班が読んだ文章**の下線部ｂについて，A班は各都道府県に設置されている風力発電所の発電能力を調べ，次の**資料2**にまとめました。設備容量とは発電所の発電能力を表すもので，kW《キロワット》という単位を使います。この資料を見て，都道府県別の風力発電所の設備容量について述べたものとして最も適切なものを，下のア～ウから１つ選び，記号で答えなさい。

資料2 都道府県別の風力発電所の設備容量

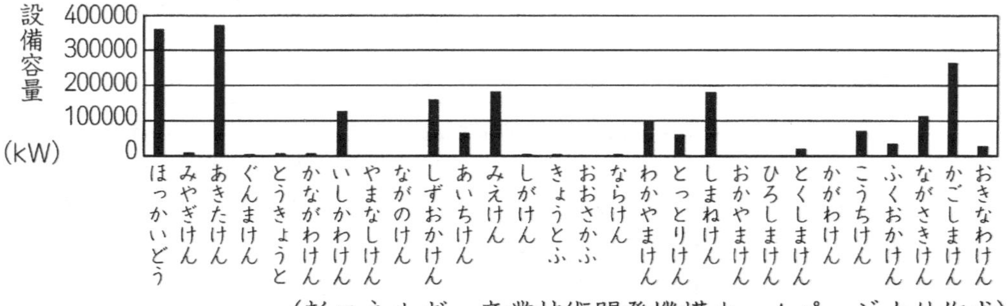

（新エネルギー産業技術開発機構ホームページより作成）

ア 設備容量は北海道《ほっかいどう》や東北地方の太平洋側で他の地域より多い。

イ 内陸にある都道府県の設備容量は他の都道府県より少ない。

ウ 東京《とうきょう》，大阪《おおさか》，名古屋《なごや》，福岡《ふくおか》，札幌《さっぽろ》など人口の多い都市を持つ都道府県の設備容量は他の都道府県より少ない。

（3） A班は，横浜市は江戸《えど》時代末に国際的な港が開かれた都市であることを知りました。横浜の港で欧米《おうべい》の国などと貿易が始まったあとの日本のようすについて述べた次のア～エについて，歴史的に古い順に並《なら》べかえ，記号で答えなさい。

ア　初めて国会議員を選ぶ選挙が行われ，神奈川《かながわ》県でも７人の衆議院《しゅうぎいん》議員が当選した。

イ　東京の新橋《しんばし》から横浜までの鉄道が開通し，それまでより多くの人が両都市間を行きかうようになった。

ウ　輸入品に自国で決めた関税をかけられるようになり，日本が外国と対等に貿易できるようになった。

エ　関東大震災《かんとうだいしんさい》が起こり，神奈川県でも大きな被害《ひがい》を受けた。

（4） **B班が読んだ文章**の下線部 c について，B班は全国でも森林の占《し》める割合が多い和歌山県の林業について調べ，**木材価格の一覧表《いちらんひょう》**と，それについてのレポートを作成しました。下の**レポートの一部**中の①～③に当てはまるものとして最も適切なものを，下のア～オからそれぞれ１つずつ選び，記号で答えなさい。

木材価格の一覧表

年	スギ（国産材）	ヒノキ（国産材）	ベイツガ（輸入材）	年	スギ（国産材）	ヒノキ（国産材）	ベイツガ（輸入材）
1960年	11,300円	12,000円	データなし	1990年	26,600円	67,800円	26,500円
1965年	14,300円	18,000円	12,900円	1995年	21,700円	53,500円	25,800円
1970年	18,800円	37,600円	14,800円	2000年	17,200円	40,300円	22,200円
1975年	31,700円	66,200円	24,800円	2005年	12,400円	25,500円	23,000円
1980年	39,600円	76,400円	35,100円	2010年	11,800円	21,600円	24,200円
1985年	25,500円	54,000円	25,500円	2015年	12,700円	17,600円	24,800円

（農林水産省木材需給《じゅきゅう》報告書より作成）

レポートの一部

　1970年ごろから和歌山県では林業従事者《じゅうじしゃ》が減少を続けています。その原因のひとつに，1960年代に国産材に比べ価格の（　①　）外国産の木材の輸入が増えたことがあげられます。その後，国産材も輸入材も木材価格が上昇《じょうしょう》したのち下落《げらく》しましたが，**木材価格の一覧表**の木材では，1960年から2015年まで通して見ると，（　②　）の価格の変動が少なく，価格が最も安定しています。いっぽう（　③　）の価格は，2015年では最高値《さいこうち》から４分の１以下に下落しています。

ア　安い　　　　　イ　高い

ウ　スギ（国産材）　エ　ヒノキ（国産材）　オ　ベイツガ（輸入材）

(5) **B班が読んだ文章**の下線部dについて，村の寄り合いは古くから行われていましたが，特に地方の武士が登場してから農村の寄り合いが活発になったとされています。次のア～エは，現在使われている言葉で書きかえた，歴史上の資料の一部です。武士が政治を行っていたころについての資料として適切なものを，次のア～エから**すべて**選び，記号で答えなさい。

ア　頼朝《よりとも》様が平氏《へいし》をたおして鎌倉《かまくら》に幕府《ばくふ》を開いてからの御恩《ごおん》は，山よりも高く，海よりも深いのです。名誉《めいよ》を大切にするものは，早く敵《てき》をうちとり，源氏《げんじ》3代の将軍《しょうぐん》がきずいてきたものを守りなさい。

イ　道長《みちなが》は，「この世はまるで私《わたし》のための世であるように思う。満月の欠けることがないように，私にかなわぬことなどない。」と歌をよみあげた。

ウ　人の和を第一にしなければなりません。仏教をあつく信仰《しんこう》しなさい。天皇《てんのう》の命令は，必ず守りなさい。地方の役人が勝手に，みつぎ物を受け取ってはいけません。

エ　諸国《しょこく》の百姓《ひゃくしょう》たちが，刀，弓，やり，鉄砲《てっぽう》，その他の武器を所有することを，かたく禁止する。なお，回収《かいしゅう》した刀などは，むだにするのではなく，新しく大仏をつくるためのくぎなどに役だてる。

(6) B班は和歌山県に南方熊楠記念館があることを知り，彼《かれ》の考えをより深く知るためにこの記念館をたずねました。しかし，地図はあるものの場所がわからないため，地域の方に聞いてみました。次の**地域の方から聞いたこと**をもとに，記念館の場所と考えられるものを，下の**地図**中のP～Tから1つ選び，**記入用紙1**の記号に○をつけなさい。

地域の方から聞いたこと

・南方熊楠記念館の周囲にはあまり住宅地《じゅうたくち》はありません。
・南方熊楠記念館は小学校より西にあります。
・南方熊楠記念館から南を向けば，海が広がっているのが見えます。

地図

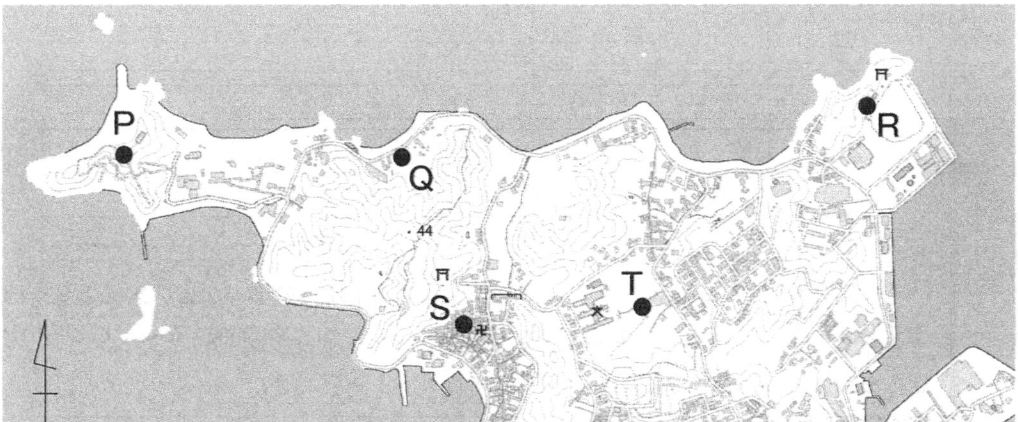

(国土地理院ホームページより作成)

2 一郎《いちろう》さんの学級では，班《はん》ごとに食べ物に関する研究をすることになりました。これについて，次の（1）～（5）の問いに答えなさい。

（1） 1班は，缶《かん》づめやびんづめなど，食べ物の保存《ほぞん》方法について調べました。右の**図1**のようなびんでは金属製のふたとガラスびんのねじ山がかみ合うことで，しっかりと閉《し》めることができます。このようなふたの場合，いざ開《あ》けようとすると，ふたがまわらず，開かなくなっていることがあります。そのようなとき，びんを熱いお湯につけると，ふたが開きやすくなることがあります。ふたが開きやすくなる理由について述べたものとして最も適切なものを，次のア～エから１つ選び，記号で答えなさい。

図1

ア ガラスに比べ金属は温度が上がることによってふくらみやすいから。
イ 温度が上がることで金属とガラスがやわらかくなるから。
ウ ガラスに比べ金属はお湯がしみこむことによってふくらみやすいから。
エ お湯がしみこんで金属とガラスがやわらかくなるから。

（2） ２班は「レモンの汁《しる》によってナスの皮の色が変わる」ということを聞いて，そのことについて調べました。次の**レポートの一部**は２班が作成したものです。文章中の①，②に当てはまるものとして，最も適切なものを，①は下の**《液体の性質》**ア～ウから，②は**《液体の名前》**カ～クからそれぞれ１つずつ選び，記号で答えなさい。

レポートの一部

レモンの汁やお酢《す》にナスをつけると，ナスの皮が赤みがかった色に変わりました。しかし，さとう水やにがり（豆腐《とうふ》づくりなどに使う液）にナスをつけても皮の色は赤みがかった色には変わりませんでした。これらの液体を，青色のリトマス紙と赤色のリトマス紙によって調べてみると，次の**表**のようになりました。

表

	リトマス紙の色の変化
レモンの汁	青色のリトマス紙が赤色に変わった。
お酢	青色のリトマス紙が赤色に変わった。
さとう水	どちらの色のリトマス紙も色が変わらなかった。
にがり	赤色のリトマス紙が青色に変わった。

そこで，私《わたし》たちは「（ ① ）の液体がナスの皮を赤みがかった色に変化させる。」と予想しました。この予想を確かめるために（ ② ）にナスをつけてみたところ，予想のとおり，ナスの皮が赤みがかった色に変化しました。

《液体の性質》 ア 酸性　イ 中性　ウ アルカリ性
《液体の名前》 カ アンモニア水　キ 食塩水　ク うすい塩酸

（3） ３班は，インゲンマメの発芽や成長について調べました。植物に肥料をあたえるとよく育つことを知った３班の人たちは，肥料は発芽にも影響《えいきょう》をあたえるかどうかを調べようと考えました。右のア～エのうちどの２つを用意してくらべるのが最も適しているでしょうか，ア～エから**２つ**選び，記号で答えなさい。

ア

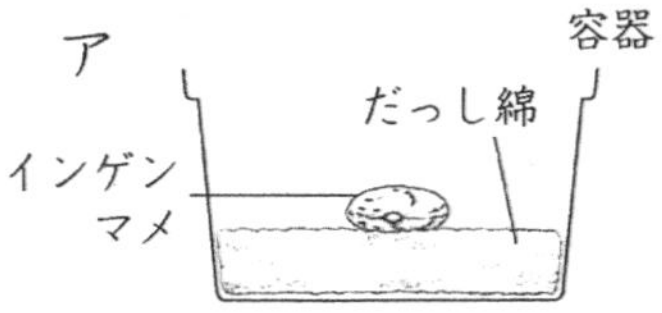

かわいただっし綿の上にインゲンマメをのせる。

イ

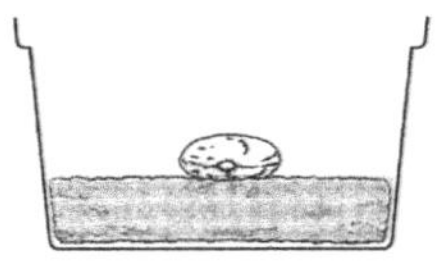

水をふくませただっし綿の上にインゲンマメをのせる。

ウ

肥料をとかした水をふくませただっし綿の上にインゲンマメをのせる。

エ

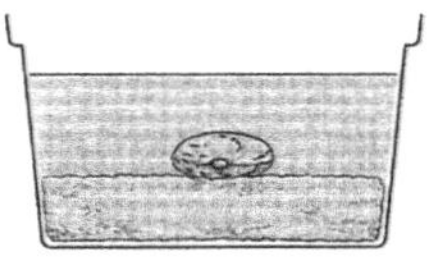

だっし綿の上にインゲンマメをのせ，肥料をとかした水でカップを満たす。

（4） ４班は，加熱した食べ物がどのくらいの時間で冷めるかについて調べることにしました。そのための参考として，お湯を放置して温度が下がっていくときの水温の変化を調べる実験を行いました。右の**資料１**は結果を表にしたものです。また，**資料２**は結果を折れ線グラフにしようとしたものですが，途中《とちゅう》までしかかいてありません。これについて，次のⅠ，Ⅱの問いに答えなさい。

資料１

時間（分）	0	2	4	6	8	10
水温（℃）	94	76	65	58	53	49

資料２

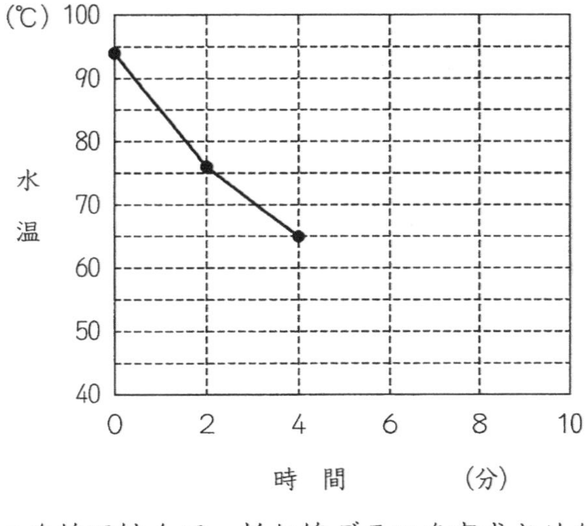

Ⅰ **資料２**ではまだかかれていない結果を，**記入用紙１**の図に●でそれぞれ示しなさい。また，三角定規を使って，４分から10分までの２分ごとの結果を示す●を線で結んで，折れ線グラフを完成させなさい。

Ⅱ この結果からわかることとして最も適切なものを，次のア～ウから１つ選び，記号で答えなさい。

ア はじめは急速に水温が下がるが，あとはゆっくりと水温が下がる。
イ ２分ごとに下がる温度は，はじめから10分後まで常に一定である。
ウ はじめはゆっくりと水温が下がるが，あとは急速に水温が下がる。

（5） 食べ物が腐《くさ》ってしまう条件について調べていた5班の人たちは，「食べ物が腐ってしまうのは生物が関係している」ということを知りました。そこで，バナナを使って実験を行うことにしました。

まず，2つのガラスびんにバナナをそれぞれ3切れずつ入れたあと，腐ってしまう原因となる生物が生存《せいぞん》できなくなるくらいまで，びんをじゅうぶん加熱して，びんの中に生物がいない状態にしました。加熱後すぐに，一方のガラスびんは，右の**図2**の**P**のように金属のふたをしっかりと閉めて置いておきました。もう一方のびんは，**図2**の**Q**のようにふたをせずにそのまま置いておきました。何日かすると，金属のふたをしていたガラスびんの中のバナナは腐っていませんでしたが，ふたをしなかった方のガラスびんのバナナにはたくさん虫が集まっているようすが見られ，バナナは腐っていました。

そこで次に，あらたにガラスびんとバナナを用意して，**P**や**Q**と同様にして加熱したあと，**図2**の**R**のようにガーゼを輪ゴムでとめてふたにして置いておきました。何日かすると，ガーゼでふたをしたガラスびんの中のバナナに虫が集まっているようすは見られませんでしたが，バナナは腐っていました。

これらの実験の結果から，食べ物が腐ってしまうことに関係する生物の特徴《とくちょう》についてどのようなことがわかるか説明しなさい。

図2

P

金属のふたをしっかりと閉めて置いておく。

Q

ふたをせずにそのまま置いておく。

R

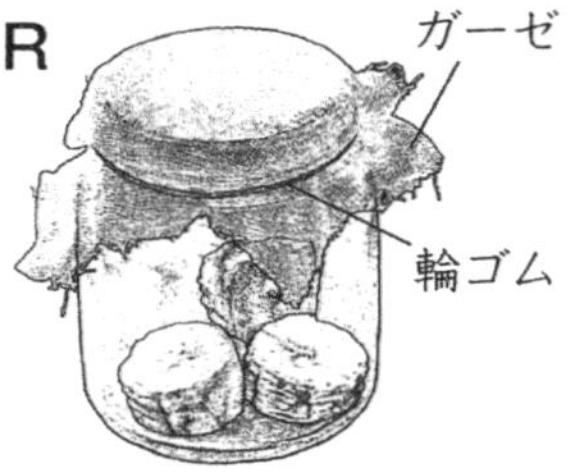

ガーゼを輪ゴムでとめてふたにして置いておく。

3 次の**メモ**は太郎《たろう》さんが日本の国土についてのレポートをまとめるために作成したものです。これについて，あとの（1）～（5）の問いに答えなさい。

メモ

日本の面積は約38万km^{2}で国土のa約75％が山地であることがわかった。そして，山，海，川などの自然地形はb都道府県境に多く利用されている。

都道府県名をみると，「山」という文字が使われている県名はc山形《やまがた》県，富山《とやま》県，山梨《やまなし》県，和歌山《わかやま》県，岡山《おかやま》県，d山口《やまぐち》県の６つがあり，日本と山との関係が強いせいではないかと考えられる。

（1） **メモ**中の下線部aについて，次の**資料１**は下のア～エのいずれかの場所の直線に沿《そ》った断面図です。**資料１**の場所を示したものとして最も適切なものを，ア～エから１つ選び，記号で答えなさい。

資料１

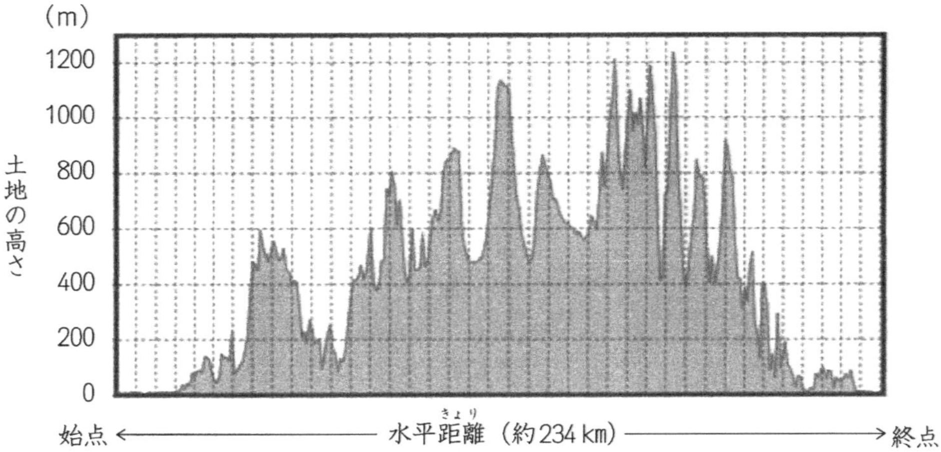

（国土地理院ホームページより作成）

ア

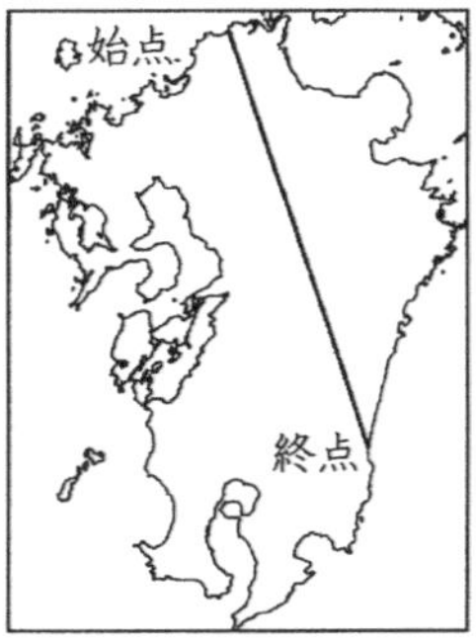

イ

ウ

エ

（2） **メモ**中の下線部 b について，京都《きょうと》府の府境を調べてみると，三県境（3つの都道府県境が1点に集まる地点）が京都府には5か所あることがわかりました。下の4つの図は，それら5か所の三県境をそれぞれ1または2か所ふくむ地図で，京都府に黒く色をつけてあります。**A**・**B**・**C**に当てはまる府県名を**ひらがな**で答えなさい。答えには，「府」や「県」は書かなくてかまいません。なお，いずれの地図も上部が北を表し，地図中の○・△・□の記号はそれぞれ同じ府または県を表しています。

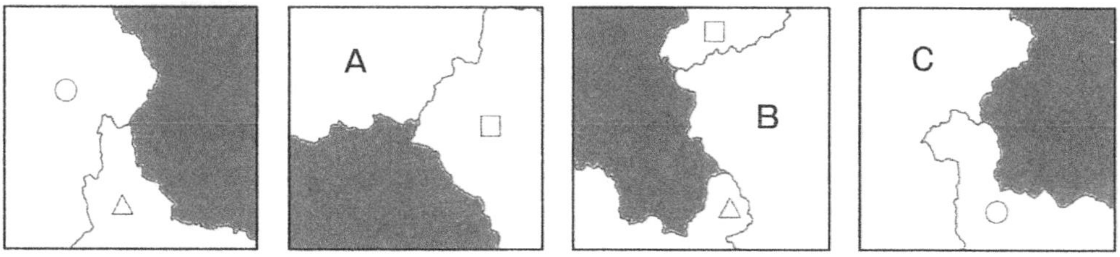

（3） **メモ**中の下線部 c の各県について，次のⅠ・Ⅱの問いに答えなさい。

Ⅰ　次の**資料2**は岡山市，富山市，山形市の降水量《こうすいりょう》（mm）と気温（℃）を表したグラフです。**D**～**F**の都市の組み合わせとして最も適切なものを，下のア～カから1つ選び，記号で答えなさい。

資料2

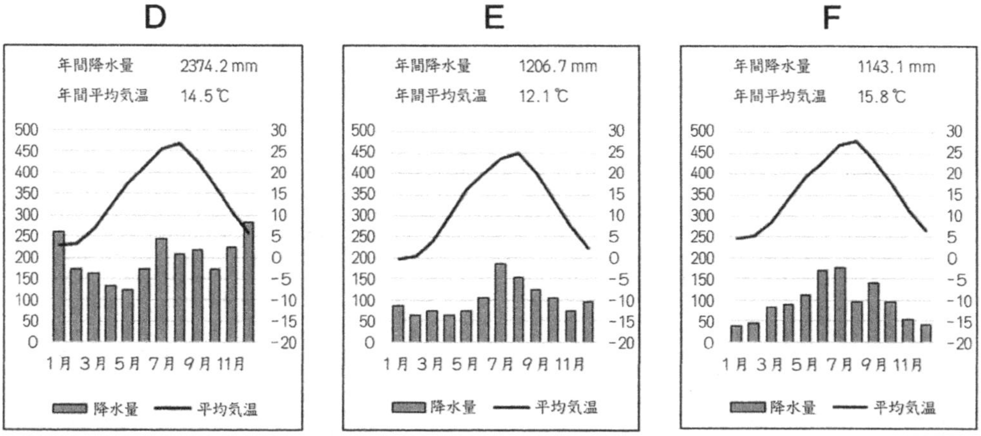

（気象庁《きしょうちょう》ホームページより作成）

ア　**D**：岡山市　　**E**：富山市　　**F**：山形市
イ　**D**：岡山市　　**E**：山形市　　**F**：富山市
ウ　**D**：富山市　　**E**：岡山市　　**F**：山形市
エ　**D**：富山市　　**E**：山形市　　**F**：岡山市
オ　**D**：山形市　　**E**：岡山市　　**F**：富山市
カ　**D**：山形市　　**E**：富山市　　**F**：岡山市

Ⅱ　次の**資料３**は米，みかん，もも，ぶどうの年間収穫量《しゅうかくりょう》について，2019年の上位５位の都道府県を示したものです。空らん**Ｋ**～**Ｎ**に入る県の組み合わせとして最も適切なものを，下のア～カから１つ選び，記号で答えなさい。

資料３

	米	みかん	もも	ぶどう
１位	新潟《にいがた》県	**Ｌ**	**Ｍ**	**Ｍ**
２位	北海道《ほっかいどう》	愛媛《えひめ》県	福島《ふくしま》県	長野県
３位	秋田《あきた》県	静岡《しずおか》県	長野《ながの》県	**Ｋ**
４位	**Ｋ**	熊本《くまもと》県	**Ｋ**	**Ｎ**
５位	宮城《みやぎ》県	長崎《ながさき》県	**Ｌ**	福岡《ふくおか》県

（データで見る県勢2021年より作成）

ア　**Ｋ**：富山県　**Ｌ**：和歌山県　**Ｍ**：山梨県　**Ｎ**：岡山県
イ　**Ｋ**：富山県　**Ｌ**：山形県　**Ｍ**：岡山県　**Ｎ**：山梨県
ウ　**Ｋ**：富山県　**Ｌ**：岡山県　**Ｍ**：和歌山県　**Ｎ**：山形県
エ　**Ｋ**：山形県　**Ｌ**：和歌山県　**Ｍ**：岡山県　**Ｎ**：富山県
オ　**Ｋ**：山形県　**Ｌ**：和歌山県　**Ｍ**：山梨県　**Ｎ**：岡山県
カ　**Ｋ**：山形県　**Ｌ**：岡山県　**Ｍ**：山梨県　**Ｎ**：富山県

（４）**メモ**中の下線部ｄについて，太郎さんが山口県を調べてみると，明治維新《めいじいしん》を主導した地《ち》域《いき》であったこと，山口県出身で内閣総理大臣《ないかくそうりだいじん》に就任《しゅうにん》した人が多いことがわかりました。そこで，太郎さんは初代内閣総理大臣の伊藤博《いとうひろ》文《ぶみ》について新聞を作ることにしました。右の**下書き**を見て，次のⅠ～Ⅲの問いに答えなさい。

下書き

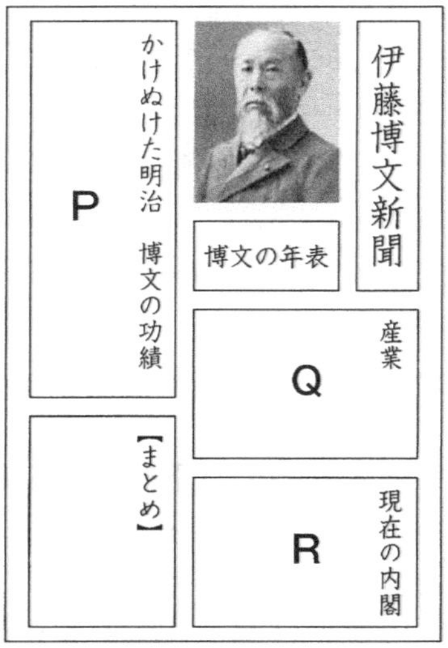

Ⅰ　**下書き**中の**Ｐ**の記事の内容として適切なものを，次のア～オから**２つ**選び，記号で答えなさい。

ア　発生した公害のため，住民とともに銅鉱山の操業《そうぎょう》停止を社会にうったえた。
イ　行政を担当《たんとう》する内閣制度を整えた。
ウ　ドイツで憲法《けんぽう》について学び，憲法案を作成した。
エ　外務大臣としてイギリスと交渉《こうしょう》を行い，治外法権《ちがいほうけん》（領事裁判権《りょうじさいばんけん》）の廃止《はいし》に成功した。
オ　議会を開いて政治を行うことを主張し，自由民権運動を指導した。

Ⅱ　太郎さんは**下書き**中の**Q**のらんに，伊藤博文が活躍《かつやく》した明治時代の産業の発展《はってん》を取り上げたいと思い，日本の貿易の推移《すいい》を記事にしようと考えています。次の**資料４**は1890年と1910年の日本の輸入額と輸出額，およびそれらに占《し》める主要な貿易品目の割合《わりあい》を表しています。**資料４**から読み取れる1890年から1910年の変化として**適切でない**ものを，下のア～エから１つ選び，記号で答えなさい。

資料４

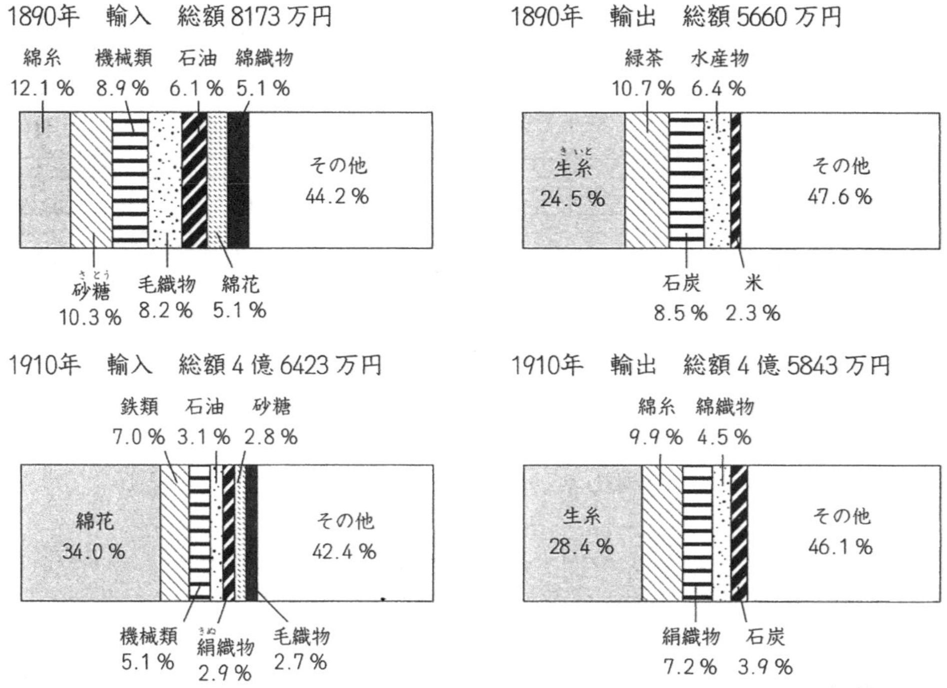

（日本貿易精覧《せいらん》より作成）

ア　綿花の輸入額割合は６倍以上に増え，綿織物と綿糸の輸出額割合も増えている。

イ　輸入総額の増加額より，輸出総額の増加額の方が多い。

ウ　機械類の輸入額は３倍以上に増えている。

エ　石炭の輸出額割合は減っているが，石油の輸入額割合は増えている。

Ⅲ　太郎さんは**下書き**中の**R**のらんに現在の内閣を取り上げたいと考えています。現在の内閣の役割《やくわり》に関する説明として最も適切なものを，次のア～エから１つ選び，記号で答えなさい。

ア　法律《ほうりつ》や政治が憲法に違反《いはん》していないか判断することができる。

イ　衆議院《しゅうぎいん》の解散を決定することができる。

ウ　弾劾裁判所《だんがいさいばんしょ》を設置し，裁判官をやめさせることができる。

エ　法律案を審議《しんぎ》するにあたり，公聴会《こうちょうかい》を開き，本会議で話し合いを行うことができる。

(5)　レポートを作成するために日本の国土について調べる中で，太郎さんは山の自然や山と人の関わりについて興味を持ちました。そこで夏休みに訪《おとず》れた町について資料を集めました。その町は山と海に囲まれていて，山から海に向かって何本かの川が流れています。これらの川の下流付近には，山から運ばれた土《ど》砂《しゃ》がたまることによってできた平らな地形に町ができています。**資料5**はその町の地形のようすを表した図に，太郎さんが注目した場所などを示したものです。**資料6**はこの町で撮影《さつえい》した写真です。また，**資料7**はこの町の一部のようすをくわしく表した地図をもとに作成したものです。あとの**太郎さんの調査報告の一部**は，これらの資料を通してわかったことや考えたことに関して作成したものです。これについて，あとのⅠ～Ⅳの問いに答えなさい。

資料5　調査地域の地形

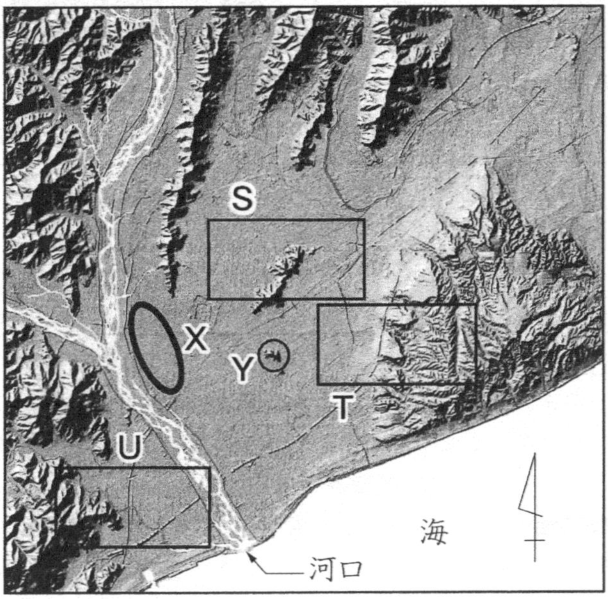

この図は夏休みに訪れた町と，その周囲の地形を表したものです。陰影《いんえい》起伏《きふく》図という図に，海岸線と，この地域を流れる川の一部を加えています。

陰影起伏図とは，山や谷によってできるかげを使って，高低を表現したもので，ここでは図の左上の方向から光が当たった場合のかげによって地形のようすを表しています。

（国土地理院ホームページより作成）

資料6　この町で撮影した写真

資料７　ある場所の地図　　地図中に示されている数字は土地の高さを表しています。

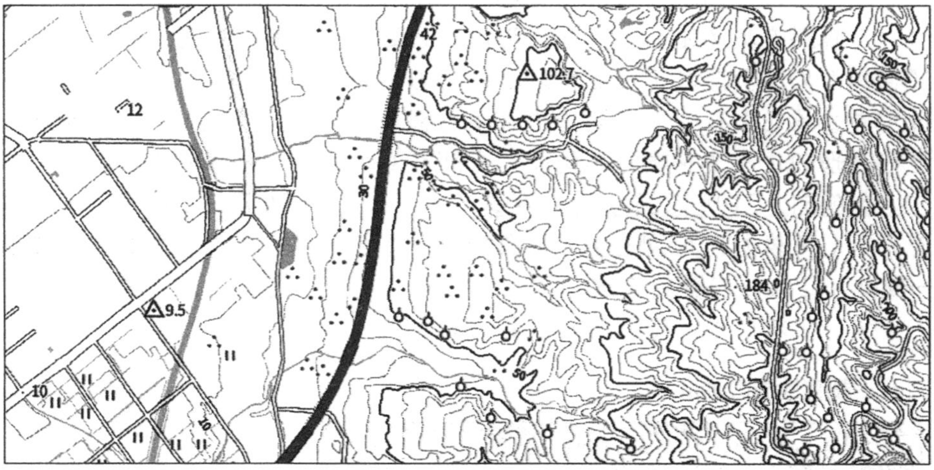

土地の利用を示す記号　　Ⅱ　田　　∴　茶畑　　○　果樹園《かじゅえん》（ここでは主にみかん畑）

（国土地理院ホームページより作成）

太郎さんの調査報告の一部

・**調査地域の地形**に，この地域を流れる川のうちの１つを示しています。eXは，この川の近くの土地です。この土地では，古い時代にたまった細かな粒《つぶ》の土の上に，川が山から運んだ大きな粒の土がのっているそうです。私《わたし》はこの川の河口付近のようすを観察しました。学校では，河口近くの川のまわりには小さな石や砂《すな》が多いと学習しましたが，この川の河口では比較的《ひかくてき》大きめの石が多いように感じました。この川では，山から海までの（　①　）という事が関係しているのではないかと考えました。

・**この町で撮影した写真**は，**調査地域の地形**の**Y**にある山から撮影したものです。日が沈《しず》む少し前に撮影したもので，あたりが少し暗くなりはじめていたときですが，街のビルに日が当たっています。ビルの向こうにはf少し高い山が写っています。さらに，その後方にはもっと高い山が写っています。

・**ある場所の地図**は，**調査地域の地形**に示した場所の一部をくわしく表したものです。このあたりでは，みかんの栽培《さいばい》や茶の栽培がさかんに行われています。また，米の栽培をしているところもあります。この地域では，みかん，茶，米を栽培している場所の地形にはそれぞれ特徴《とくちょう》があるようです。茶は（　②　），みかんは（　③　），米は（　④　）で栽培していると言えそうです。農作物の種類により栽培に適した条件があるようだと考えられます。インターネットで調べたところ，みかんの栽培には（　⑤　）が適しているとか，米の栽培には（　⑥　）が適しているという情報が書かれていました。この情報は，**ある場所の地図**に示した地域での土地の利用方法に当てはまっていると考えられます。

Ⅰ　**太郎さんの調査報告の一部**中の下線部ｅについて，**X**付近に降《ふ》った雨水について考えられることとして最も適切なものを，次のア～エから１つ選び，記号で答えなさい。

ア　大きな粒の土には水がしみこみやすく，細かな粒の土には水がしみこみにくいので，雨水は地面にほとんどしみこまず，地面の表面を流れる傾向《けいこう》が強い。

イ　大きな粒の土には水がしみこみやすく，細かな粒の土には水がしみこみにくいので，雨水は細かな粒の層《そう》の上までしみこむ傾向が強い。

ウ　大きな粒の土には水がしみこみにくく，細かな粒の土には水がしみこみやすいので，雨水は地面にほとんどしみこまず，地面の表面を流れる傾向が強い。

エ　大きな粒の土には水がしみこみにくく，細かな粒の土には水がしみこみやすいので，雨水は細かな粒の層の上までしみこむ傾向が強い。

Ⅱ　**太郎さんの調査報告の一部**中の下線部ｆでは，**資料6**に写っている少し高い山について説明しています。この山は，**資料5**に示した範囲《はんい》**S～U**のうちいずれかの範囲にある山です。この山があると考えられる範囲として最も適切なものを，**S～U**から１つ選び，**記入用紙２**の記号に○をつけなさい。

Ⅲ　**資料7**は，**資料5**に示した範囲**S～U**のうちいずれかのようすをくわしく表しています。**資料7**が表している範囲として最も適切なものを，**S～U**から１つ選び，**記入用紙２**の記号に○をつけなさい。

Ⅳ　**太郎さんの調査報告の一部**の①には次の**《語群1》**アまたはイのいずれかが当てはまります。②～④には**《語群2》**カ～クのいずれかがそれぞれ当てはまります。⑤と⑥には**《語群3》**サまたはシのいずれかがそれぞれ当てはまります。これらのうち，①，②，⑤に当てはまるものとして最も適切なものを，それぞれの語群から１つずつ選び，記号で答えなさい。

《語群1》　ア　距離が短い
　　　　　　イ　距離が長い

《語群2》　カ　低くて平らな場所
　　　　　　キ　やや高い台地状の場所
　　　　　　ク　山の斜面《しゃめん》

《語群3》　サ　日がよく当たり，水はけがよい土地
　　　　　　シ　水が豊富で，広く平らな土地

【適性をみる検査Ⅱおわり】

令和５年度入学考査

適性をみる検査Ⅲ

注　意

1　「解答を始めなさい」の合図があるまで，この問題用紙を開いてはいけません。

2　問題は，１ページから７ページまであります。問題用紙のあいている場所は，下書きや計算などに使用してもかまいません。

3　指示にしたがい，**記入用紙**に受付番号を書きなさい。

4　検査時間は50分間です。

5　解答はすべて，**記入用紙**に記入しなさい。

6　**記入用紙**の※印のらんには何も記入してはいけません。

7　「解答をやめなさい」の合図があるまで，問題に取り組んでいてもかまいません。

1 次の会話文は，とおるさんとけいこさんが，図のような時計について話し合ったものです。この時計の長いはりと短いはりは，それぞれ一定の速さで動き続けます。会話文を読み，下の（1），（2）の問いに答えなさい。ただし，はりの太さは考えないものとします。また，解答を考える際に，持ちこんだ時計を操《そう》作《さ》してはいけません。

とおる：時計を見ていると，長いはりと短いはりが，12時のように重なったり，6時のように重ならず一直線になったり，色々と変わっておもしろいね。
けいこ：今は午前10時10分だけど，長いはりと短いはりが作る角度は何度かな？
とおる：長いはりは1分間に［ア］度，短いはりは1分間に［イ］度まわるから，計算できそうだね。
けいこ：午前10時10分だと，長いはりと短いはりが作る角度は［ウ］度だね。
とおる：待って！大きい方の角度に注目すると，［ウ］度ではなく［エ］度とも考えられるね。
けいこ：もう少しで，長いはりと短いはりが重ならず一直線になりそうだね。
とおる：計算してみると，午前10時［オ］分に重ならず一直線になるよ。
けいこ：長いはりと短いはりが重ならず一直線になるのは他にも何回もあるよね。
とおる：例えば，a <u>午前10時から午後10時までの12時間の間に，時計の長いはりと短いはりが重ならず一直線になるのは何回だろう？</u>
けいこ：b <u>長いはりと短いはりが重ならず一直線になってから，次に重ならず一直線になるまでの時間</u>を考えると求められないかな。［X］。
とおる：本当だ！けいこさんが考えたように，c <u>重ならず一直線になるのは11回</u>になるね。

（1）会話文中の［ア］～［オ］にあてはまる数を答えなさい。ただし，わり切れない数の場合は必ず分数で答え，分母ができるだけ小さい整数になるようにしなさい。

（2）会話文中の［X］には，下線部aのとおるさんの疑《ぎ》問《もん》に対して，けいこさんが，下線部cのように考えた説明が入ります。下線部bの時間を求め，その答えをもとに適切な説明を書きなさい。

2 陽子《ようこ》さんは，自分の家に太陽光パネルがあることから電気に興味を持ち，どのくらいの電気を日々消費したり，発電したりしているのかを調べることにしました。

陽子さんが，自分の家の2022年1年間の電気消費量を調べると，1日あたり平均12 kWh《キロワットアワー》であることが分かりました。電気の消費量や発電量はWh《ワットアワー》という単位で表され，1 kWhは1000Whであることも分かりました。

陽子さんの家の屋根には，太陽光パネルAが5枚《まい》設置されています。この太陽光パネルAは，たて160cm，横80cmの長方形の形であり，晴れの日には，1 m^2あたり，1時間で平均170Wh発電されます。

陽子さんが，自分が住む町の2022年1年間の天気について調べると，365日中，晴れの日が225日，くもりの日が100日，雨の日が40日でした。くもりの日や雨の日において，太陽光パネルAでの発電量は，くもりの日は晴れの日の10%，雨の日は晴れの日の5%になることも分かりました。

年間を通じて，毎日10時間発電し，1日の途中《とちゅう》で天気は変わらないものとします。また，2022年において，陽子さんの家では毎日，電気を使い，太陽光発電を行ったものとします。次の（1）～（4）の問いに答えなさい。

（1）2022年における，陽子さんの家の年間電気消費量は何kWhですか。

（2）5枚の太陽光パネルAのうち，1枚だけで晴れの日に1日発電すると，発電量は何kWhですか。

（3）2022年における，陽子さんの家の年間合計発電量は何kWhですか。

（4）次の文章が正しくなるように，文章中の□にあてはまる最も小さい整数を答えなさい。

> 陽子さんの家に太陽光パネルAが□枚設置されていれば，2022年において，陽子さんの家の年間合計発電量が，陽子さんの家の年間電気消費量を超《こ》えていた。

このページに問題は印刷されていません

3　１以上の整数のことを自然数《しぜんすう》といいます。ある自然数について，次の《操作《そうさ》》を，結果に１が初めて現れるまでくり返し行うことを考えます。

《操作》
- ある自然数が偶数《ぐうすう》のとき，その自然数を２でわる
- ある自然数が奇数《きすう》のとき，その自然数を３倍して１をたす

次の【例】は，自然数６について，《操作》を８回くり返し行うことで結果が１になることを示しています。

【例】　6 → 3 → 10 → 5 → 16 → 8 → 4 → 2 → 1

次の会話文は，この《操作》について，太郎《たろう》さんと先生が話し合ったものです。会話文を読み，あとの（１）～（４）の問いに答えなさい。

先生：自然数21について，結果に１が初めて現れるまで《操作》をくり返し行うと，どのように結果は変化していくでしょう？

太郎：［　X　］のようになります。

先生：そうですね。では，自然数168について，《操作》を何回くり返すと，結果が１になるか分かりますか？

太郎：数字が大きいので大変そうですね。……あっ！《操作》をくり返していくと，途中《とちゅう》で21という数が現れたので，先ほどの結果が使えます。《操作》を［　ア　］回くり返すと結果が１になりました。

先生：よいことに気づきましたね。そのとおりです。

太郎：最初の数が大きいほど，《操作》の回数も増えるのですか？

先生：実はそうともかぎりません。例えば，自然数146から始めると結果が１になるまでに《操作》が116回も必要ですが，自然数170から始めると10回の《操作》で結果が１になります。

太郎：最初の数字によって回数が大きく変わるのですね。

先生：それでは，「自然数146から始めると結果が１になるまでに《操作》が116回必要」ということを利用して，a<u>１～200までの自然数について，結果が１になるまでの《操作》が117回以上になる数</u>を求められますか？

太郎：……３つなら求められました。［　Y　］だと思います。

先生：よく分かりましたね。どのように考えましたか？

記入用紙1

適性をみる検査Ⅰ

一

(1)

a

b

(2)

あ

い

(3)

(4)

Ⅰ

25字

15字

状態であったから。

Ⅱ

35字

という変化が生じている

25字

と考えられる。

※

※

※

※

※

※

※

※100点満点
（配点非公表）

受付番号

※

受付番号

※

2

<table>
<tr><td>(1)</td><td colspan="2"></td><td>※</td></tr>
<tr><td>(2)</td><td colspan="2">①（　　　　　）　②（　　　　　）</td><td>※</td></tr>
<tr><td>(3)</td><td colspan="2">（　　　　　）　（　　　　　）</td><td>※</td></tr>
<tr><td rowspan="2">(4)</td><td>Ⅰ</td><td>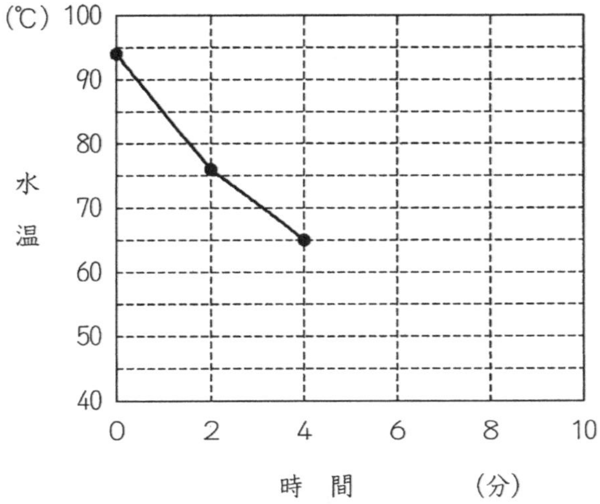
</td><td>※</td></tr>
<tr><td>Ⅱ</td><td></td><td>※</td></tr>
<tr><td>(5)</td><td colspan="2"></td><td>※</td></tr>
</table>

記入用紙2

適性をみる検査Ⅱ

受付番号

※

3

(1)			※
(2)		A (　　　　) B (　　　　) C (　　　　)	※
(3)	Ⅰ		※
	Ⅱ		※
(4)	Ⅰ	(　　　　) (　　　　)	※
	Ⅱ		※
	Ⅲ		※
(5)	Ⅰ		※
	Ⅱ	S　T　U　1つ選んで○をつけなさい。	※
	Ⅲ	S　T　U　1つ選んで○をつけなさい。	※
	Ⅳ	① (　　　　) ② (　　　　) ⑤ (　　　　)	※

※

3

(1)		※
(2)		※
(3)	(　　　　) (　　　　) (　　　　)	※
(4)	(　　) (　　) (　　) (　　) (　　)	※

※

4

(1)	(　　　　) (　　　　)			※
(2)	A	B	C	※
	D	E	F	
(3)	ア	イ	ウ	※
	エ	オ	カ	

記入用紙

適性をみる検査Ⅲ

受付番号

※100点満点
（配点非公表）

※

1

(1)	ア	イ	ウ	※
	エ	オ		
(2)				※

※

2

(1)	kWh	※
(2)	kWh	※
(3)	kWh	※
(4)		※

記入用紙１

適性をみる検査Ⅱ

受付番号

※100点満点
（配点非公表）

※

1

(1)		※
(2)		※
(3)	(　　　)→(　　　)→(　　　)→(　　　)	※
(4)	①(　　　)　②(　　　) ③(　　　)	※
(5)		※
(6)	P　Q　R　S　T　１つ選んで○をつけなさい。	※

記入用紙 2

適性をみる検査Ⅰ

三

360字

450字
(30行)

※

※

※

※

※

※

受付番号	

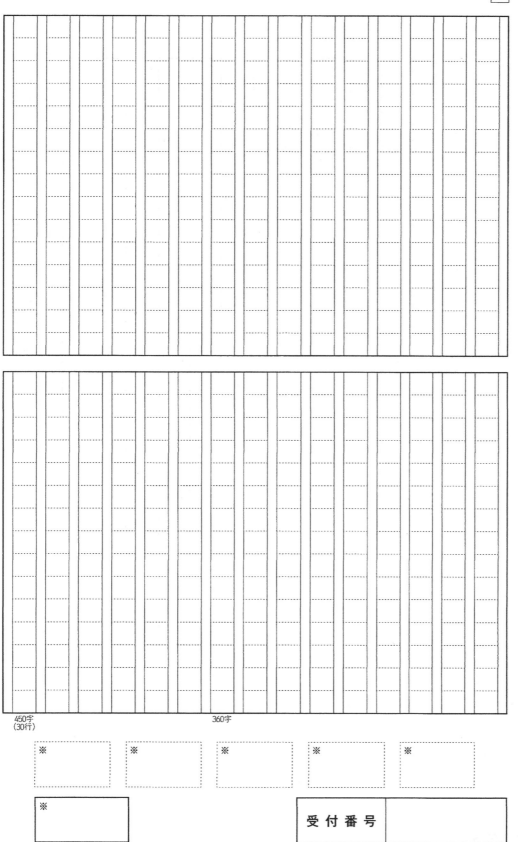

二

(1)

初め

終わり

(2)

Ⅰ

30字

40字

Ⅱ

30字

20字

(3)

(4)

(5)

※ ※ ※ ※ ※ ※

三

記入用紙２に書きなさい。

※

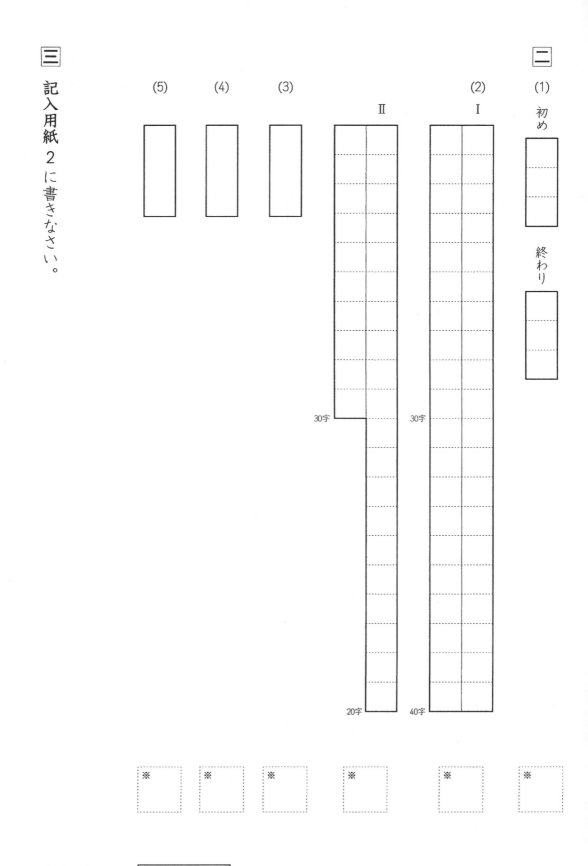

太郎：《操作》をする前の数を考えてみました。

先生：とてもすばらしい発想です。それでは，b1～200までの自然数について，結果が1になるまでの《操作》が9回になる数は全部で5つあるのですが，すべて求められますか？

太郎：えっと…… [Z] だと思います。

先生：よくできました！

太郎：どんな自然数についても，《操作》をくり返すと最後は1になるのですか？

先生：約3垓《がい》（3の後に0が20個並《なら》ぶ数）までの自然数については，《操作》をくり返すと結果が1になることがコンピュータを使って示されています。ただ，どんな自然数についてもそうなるのかは，実はまだ分かっていません。

太郎：そうなのですね。単純《たんじゅん》な計算のようで奥《おく》が深いのですね。

（1）会話文中の [X] にあてはまる内容を【例】のように答えなさい。なお，途中で改行してもかまいません。

（2）会話文中の [ア] にあてはまる数を答えなさい。

（3）会話文中の [Y] には，下線部aについての質問に対する太郎さんの答えが入ります。下線部aにあてはまる数を**3つ**答えなさい。

（4）会話文中の [Z] には，下線部bについての質問に対する太郎さんの答えが入ります。下線部bにあてはまる数を**5つ**答えなさい。

4 **図1**のような，透明《とうめい》な立方体と透明でない立方体がたくさんあり，それらの大きさはすべて同じです。次の《きまり》にしたがって，これらの立方体に「あ」～「く」の文字を書き，組み合わせて**図2**に示されているような立体を作ります。

《きまり》

・透明な立方体は２個，透明でない立方体は６個使う。
・「あ」～「く」の８種類の文字をすべて使うが，１つの立方体には１種類の文字しか使わない。
・透明な立方体には，６面のうちの１面だけに文字を書く。
・透明でない立方体には，６面すべてに同じ文字を書く。

図1

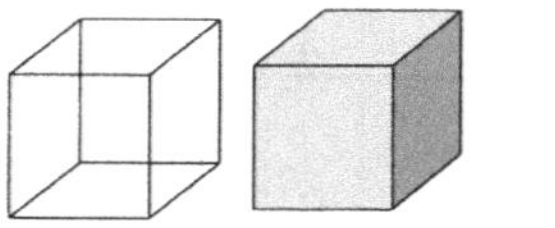

図2は文字の書き方，立方体の組み合わせ方の例で，上から見たときと，手前から見たときの文字の見え方を，それぞれ示しています。また，**図3**のように，作った立体において，上段《じょうだん》の左手前がA，下段の右奥《おく》がHのように，各立方体の位置をそれぞれ，A～Hとします。このとき，下の（１）～（３）の問いに答えなさい。

図2

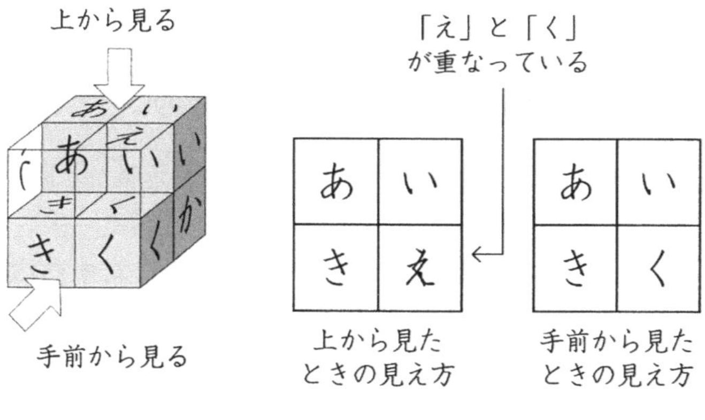

図3

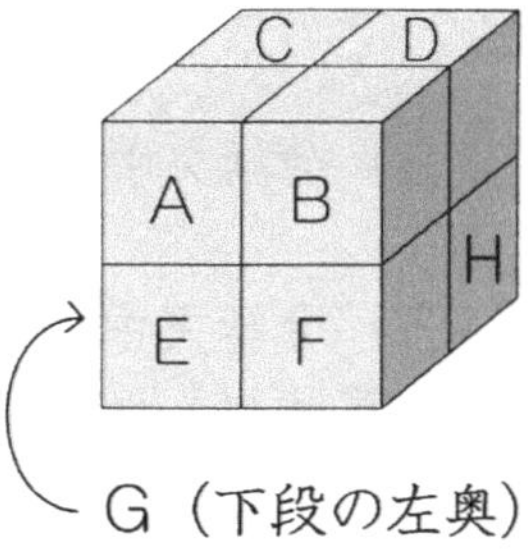

（１）立体を上から見たときと，手前から見たときの見え方が**図4**のとき，透明な立方体はどの位置にあるか，A～Hの記号で**2つ**答えなさい。

図4

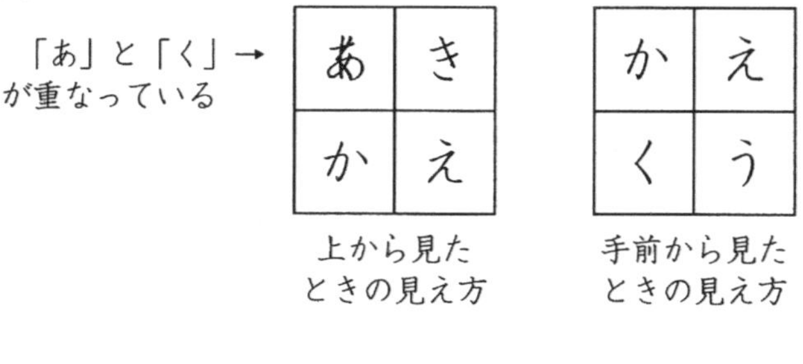

（2） 立体を上から見たときと，手前から見たときの見え方が**図5**のとき，A～Fの立方体に書かれている文字が何か，それぞれ答えなさい。ただし，**図5**からだけでは判断できない場合は，「×」で答えなさい。また，文字の向きは考えなくてもかまいません。

図5

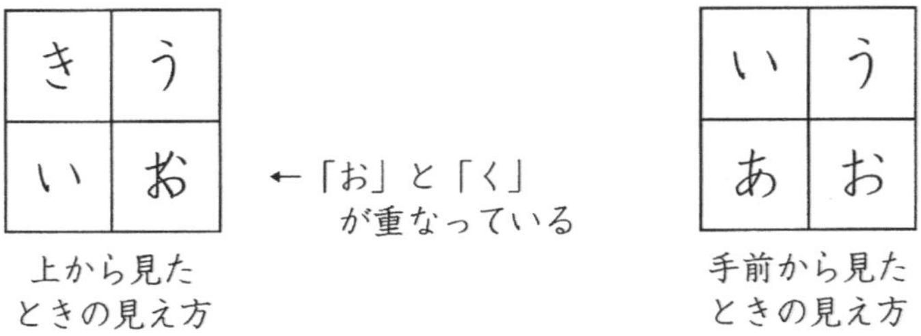

（3） 立体を上から見たときと，手前から見たときの見え方が**図6**のとき，下のア～カのことがらについて，必ず正しいものは「○」で，それ以外のものは「×」で答えなさい。ただし，この立体を手前から見たときの見え方の左半分は，**図6**のように★と▲のシールでかくされています。

図6

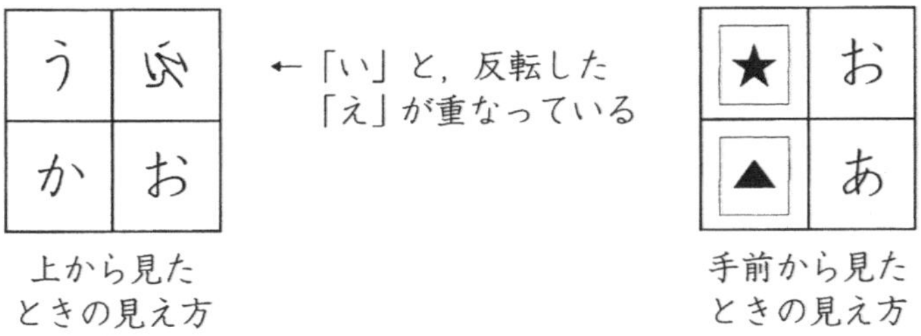

ア　Hの立方体は透明ではない。

イ　Fの立方体には「あ」の文字が書かれている。

ウ　★でかくされている部分の見え方が分かれば，Aの立方体に書かれている文字が何か，判断できる。

エ　▲でかくされている部分の見え方は，うではない。

オ　▲でかくされている部分の見え方が分かれば，Aの立方体が透明か透明でないか判断できる。

カ　**図6**に加えて，立体を左側から見たときの見え方が分かれば，すべての立方体に書かれている文字が何か，それぞれ判断できる。

【適性をみる検査Ⅲおわり】

令和4年度入学考査

適性をみる検査Ⅰ

注意

1 「解答を始めなさい」の合図があるまで、この問題用紙を開いてはいけません。

2 問題は、1ページから8ページまであります。問題用紙のあいている場所は、下書きや計算などに使用してもかまいません。

3 記入用紙は、**記入用紙1**と**記入用紙2**があります。指示にしたがい、**記入用紙1**と**記入用紙2**に、一か所ずつ受付番号を書きなさい。

4 検査時間は50分間です。

5 一・二の解答は**記入用紙1**に、三の解答は**記入用紙2**に記入しなさい。

6 記入用紙の※印のらんには何も記入してはいけません。

7 「解答をやめなさい」の合図があるまで、問題に取り組んでいてもかまいません。

京都府立中学校

一

次の文章を読んで、あとの(1)～(5)の問いに答えなさい。

(注意)　*のついている語句の説明が2ページにあります。

*マンボウは海面をプカプカと漂《ただよ》って暮《く》らしていると、長らく考えられてきた。しかし、近年の行動追跡《ついせき》により、マンボウはなんと深度800mもの深さまで潜《もぐ》ることがわかってきた。①そんな深いところでなにをしているかは、とうぜん大きな疑問《ぎもん》となる。研究者らは餌《えさ》を食べているのだろうと予想していたが、そんなところで餌を食べているマンボウを目撃《もくげき》した人はおらず、なにをどう食べているのかはだれにもわからなかった。

*「百聞は一見にしかず」というわけで、マンボウが深いところで餌を食べている証拠《しょうこ》を画像で得ようと考えた。しかし、海の深いところはまっ暗闇《くらやみ》で、特別な仕掛《しか》けもせずに写真を撮《と》ってもなにも写らないだろう。そこで、カメラにはシャッターを切るタイミングで光る*LEDの光源《こうげん》をつけて、深いところでも餌を食べる姿《すがた》が写るよう工夫《くふう》した。

(中略)

マンボウは、はたして*思惑《おもわく》どおりに深いところへと潜り、カメラに餌とする生物を写してくれた。写っていた生物はクラゲの類であり、いわゆるクラゲっぽいふつうの形のハチクラゲ類から、ラグビーボールのような形をしたクシクラゲ類まで、多様性に富んでいた。なかでも、細長い紐《ひも》のような形のクダクラゲ類がいちばん多く写っていた。

クダクラゲ類は、一般的《いっぱんてき》なクラゲと異《こと》なり、個虫とよばれる独立した個体がずらずらとつながって*群体を形成して暮らしている動物である。群体を形成する個々の個虫は、それぞれが役《やく》割《わり》を分担《ぶんたん》しているという変わった生きものである。役割ごとに異なった形態をしており、先頭には推進力《すいしんりょく》を生み出す個虫がいて、そのうしろに餌を摂《と》る役割を担《にな》う個虫が紐のように長く連なっている。その群体は、大きいものでは数十mにもなり、史上最大の動物であるシロナガスクジラよりも長い。地球最長の動物ではないかともいわれている。

マンボウの胃《い》内容物を解剖《かいぼう》して調べた研究で、深いところに住むクダクラゲ類がマンボウの胃から発見された例はない。クダクラゲ類は群体であるため、容易にバラバラになってしまうので、形として残りにくいからではないだろうか。*『翻車考《まんぼうこう》』には、マンボウの餌について「水母《クラゲ》ヲ好ンデ食イ、他ノ物食ワズ」と書いてあるが、主食はクラゲのなかでもクダクラゲ類だということがマンボウにカメラを取りつけることで初めて明らかとなったのだ。

カメラとともに取りつけた深度計の結果から、マンボウは1日になんども海面と餌のある深いところとを行き来していることがわかった。しかし、餌は深いところで食べるのに、②なぜ深いところにずっといるわけではなく海面に戻《もど》ってくる必要があるのだろうか。マンボウは魚なので、えら呼吸《こきゅう》だから息継《いきつ》ぎは必要ない。マンボウが海面に浮《う》かぶようすは『翻車考』のなかでも紹介《しょうかい》されているし、マンボウの英名であるオーシャン・サンフィッシュ(海の太陽の魚)は、浮いている状態を日光浴に見立てたことに由来するという。

一説には、海鳥に寄生虫を取ってもらうためともいわれているが、はたして潜るたびに取ってもらわないと困《こま》るほどの寄生虫が付着するものだろうか。海は深いところほど水が冷たい。マンボウが浮いている海面では水温が17℃なのに対して、マンボウがおもに餌を食べていた深度では、水温はわずか5℃～10℃である。

水温5℃といえば、寒中水泳でもめったにないような冷たさだ。人間の生存《せいぞん》可能時間もせいぜい数十分以内だろう。マンボウは*外温動物なので、深いところで餌を食べているあいだに体温が下がってしまうはずだ。だとすると、海面に戻るのは冷えた体を温めるためではないだろうか、という仮説をたててみた。そこで、放流するマンボウに、カメラと同時に体温計を取りつけ、マンボウの体温の*挙動を測ってみた。

マンボウの体温は、たしかに深いところで餌を食べているあいだにジワジワと下がっていた。

しかし、深いところの水温と同じまで体温が下がることはなかった。マンボウは体が大きいので、なかなか冷えないのだ。それにくわえて、とても分厚いマンボウの皮は、熱を逃《のが》さないために*一役買っているのではないだろうか。あるていどまで体温が下がるとマンボウは海面に戻り、下がった体温は海面で浮いているあいだに回復していた。マンボウが海面に戻るのは、予想どおり冷えた体を温めるためだったのだ。

このとき、深いところで体温の下がる速さと海面で体温の上がる速さとをくらべると、体温を回復するときのマンボウは冷えるときの3倍効率よく周りの海水と熱を交換《こうかん》していることがわかった。［　　］、海面にボーッと浮いているだけでなく、なんらかの*生理的な調節を行なって積極的に熱を取《と》り込《こ》んでいる可能性がある。このような積極的な熱の取り込みによって、マンボウは体温の回復に必要な時間を短縮《たんしゅく》し、深いところで餌を食べる時間を増やしているのだろう。

③大きなもののほうが冷めにくい。じっさい、大きなマンボウほど長時間にわたって深いところにいる傾向《けいこう》がみられた。しかし、大きなものはいったん温度が下がってしまうと、元の温度まで温めるのに長い時間が必要になる。体が大きかろうが小さかろうが、冷やされた時間と失った体温を回復するのにかかる時間の比は変わらない。

それでも、海面と深いところとをひんぱんに行き来すると移動にかかる時間がかさむ。餌を食べる時間を増やすには、できるだけ行き来の回数を減らすほうが望ましい。つまり、体が大きければ大きいほど行き来する回数を減らせるため、餌を探《さが》して食べるのに使える時間が増えるのだ。

（中《なか》村《むら》乙《いつ》水《み》「世界一大きなフグは世界一長い動物を食べる」
日本バイオロギング研究会編著《へんちょ》『バイオロギング２　動物たちの知られざる世界を探《さぐ》る』
による）

〈注〉

＊マンボウ　フグの仲間で海にすむ魚。長さは３ｍくらいで、丸く、おしつぶされたような平たい形をしている。体の上下にひれがつき出している。

＊百聞は一見にしかず　何度も聞くより、実際に一度見るほうが、ずっとよくわかる。

＊ＬＥＤ　発光ダイオード。

＊思惑《おもわく》どおり　口には出さないが、心の中にもっている考えどおり。

＊群体　多くの個体がくっついて、一つの個体のような状態になっているもの。

＊『翻車考《まんぼうこう》』　江戸《えど》時代に書かれたマンボウに関する本。

＊外温動物　外部の温度により体温が変化する動物。

＊挙動　立ち居振《ふ》る舞《ま》い。動作。様子。ここでは体温計の示す温度の上がり下がりのこと。

＊一役買っている　一つの役割を自分から引き受けている。

＊生理的な　体の組織やはたらきに関するような。

(1) ――線部①に「そんな深いところでなにをしているかは、とうぜん大きな疑問となる」とありますが、この疑問の答えとして、分かったことはどのようなことですか。最も適切なものを、次のア～エから一つ選び、記号で答えなさい。

ア　海の深いところはまっ暗闇なので、写真に写るようにLEDの光源をつけて撮影《さつえい》する必要があるということ。

イ　マンボウは深度800mもの深さまで潜り、クラゲの類と群体を形成して暮らしているということ。

ウ　マンボウは海の深いところと海面とを1日になんども行き来しているということ。

エ　マンボウは海に深く潜って餌を食べており、主食はクラゲのなかでもクダクラゲ類だということ。

(2) ――線部②の「なぜ深いところにずっといるわけではなく海面に戻ってくる必要があるのだろうか」について、次のⅠ、Ⅱの問いに答えなさい。

Ⅰ　筆者はこの疑問に対して、どのような仮説を立てて実験をしようとしていますか。本文中から十八字でぬき出して答えなさい。

（注意）句読点（。、）やかぎ（「」）などの記号は、それぞれ字数に数えます。

Ⅱ　筆者はその仮説をどのように確かめていますか。最も適切なものを、次のア～エから一つ選び、記号で答えなさい。

ア　マンボウにカメラと同時に体温計を取り付けて、体温を測定した。

イ　マンボウの生存可能時間を計測して、何分生きられるのか調べた。

ウ　海鳥に寄生虫を取ってもらっているか、マンボウを観察した。

エ　海中におけるマンボウと人間の体温の変化のしかたをくらべた。

(3) 空らん□に入る言葉として最も適切なものを、次のア～エから一つ選び、記号で答えなさい。

ア　そして　　イ　しかし　　ウ　つまり　　エ　また

(4) ――線部③に「大きなもののほうが冷めにくい」とありますが、体が大きく体温が下がりにくいことによってマンボウにはどのような利点が生まれますか。三十字以上、四十字以内で答えなさい。

（注意）句読点（。、）やかぎ（「」）などの記号は、それぞれ字数に数えます。

(5) この文章における筆者の述べ方として最も適切なものを、次のア～エから一つ選び、記号で答えなさい。

ア　実験の説明において、疑問とそれを解決する結論《けつろん》のみを提示している。

イ　実験をするたびに、『翻車考』に書かれたことから疑問を提起し、説明している。

ウ　実験により一つの疑問が解決しても、新たな疑問を持ち、提示している。

エ　他の可能性を考えるのではなく、調べて分かったことを説明している。

二 次の**文章1**を読んで、あとの(1)～(3)の問いに答えなさい。

（注意） ＊のついている語句の説明が5～6ページにあります。

文章1

私《わたし》たちは、①一人ひとりが無数の知られざる「情報」をもっています。私が朝何を食べたか、私はどういう友人関係をもっているか、私は今の政治についてどう考えているか、私は地域社《ちいきしゃ》会《かい》のなかでどんな役割《やくわり》を果たしているか、私の職場ではどんな隠《かく》れたルールがあるか。どうでもよさそうな情報から大事な情報まで、私たち一人ひとりは、数え切れないほどの情報をもっています。しかし、そうした情報は、一部は自分しか知らないし、一部は身近な人しか知りません。それらの情報は、ほとんどどこにも「書いて」いませんし、誰《だれ》かから調査を受けたこともありません。＊SNSに＊頻繁《ひんぱん》に文章を上げている人でさえ、実際に上げているのはもっている情報のごくごく一部でしょう。

調べる側からすれば、ある事象について調べたいと思った場合、それがすでにあらゆる角度からあらゆることについて書かれていることはまずありません。

世の中の情報の九九・九%は、書かれないまま、眠《ねむ》っています。

と考えれば、私たちのもつ「常識」は案外狭《せま》い情報や知識によるもので、ある意味、ほとんどが思《おも》い込《こ》みだとさえ言えるかもしれません。

私たち一人ひとりの認識《にんしき》、たとえば今の世の中はもっとこうあるべきだとか、最近の社会はこんな傾向《けいこう》があるとかいった認識が、いったい何をもとにできあがっているのか、もう一度考えてみてもよいかもしれません。どの人の認識の形成＊プロセスも簡単《かんたん》ではないと思いますが、おそらく、家族、友人関係のなかでつちかわれた感覚、学校、メディア、その他からの情報、そういった案外限られたもののなかから形成されていると思ったほうがよいかもしれません。

自分の認識から外れるような情報に接したとき、私たちは「そんな話、聞いたことがない」と、無視《むし》したがる傾向にあります。しかし、それは、ただ「聞く」、「調べる」という作業をしていないために情報が入らなかっただけだと考えたほうがよいでしょう。テレビのニュースを見て、ネットを眺《なが》めているだけでさまざまなことがわかるなどということは、まずありえません。

○○問題をめぐって住民どうしが対立している、という報道に接し、実際に行ってみて、いろいろな人に詳《くわ》しく聞いてみると、じつは「対立」ではなく「意見の＊相違《そうい》」くらいで、しかも意見は二つにわかれているのではなく、三つにも四つにもわかれている、ということがわかったりします。そもそも「○○問題」というフレーム（枠組《わくぐ》み）すらあやしい、ということも見えてきます。

このように、現場に出かけ、見て、話を聞くことで実際の姿《すがた》に＊迫《せま》ろうとすること、それがフィールドワークです。

フィールドワーク、と一言で言っても、いろいろなものがあります。山のなかに入ってどんな植物が生えているか調べるのもフィールドワークですし、大都市の駅前で人の流れを観察するのもフィールドワークでしょう。一軒《いっけん》一軒訪《たず》ねて話を聞くというフィールドワークもありますし、企業《きぎょう》や行政に対してインタビューを行うのもフィールドワークです。ある＊NPOの活動にしばらく参加させてもらって、なかから観察するのもフィールドワークですし、工場に入って一緒《いっしょ》に働いてみるというのもフィールドワークです。

ところで、こうしたフィールドワークを経験した人の多くが実感することがあります。それは、フィールドワークをすることで、単に現場でデータを得るということ以上のものが得られる、という実感です。「現場がやはり大事だ」と経験者はよく言います。

単にデータを得るということ以上のものがある、とはどういうことでしょうか。

一つには、現場では、単にデータが得られるだけでなく、私たちがもっているフレーム（考え方の枠組み）そのものが壊《こわ》れたり再構築されたりすることが多いということです。フレームは、おおまかな仮説と言ってもよいかもしれません。こういうことを知りたくて、現場に行く。こういうことを考えて、フィールドで調査する。すると、その「こういうこと」の*妥当性《だとうせい》がそこで揺《ゆ》らぐのです。これは人がとってきたデータだけを見たり、*遠隔《えんかく》で調べたりしているときには生じにくい現象です。

現場に身を置いて、現場の雑多な「ものごと」に注意深く耳を傾《かたむ》けることで、私たちのなかにあった仮説、調査の前提として考えていたフレームが壊れていきます。

現場は、でこぼこしています。あらかじめ読んでいた*文献《ぶんけん》の知識を*たずさえて現場に行ってみると、文献に書かれているような単純《たんじゅん》なことではないことがわかります。そのでこぼこさに身を置くことによって、あらかじめもっていたフレームが壊れ、また、修正を*余儀《よぎ》なくされます。

あらかじめつくっていた*調《ちょう》査《さ》事《じ》項《こう》を修正し、フレームを修正し、さらに調査が続きます。調査のプロセスでは、フレームは何度も何度も修正する必要が出てきます。それがフィールドワークのおもしろさです。

とくに人びとにかかわる調査、社会にかかわる調査では、私たちがどんなフレームをもっていようとも、調べる対象である人びとも彼《かれ》ら自身のフレームをもっています。私たちが社会を解釈《かいしゃく》しようとする前に、人びとも、社会を解釈しているのです。こちらの解釈と人びとの解釈がぶつかりあい、ひびきあうことで、新しい解釈が生まれます。このプロセスはとても大事で、②フィールドワークなしの認識が信用できないのは、そうしたプロセスを経ていないからです。

さらに、フィールドワークはそういう性質ゆえに、「学び」の場としての機能も強くもっています。

私たちは、知りたいことすべてについてフィールドワークをすることはできません。しかし、フィールドワークの経験によって、そうやって雑多な情報がうごめく現場の感覚、そこからフレームが壊れ再構築されていく感覚を身につけることができます。*論文《ろんぶん》や記事を読む際にも、メディアの情報に接する際にも、そうしたフィールドワーク感覚が、それらを*批判的《ひはんてき》に読む*素地になります。フィールドワークには、認識を深化させる練習場としての機能があると言えるでしょう。

（宮内泰介《みやうちたいすけ》・上田昌文《うえだあきふみ》『実践《じっせん》　自分で調べる技術』岩波新書による）

〈注〉

*SNS　インターネット上でコミュニケーションができるようにするサービス。
*頻繁《ひんぱん》に　数多く、くり返して。
*プロセス　物事を進める過程。
*相違《そうい》　ちがい。
*迫《せま》ろう　近づこう。
*NPO　社会のために活動することを目的として作られた団体。
*妥当性《だとうせい》　考えや判断がその場の状況《じょうきょう》にあてはまり、ふさわしいものであるということ。
*遠隔《えんかく》　遠くはなれている場所。
*文献《ぶんけん》　調べるときに使う書物や文書。
*たずさえて　身につけて。
*余儀《よぎ》なく　それ以外にとれる方法がなく。
*調《ちょう》査《さ》事《じ》項《こう》　調査しようとする内容を小さく分けた、一つ一つのまとまり。

＊論文《ろんぶん》　あるテーマについての意見や研究の結果などを、正しく順序立てて述べた文章。
＊批判的《ひはんてき》に　正しいか正しくないかを深く考え、判断しようとする態度で。
＊素地　何かをするときのもとになるもの。

(1) ——線部①に「一人ひとりが無数の知られざる「情報」をもっています」とありますが、その「情報」について筆者はどのように述べていますか。最も適切なものを、次のア～エから一つ選び、記号で答えなさい。

ア　一人ひとりがもっている情報は無数にあるものの、どの人がもっている情報もほとんど同じなので、文章に書こうとしない。

イ　数えきれないほどの情報を一人ひとりがもっているが、それがどれほど大事な情報なのかを知らないまま、人は生活している。

ウ　一人ひとりがもっている無数の情報のうち、他の人が読んだり聞いたりして知ることのできる情報はとても少ない。

エ　数えきれないほどの情報がSNSにあり、それをどの人も読むことができるので、一人ひとりがあらゆる情報をもっているということができる。

(2) ——線部②に「フィールドワークなしの認識が信用できないのは、そうしたプロセスを経ていないからです」とありますが、フィールドワークを行って社会にかかわる調査をする人の解釈について、どのようなプロセスを経ると筆者は述べていますか。最も適切なものを、次のア～エから一つ選び、記号で答えなさい。

ア　調査の対象である人びとの解釈などの影響《えいきょう》を受けて、それまでもっていたフレームが修正され、新しい解釈になるというプロセス。

イ　調査の対象である人びとの解釈などと対立して、正しいフレームではないことがわかると、新しい解釈に入れかわるが、フレームはそのまま使い続けるというプロセス。

ウ　調査の対象である人びとの解釈などとぶつかり、フレームの修正は必要になるが、新しい解釈にする必要はないとわかるというプロセス。

エ　調査の対象である人びとの解釈などよりもすぐれていることがわかり、別の解釈などの影響を受けにくくなるというプロセス。

(3) 中学一年生の山田《やまだ》さんは、総合的な学習の時間に、自分が遊びの場として使う公園の美化をテーマに調べ学習を行いました。そして、学習が終わってから、調べ学習をして学んだことや考えたことを学級で発表しました。次の文章は、その発表原こうの一部です。これを読んで、あとのⅠ～Ⅲの問いに答えなさい。なお、**文章2（発表原こうの一部）**の1～6の数字は、段落《だんらく》の番号を表します。

文章2（発表原こうの一部）

1　私は、調べ学習の初めには、自主的にごみひろいなどをすれば公園はもっときれいになるのではないかと考えていました。そこで、調べ学習の初めに、自主的なごみひろいを行うことにし、その計画を立てました。そして、公園を管理している市役所の川口《かわぐち》さんにお会いして、自分の計画を話し、ご意見をうかがいました。

2　川口さんからは、自分だけでごみひろいをするのも良いが、同じ公園で町内の方が美化活動をなさっているので、一度参加してはどうかと提案していただきました。美化活動といっても、自分が計画した、個人で行うごみひろいと同じものなのではないかとも思いましたが、実際の活動を知ることができ、ごみをひろう道具も用意してもらえるので、参加することにしました。

3　町内の方は、公園での美化活動を毎週三回なさっていました。参加した当日、一緒に活動をしてくださった町内の佐藤《さとう》さんは、ごみが多い日もあるが、参加した人が協力して活動するので意欲《いよく》が高くなり、次回の活動にも参加したいと思えること、また、この活動は、きれいな町を自分たちで作るために行っており、公園は町の人が毎日使う場所であるので、ずっと続けていくことがとても大切だということを話してくださいました。

4　調べ学習の初めには、自分でごみひろいをして、その一回のごみひろいで集まるごみの量や、ごみの種類のデータをとればよいと考えていました。しかし、実際の美化活動に参加し、川口さんや佐藤さんのお話をうかがったことで、公園の美化についての考えが変わりました。そこで、美化活動を続けていくために必要なことや工夫《くふう》されていることは何かを中心にして調べ学習を進めることにしました。

5　調べ学習を終えて、自分たちで町を作っているという思いを多くの人がもち、毎日使う場所であるということを考えて活動を続けていらっしゃるから、公園の美化がたもたれているのだと考えています。

6　私たちが毎日目にする、テレビや新聞などのメディアでは、美化活動を始めとして、地域で行われている様々な活動が取り上げられます。そのような情報に接する時には、実際の現場で行われていることを想像しながら見たり読んだりして、今回の調べ学習で学んだように、自分のものの見方を広げていきたいと思います。

Ⅰ　**文章2（発表原こうの一部）**の中で、山田さんが町内の美化活動を体験したあとで行った、調査事項の修正について書いているのはどの段落ですか。最も適切なものを一つ選び、1～6の数字で答えなさい。

Ⅱ　山田さんは、学級で発表した後に**文章1**を読み、自分の調べ学習について、深く考えることができました。そして、山田さんの「そのような情報に接する時には、実際の現場で行われていることを想像しながら見たり読んだりして、今回の調べ学習で学んだように、自分のものの見方を広げていきたい」という思いは、**文章1**の言葉を使って、次の文のように表現できることに気付きました。次の文の空らん［　　］にあてはまる内容として最も適切なものを、**文章1**から十字でぬき出して答えなさい。

（注意）句読点（。、）やかぎ（「」）などの記号は、それぞれ字数に数えます。

　メディアの情報に接する時には、今回の調べ学習の経験をとおして身につけた［　　］を役立てていきたい。

Ⅲ　山田さんが調べ学習の初めに公園の美化についてもっていたフレームは、町内の美化活動に参加することによって修正され、具体的にどのようなものに再構築されましたか。次の文の空らん［　　］にあてはまるように、**文章2（発表原こうの一部）**の言葉を使って、四十五字以上、五十五字以内で答えなさい。

（注意）句読点（。、）やかぎ（「」）などの記号は、それぞれ字数に数えます。

　山田さんは、公園の美化について、調べ学習の初めには、自主的にごみひろいをすれば公園はきれいになるというフレームをもっていたが、そのフレームは、町内の美化活動に参加することによって、［　　］というフレームに再構築された。

三　これからの日本の社会は、人口の減少や人工知能の飛躍的《ひやくてき》な進化などにより、大きく変化することが予想されます。そのような社会を生きていくために、これから自分たちはどのような学び方をすべきかについて、青木《あおき》さんと井上《いのうえ》さんの二人が、次のような意見を述べています。

青木さん	自分のやりたいことを突《つ》き詰《つ》めて学び、自分の強みを持つべきだ。他の人にはない専門性《せんもんせい》を身につけて、それを将来《しょうらい》の社会でいかす方法を考えるのが良いと思う。
井上さん	物事を幅広《はばひろ》く学び、どんなことにも対応できるようにすべきだ。自分の興味のないことでも、学んでおけば役に立つし、社会がどのように変化しても困《こま》らないと思う。

これから自分たちはどのような学び方をすべきかについて、あなたの考えは、どちらの意見に近いですか。どちらの意見に近いかを明らかにした上で、あなたの考えを、そう考える理由とともに、**記入用紙2**に、三百六十一字以上、四百五十字以内（二十五行以上、三十行以内）で書きなさい。

〈書き方の注意〉

①　題や氏名は書かないで、一行目から書き始めます。
②　段落《だんらく》をかえるときの残りのます目は、字数として数えます。
③　最後の段落の残りのます目は、字数として数えません。

【適性をみる検査Ⅰおわり】

令和４年度入学考査

適性をみる検査Ⅱ

注　意

１　「解答を始めなさい」の合図があるまで，この問題用紙を開いてはいけません。

２　問題は，１ページから14ページまであります。問題用紙のあいている場所は，下書きや計算などに使用してもかまいません。

３　記入用紙は，**記入用紙１**と**記入用紙２**があります。指示にしたがい，**記入用紙１**には２か所に，**記入用紙２**には１か所に受付番号を書きなさい。

４　検査時間は50分間です。

５　**1**・**2**の解答は**記入用紙１**に，**3**の解答は**記入用紙２**に記入しなさい。

６　記入用紙の※印のらんには何も記入してはいけません。

７　「解答をやめなさい」の合図があるまで，問題に取り組んでいてもかまいません。

1 たろうさんのクラスでは，クラス全体で決めたある発表テーマにそって学習をすすめ，社会の時間にグループ発表を行いました。次の**【発表１】**～**【発表３】**について，あとの（１）～（８）の問いに答えなさい。

【発表１】

たろう：私《わたし》たちのグループは「日本の農業の課題」について調べました。**資料１**は「日本の農家数のうつりかわり」を，**資料２**は「日本の年れい別農業人口のうつりかわり」をそれぞれ５年ごとに表したグラフです。このグラフを見てください。

り　か：**資料１**をみると，日本の農家数は平成７年から平成27年にかけて減少していることが分かります。

たろう：**資料２**をみると，15歳《さい》～64歳の農業人口が大幅《おおはば》に減っています。働く人を増やすための取り組みもさかんに行われていますが，ａ<u>働き手は増えていない</u>ようです。

資料１　日本の農家数のうつりかわり

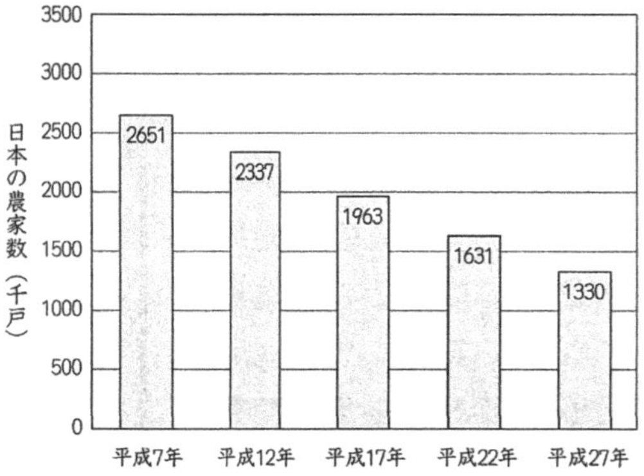

資料２　日本の年れい別農業人口のうつりかわり

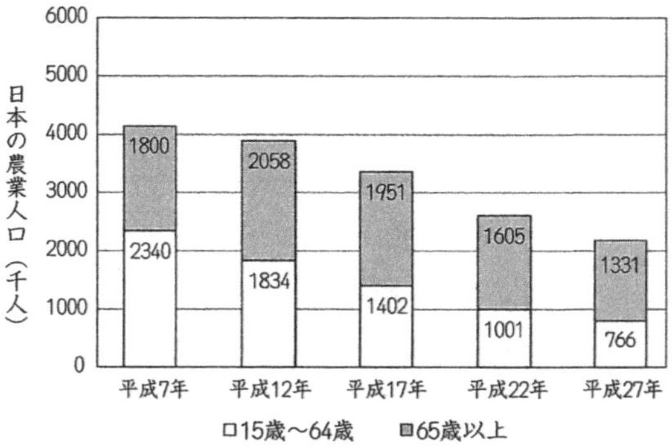

（農林水産省農林業センサスより作成）

（１）**【発表１】**に関連して，**資料１**と**資料２**からわかることとして適切なものを次のア～オから**２つ**選び，記号で答えなさい。

ア　平成７年から平成27年までを５年ごとにみると，日本の農家数は約50万戸ずつ，日本の農業人口は約50万人ずつ減少している。

イ　日本の農家数は平成12年から平成17年の５年間で最も大きく減少し，日本の農業人口も平成12年から平成17年の５年間で最も大きく減少している。

ウ　平成７年の日本の農業人口における65歳以上がしめる割合《わりあい》にくらべて，平成22年の日本の農業人口における65歳以上がしめる割合は高くなっている。

エ　15歳～64歳の日本の農業人口は減少し続け，平成27年には日本の農業人口全体の約６割になった。

オ　平成７年から平成27年までの20年間で日本の農家数と日本の農業人口はともに約半数に減少した。

（２）**【発表１】**中の下線部ａについて，農業人口がこのまま減っていくと日本が国内で生産する農産物の量と輸入する食料の量の関係はどのように変化すると考えられるか，「輸入」「食料自給率」という２つの言葉を必ず用いて答えなさい。

【発表２】

りょう：私たちのグループでは，私たちがくらしている京都《きょうと》府に注目し，「茶の生産量」について調べました。京都府は，全国で最も多く茶を生産している都道府県だと考えていました。しかし，**資料３**「茶の生産量上位10都道府県」を見ると，茶の生産量は静《しず》岡《おか》県や鹿児島《かごしま》県の方が京都府より何倍も多いことが分かりました。

みか：茶の生産量が多い都道府県は，静岡県や三重《みえ》県のように（　①　）に面している県が多く，（　②　）気候のところが多くみられます。一方で，（　③　）県のように海に面していない内陸の県の中でもさかんに生産されているところがあります。

資料３　茶の生産量上位10都道府県［全国の茶の総生産量は83,600トン］

順位	都道府県	生産量	順位	都道府県	生産量
１位	静岡県	33,100トン	６位	福岡《ふくおか》県	2,170トン
２位	鹿児島県	24,600トン	７位	奈良《なら》県	1,810トン
３位	三重県	6,770トン	８位	佐賀《さが》県	1,350トン
４位	宮崎《みやざき》県	3,870トン	９位	熊本《くまもと》県	1,300トン
５位	京都府	2,920トン	10位	愛知《あいち》県	908トン

（農林水産省作物統計調査 平成26年産作物統計より作成）

（３）**【発表２】**に関連して，**資料３**について説明したものとして正しいものを次のア～オから**すべて**選び，記号で答えなさい。

ア　茶の生産量が多い都道府県は，九州《きゅうしゅう》地方や近畿《きんき》地方，中部《ちゅうぶ》地方に多く，静岡県と鹿児島県で全国の生産量の半分以上をしめる。

イ　京都府の茶の生産量は，静岡県の約５分の１，鹿児島県の約４分の１ほどだが，近畿地方では三重県に次いで２番目に多い。

ウ　京都府の茶の生産量は，関東《かんとう》地方で最も多い都道府県の生産量にくらべて，約２倍である。

エ　茶の生産量が全国の上位５位までの都道府県の中には，都道府県名と都道《とどう》府県庁《ふけんちょう》所在地名が異《こと》なるところがある。

オ　静岡県の茶の生産量は，近畿地方の茶の生産量上位３府県の生産量の合計よりも多い。

（４）**【発表２】**中の（　①　）～（　③　）に入る語句を，①はア～エ，②はオ～ク，③はケ～シからそれぞれ１つずつ選び，記号で答えなさい。

ア　オホーツク海	イ　東シナ海	ウ　日本海	エ　太平洋
オ　さむい	カ　あたたかい	キ　雪が多い	ク　雨が少ない
ケ　奈良	コ　佐賀	サ　熊本	シ　愛知

【発表３】

ひなた：	私たちのグループでは「日本の商業」をとりあげて，どのようなところで商業が発展《はってん》したかを調べました。
あつし：	ものがたくさんつくられるようになると，都などの人が多く集まる場所では市《いち》が開かれるようになり，多くの人でにぎわいました。また，まちとまちを結ぶ道には多くの人が行き来し，農産物をはじめとしたさまざまなものが運ばれました。b江戸《えど》時代になると幕府《ばくふ》がc五街道《ごかいどう》を整え，旅をする人が泊《と》まる宿場町《しゅくばまち》などが栄えるようになりました。
ひなた：	今も大きな都市と都市を結ぶ道路沿《ぞ》いには，多くのお店があります。しかし，そうした道路が通っていない町の商店街からは，しだいに活気《かっき》が失われつつあります。
あつし：	現在，町を活性化《かっせいか》するために，d各地の商店街では地域《ちいき》の特色を活《い》かしたさまざまな取り組みを行っています。どんな取り組みがあるか，調べてみようと思います。

（５）**【発表３】**中の下線部bについて，江戸時代の農民たちのようすを説明した文として正しいものを，次のア～オから**すべて**選びなさい。

ア　豊作《ほうさく》を祈《いの》っておどる田楽《でんがく》が行われるようになり，農民たちは村ごとに武士や商人たちとともに田植えをした。

イ　稲《いね》の収穫高《しゅうかくだか》の約３％や布，地方の特産物《とくさんぶつ》を税として納《おさ》め，農民たちが都や九州を守る兵士の役割《やくわり》をつとめた。

ウ　名主《なぬし》（庄屋《しょうや》）とよばれる村の有力者を中心に農民たちが村の運営を行い，収穫の半分ほどを年貢《ねんぐ》として納めた。

エ　農民たちは稲や麦を脱穀《だっこく》する千歯《せんば》こきなどの改良した農具をつかい，農作業がはやく楽にできるようになった。

オ　農民たちは石包丁《いしぼうちょう》を使って稲の穂《ほ》をかり取ったり，木でつくられたくわで土地を耕したりするようになった。

（６）**【発表３】**中の下線部cについて，五街道のひとつである東海道《とうかいどう》の風景を浮世《うきよ》絵《え》『東海道五十三次《とうかいどうごじゅうさんつぎ》』にえがいた人物の名前を**ひらがな８文字**で答えなさい。

（7）**【発表３】**中の下線部ｄについて，ひなたさんたちはある商店街の活性化のために話し合いを行い，「商店街の現状」と「商店街の活性化にむけた取り組み」について考えました。次の**メモ**はその内容を書きとめたものです。また，下の**表**はその話し合いで出た意見を整理したものです。**表**中の①～④にあてはまるものを，下のア～エからそれぞれ１つずつ選び，記号で答えなさい。ただし，①～④の中に同じ記号は入りません。

メモ

１　商店街の現状
- それぞれのお店の宣伝《せんでん》は，紙のちらしによるものだけである。
- それぞれのお店が独自のポイントカードを発行し，利用者の名簿《めいぼ》を作成し管理している。
- それぞれのお店の人が定期的に集まり，いっしょに商店街の美化や安全管理を行っている。
- どのお店にもホームページ（ウェブサイト）がなく，商店街全体を紹介《しょうかい》する情報がない。
- 商店街を訪《おとず》れた人がスマートフォンを使ってお店や催《もよお》しものの情報を手に入れられずに困《こま》っている。

２　商店街の活性化にむけた取り組み

　多くの人がスマートフォンやタブレットを使って，いつでも気軽《きがる》に商店街にあるお店や催しものの情報を手に入れられるようにする。

ア　商店街を訪れた人がお店の並《なら》びを商店街のホームページで確認できるようにする。
イ　それぞれのお店が得た個人情報は，商店街で共有せずにそれぞれのお店で管理する。
ウ　それぞれのお店がＳＮＳを使って情報を発信する。
エ　商店街を訪れた人が快適に過ごせるように清掃《せいそう》活動や照明の点検を行う。

表

	現在すでに取り組んでいる活動	今後取り組みをはじめるべき活動
商店街のお店が合同で取り組む活動	①	②
それぞれのお店が個別に取り組む活動	③	④

（8）**【発表１】**から**【発表３】**の内容をふまえて，クラス全体の発表テーマとして最も適切なものを，次のア～オから１つ選び，記号で答えなさい。

ア　世界の国々との交流について
イ　政治のしくみやはたらきについて
ウ　日本の国土の特色と環境《かんきょう》について
エ　産業のようすやこれからの課題について
オ　これからの私たちのくらしと文化について

2　一郎《いちろう》さんは，自由研究として，水よう液にとけているものを取り出そうと考えて，インターネットや実験によって調べたことをもとにして，次の**レポート**を作成しました。これについて，あとの（1）～（5）の問いに答えなさい。

レポート

1　【実験の前に調べたことと考えたこと】

ものが水にとける量には限りがあり，その量は水の量や水の温度，ものの種類によってちがいます。私《わたし》が調べた資料では，食塩とミョウバンが水にとける量は，次の**表1**や**表2**のようになっていました。

表1　水の量とものがとける量
（水の温度が 40 ℃のとき）

水の量（mL）	50	100	150
食塩がとける量（g）	18	36	54
ミョウバンがとける量（g）	12	24	36

表2　水の温度とものがとける量
（水の量が 50 mL とき）

水の温度（℃）	20	40	60
食塩がとける量（g）	18	18	19
ミョウバンがとける量（g）	6	12	29

右の**図1**は**表1**が示しているもののうち，ミョウバンについて，水の量とミョウバンがとける量を棒《ぼう》グラフにしたものです。**表1**や**図1**を見ると，水の量とものがとける量には規則性があり，その規則性と**表2**をもとにすると，「水の温度が 20 ℃のときの水の量とミョウバンがとける量の関係」や「水の温度が 60 ℃のときの水の量と食塩がとける量の関係」が予想できると考えられます。

図1　水の量とミョウバンがとける量
（水の温度が 40 ℃のとき）

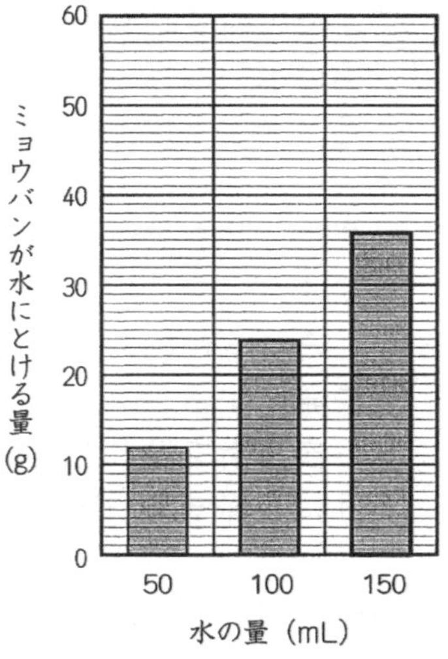

2　【実験の方法】

２つのビーカーに 60 ℃まであたためた水を 100 mL ずつはかって入れ，一方に食塩，もう一方にミョウバンをそれぞれ 30 g ずつとかして水よう液をつくる。その後，水よう液を 20 ℃まで冷やして，ビーカーの底に固体ができるかどうかを観察する。固体ができた場合は，ろ過を行って固体を取り出す。

3　【実験の結果】

【実験の方法】にしたがって，ビーカーの底を観察したところ，一方のビーカーの底には固体ができていたのでろ過を行って固体を取り出しましたが，もう一方のビーカーの底には固体が見られませんでした。

（1）**レポート**の中の下線部にあるように，一郎さんは水の量とミョウバンがとける量に規則性があると考えました。その規則性と**表２**をもとにして，「水の温度が20℃のときの水の量とミョウバンがとける量の関係」を表そうと考え，右の**図２**を作成しました。この規則性について，次のⅠ～Ⅲの各問いに答えなさい。

図２　水の量とミョウバンがとける量
（水の温度が 20 ℃のとき）

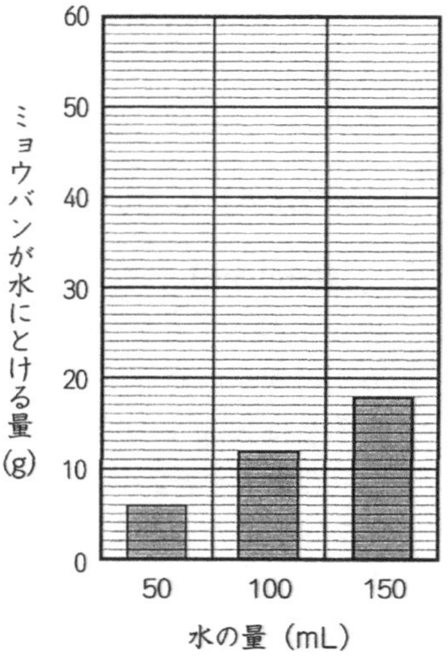

Ⅰ　一郎さんが**図２**を作成するときにもとにした規則性とはどのようなものと考えられますか，説明しなさい。

Ⅱ　一郎さんが考えた規則性と**表２**をもとに，一郎さんが**図２**を作成したのと同じようにして，「水の温度が**60 ℃**のときの水の量と**食塩**がとける量の関係」を表す棒グラフをかきなさい。

Ⅲ　**図２**を作成した後，一郎さんはものが水にとける量のよりくわしい数《すう》値《ち》について考察して，次の**メモ**を書きました。文章中の①，②にあてはまる数をそれぞれ答えなさい。

メモ

私は**図２**を作成するときに，**表２**で「水の温度が 20 ℃のとき，50 mL の水にとけるミョウバンの量は６g」と示されていることをもとにして，「水の温度が 20 ℃のとき，100 mL の水にとけるミョウバンの量は 12 g」だと考えました。しかし，よりくわしい数値まで調べると，「水の温度が 20 ℃のとき，50 mL の水にとけるミョウバンの量」は「5.9 g」であるという可能性もありますし，あるいは「6.2 g」という可能性もあります。 くわしい数値まで調べたときの「水の温度が 20 ℃のとき，50 mL の水にとけるミョウバンの量」の数値が最も小さいときで「5.5 g」，最も大きいときで「6.5 g」までのはばがあるとすると，「水の温度が 20 ℃のとき，100 mL の水にとけるミョウバンの量」の数値は最も小さいときで「（　①　）g」，最も大きいときで「（　②　）g」までのはばがあると考えた方がよいのではないかと考えられます。

（2）次の**【実験の結果】についてのメモ**は，**レポート**を作成した後に一郎さんが考えたことを文章にしたものです。文章中の①，②にあてはまる語句の組み合わせとして最も適切なものを，下のア～エから１つ選び，記号で答えなさい。また，文章中の［　　X　　］にあてはまる内容として適切なものを，下のカ，キから１つ選び，記号で答えなさい。

【実験の結果】についてのメモ

> **【実験の方法】**にもとづいて実験を行った結果，食塩とミョウバンのうち，（　①　）をとかした水よう液を冷やした方のビーカーの底に固体ができていましたが，もう一方のビーカーの底には固体はできていませんでした。これは，20℃の水 100 mL に（　②　）がとける量は 30 g より多いのに，もう一方はとける量が 30 g より少ないからだと考えられます。これは**表１**や**表２**からも言えそうです。なお，ろ過を行って，（　①　）をとかした水よう液を冷やした方のビーカーの底に見られた固体を取り出しましたが，このとき，ろ紙を通ってろうとの下から出てきた液を別のビーカーにためました。この液には，（　①　）は［　　X　　］と考えられます。

	ア	イ	ウ	エ
①	食塩	ミョウバン	食塩	ミョウバン
②	食塩	ミョウバン	ミョウバン	食塩

カ　入っている　　　キ　入っていない

（3）一郎さんは，**【実験の方法】**にもとづいて実験を行ったときに固体を取り出すことができなかった方の水よう液から固体を取り出そうと考えました。インターネットで調べたところ，「水よう液をしばらく放置して水を蒸発《じょうはつ》させる」という方法を見つけました。この方法では，よく晴れた日の日中は水がはやく蒸発すると書かれていました。

晴れた日とくもりの日で何がちがうのかが気になった一郎さんは，それぞれの天気の日の気温について比較《ひかく》することにしました。そこで，一郎さんは２つの日，**A**，**B**について２時間ごとの気温を調べました。**図３**は，この２つの日，**A**，**B**それぞれの１日の気温の変化を表したものです。**A**，**B**のうち一方の日の天気は「晴れ」，もう一方は「くもり」で，それぞれ晴れた日とくもりの日の気温の変化の特ちょうがあらわれています。「晴れ」の日の気温の変化をあらわしたグラフはどちらですか，**A**または**B**の記号で答えなさい。ただし，１日の平均の気温は**A**も**B**もほぼ同じです。

図３

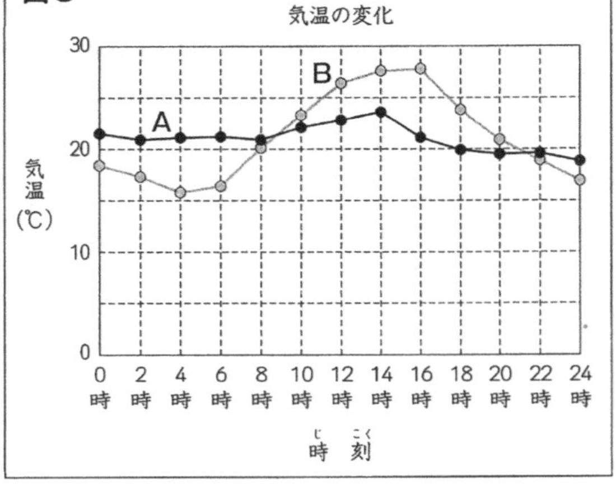

（4）一郎さんは，晴れていて風通しがよいときほど洗たくものがはやくかわくことをヒントに，プロペラ付きモーターを使って，水をはやく蒸発させようと考えました。まず，右の**図4**のような装《そう》置《ち》をつくり，光電池に光を当てたところ，プロペラがまわり，水よう液に風を当てることができました。一郎さんはさらに工《く》夫《ふう》を加え，**図4**の装置を改良して，「日光が当たっている間は光電池によってモーターを回して風を水よう液に当てる。くもっていたり雨が降《ふ》っていたりして光電池ではモーターが回らないときは，スイッチを入れて，かん電池によってモーターを回して風を水よう液に当てる」ことができる装置を作って，日当たりがよい窓《まど》ぎわに置いて，水よう液に風を当てました。一郎さんが作った装置のようすを表したものとして，最も適切なものを，次のア～カから1つ選び，記号で答えなさい。

図4

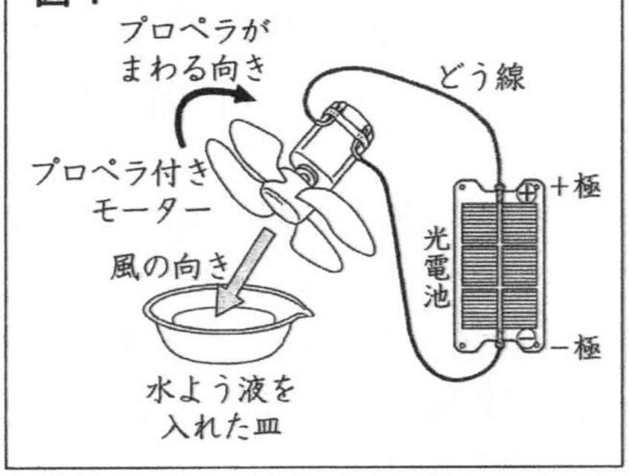

ア

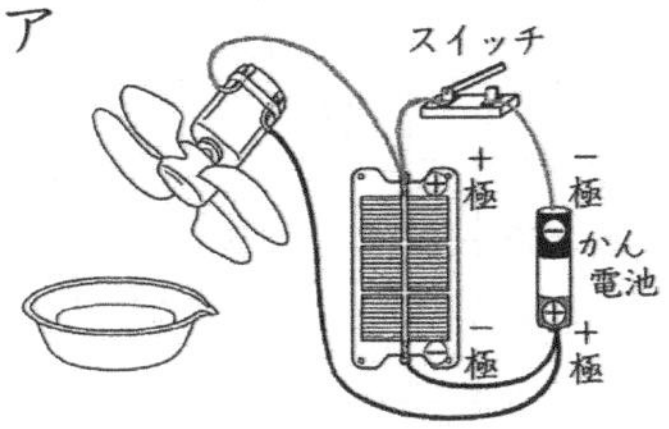

イ

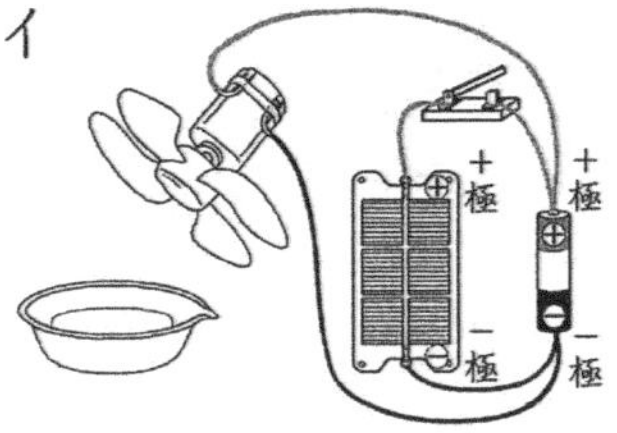

ウ

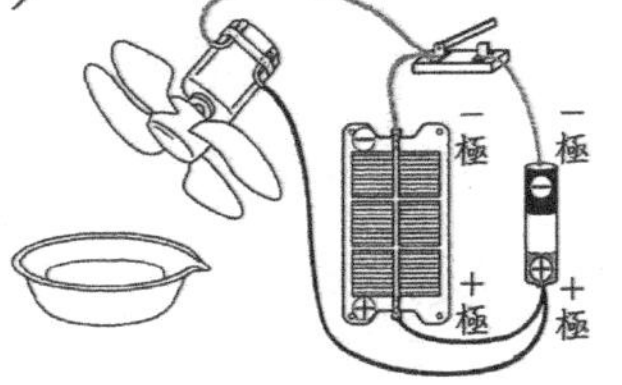

エ

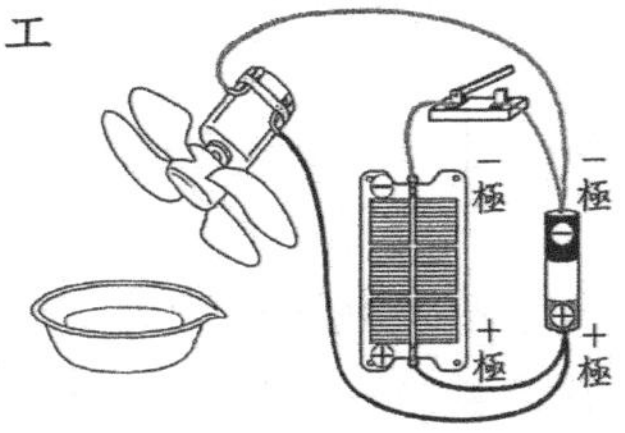

オ

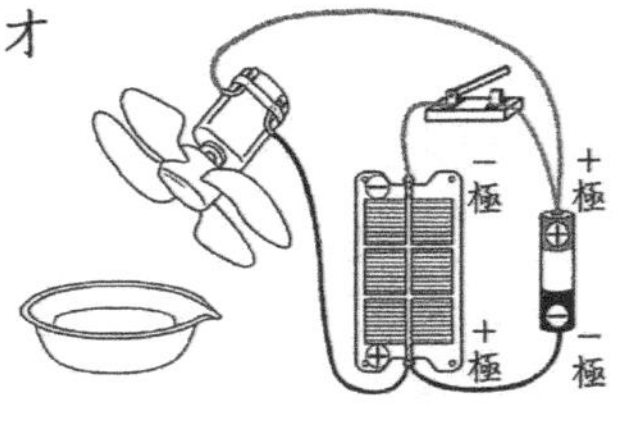

カ

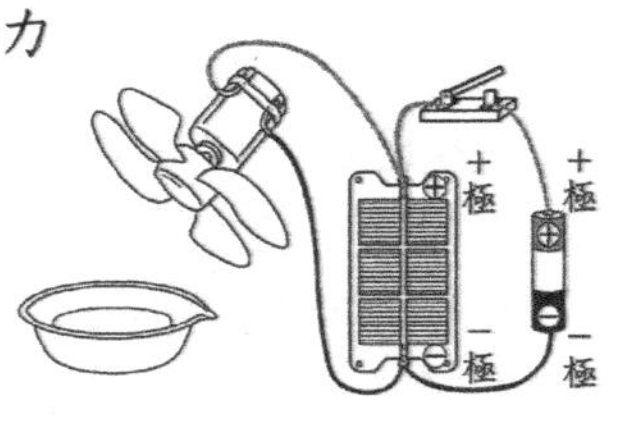

（5）一郎さんは，他のものをとかしてできた液体からも，固体を取り出せるかを調べることにしました。そして，金ぞくのアルミニウムを塩酸にとかして，この液体の水を蒸発させる実験をしてみようと考えました。塩酸に金ぞくのアルミニウムを入れてすべてとかしたあと，この液体の水を蒸発させるとどのようなことがおこるかについて説明した文として，最も適切なものを，次のア～エから1つ選び，記号で答えなさい。

ア　金ぞくのアルミニウムの固体が取り出せる。

イ　金ぞくのアルミニウムとはちがう固体が取り出せる。

ウ　塩酸にとけるときに，アルミニウムはあわになって空気中に出ていくので，この液体から金ぞくのアルミニウムは取り出せない。

エ　水を蒸発させるときにアルミニウムは空気中に出ていくので，この液体から金ぞくのアルミニウムは取り出せない。

3 日本には，6000以上もの数の島があり，そのうち400を越《こ》す数の島に人が住んでいます。それぞれの島における人々の生活や自然のようすは実にさまざまです。これらの島々に関して，次の（1）～（8）の問いに答えなさい。

（1）鹿児島《かごしま》県の種子島《たねがしま》には，種子島宇宙《うちゅう》センターがあり，ロケットの打ち上げなどで有名です。種子島から打ち上げられるロケットや人工衛星の部品には，東《とう》京《きょう》都大田《おおた》区や大阪《おおさか》府東大阪《ひがしおおさか》市の中小工場で作られた部品が使われています。次の**資料1～3**はそれぞれ日本の大工場と中小工場の，工場の数・働く人の数・働く人１人あたりの年間生産額をくらべたものです。**資料1～3**中の**A～F**について，中小工場にあてはまるものを選び，それぞれ記号で答えなさい。

資料1　工場の数

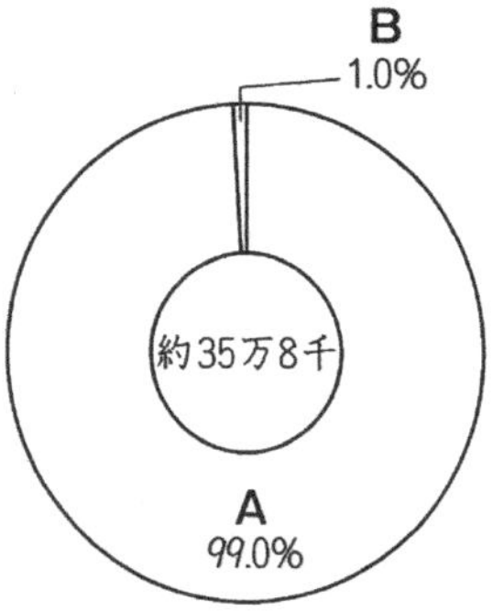

資料2　働く人の数

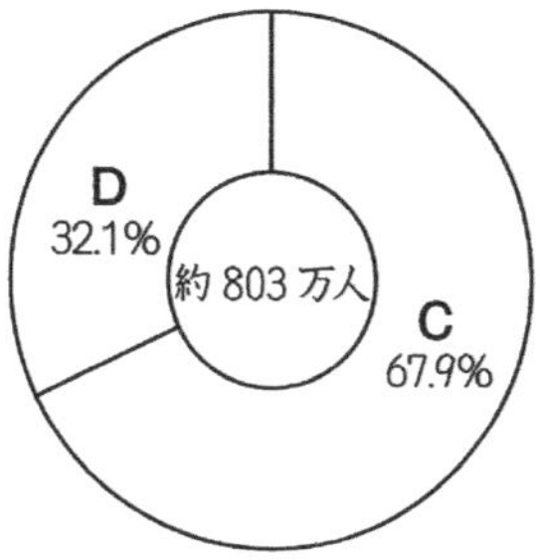

資料3　働く人１人あたりの年間生産額（万円）

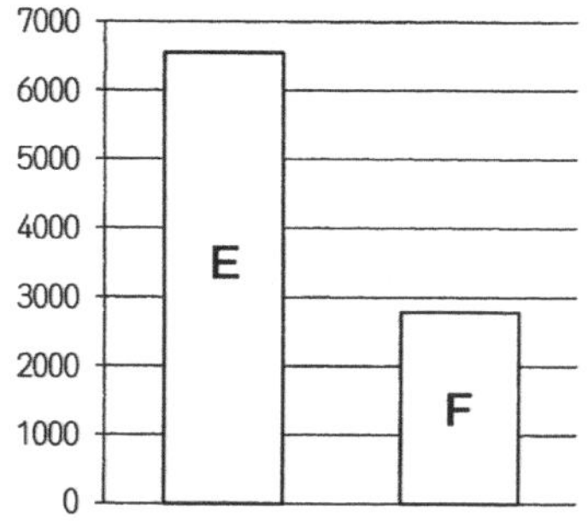

（平成30年工業統計表より作成）

（2）８世紀のはじめに律令《りつりょう》が制定されたころ，種子島は「たねのくに」とよばれ，その後，約120年間ほど，「たねのくに」は存在《そんざい》しました。「たねのくに」が存在した時期である，８世紀のはじめから約120年間ほどの期間に日本でおこったできごととして適切なものを，次のア～クから**3つ**選び，歴史的に古い順に並《なら》べかえ，記号で答えなさい。

ア　都が平安京《へいあんきょう》に移された。
イ　遣唐使《けんとうし》が停止された。
ウ　渡来人《とらいじん》がはじめて仏教を伝えた。
エ　卑弥呼《ひみこ》が中国の皇帝《こうてい》から倭王《わおう》の称号《しょうごう》や金印を与《あた》えられた。
オ　東大寺《とうだいじ》の大仏が完成した。
カ　聖徳太子《しょうとくたいし》が冠位十二階《かんいじゅうにかい》を定めた。
キ　聖武天皇《しょうむてんのう》が国ごとに国分寺《こくぶんじ》をつくる命令を出した。
ク　紫式部《むらさきしきぶ》がかな文字を使って源氏物語《げんじものがたり》を書いた。

(3) 本州《ほんしゅう》と四国《しこく》の間にある瀬戸内海《せとないかい》には多くの島があります。本州四国連絡橋《れんらくきょう》は，いくつかの島を経由して本州と四国を結ぶもので，３つのルートがあります。これらのルートが建設されたことで，人や物の行き来が増えました。次の**資料4～7**中の**G～L**のそれぞれは本州四国連絡橋によって結びついている兵庫《ひょうご》県と徳島《とくしま》県，岡山《おかやま》県と香川《かがわ》県，広島《ひろしま》県と愛媛《えひめ》県のうちのいずれかを表しています。**資料4**は**G～L**の面積，人口，貿易貨物の輸出量を示したものです。**資料5**は**G～L**の果実の農業産出額，**資料6**は**G～L**の漁業産出額，**資料7**は**G～L**の製造品出荷額《しゅっかがく》を示したものです。兵庫県・徳島県・岡山県・香川県・広島県・愛媛県のそれぞれの県にあてはまるものを，**G～L**からそれぞれ１つずつ選び，記号で答えなさい。

資料4

2018年	面積（km²）	人口（万人）	貿易貨物の輸出量（千トン）
G	8,401	548.4	27,675
H	8,480	281.7	12,073
I	7,114	189.8	10,528
J	1,877	96.2	1,851
K	5,676	135.2	2,703
L	4,147	73.6	107

資料5　果実の農業産出額
2018年

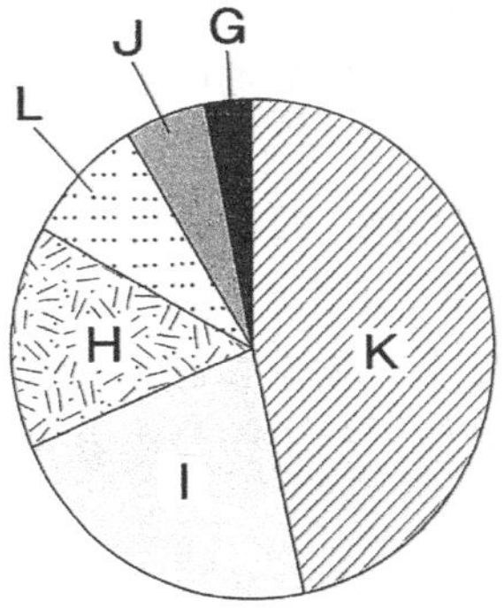

資料6　漁業産出額
2018年

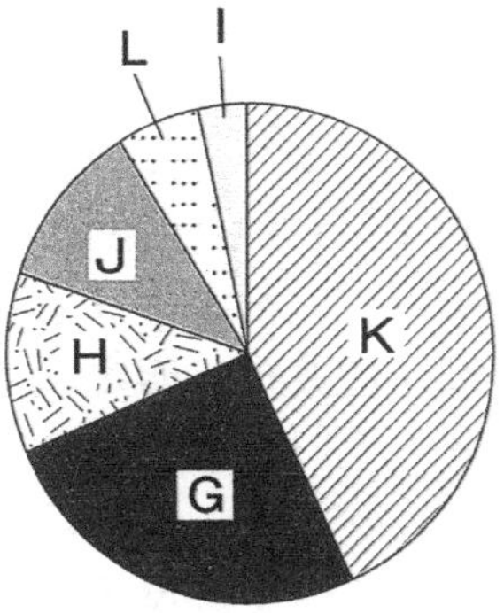

資料7　製造品出荷額
2018年

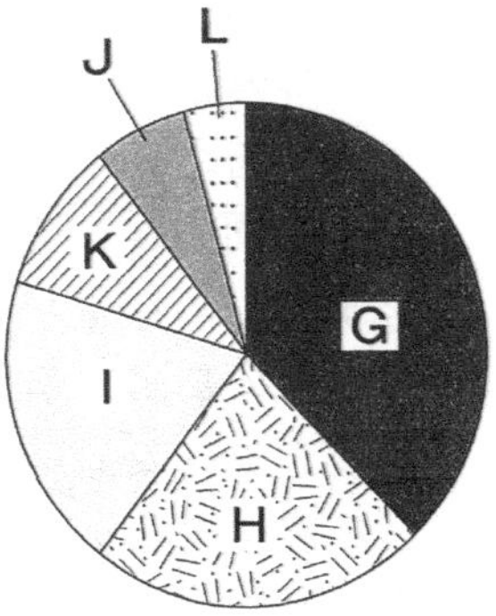

※**資料5～7**はそれぞれ**G～L**の合計を100%としたときの各県の割合《わりあい》を示している。

（データで見る県勢より作成）

（4）次の**資料8**は，屋久島《やくしま》，淡路島《あわじしま》，佐渡島《さどしま》，種子島それぞれにおいて最も人口が多い市町の税金による収入《しゅうにゅう》のうちわけと，日本全国の市町村の税金による収入のうちわけの平均を示したものです。**資料8**を見て，あとのⅠ，Ⅱの問いに答えなさい。

資料8

各市町村の税金による収入のうちわけ（平成28年度）

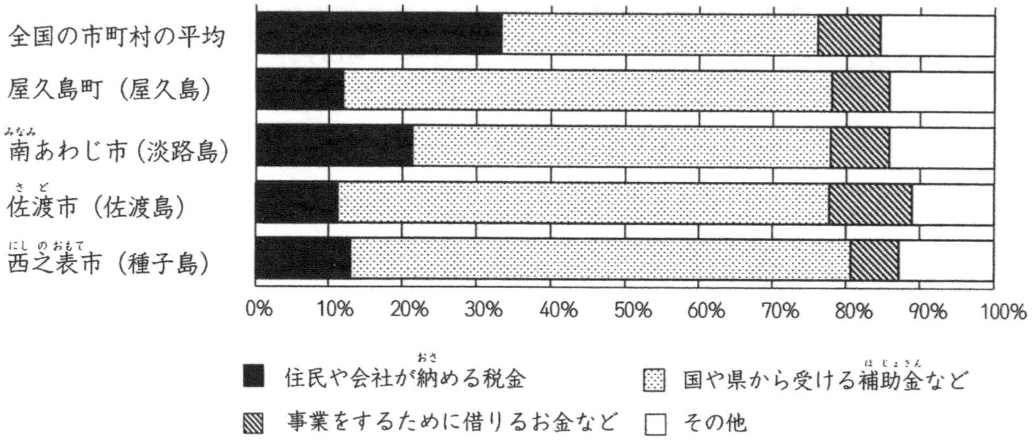

※全国の市町村の平均とは，全国の市町村の税金による収入のうちわけの平均値《へいきんち》を示したものである。
（総務省地方財政白書，統計屋久島町，南あわじ市の決算概要《がいよう》，佐渡市決算の概要，西之表市の財政事情より作成）

Ⅰ　**資料8**からわかることとして正しいものを，次のア～カから**2つ**選び，記号で答えなさい。

ア　佐渡市が「国や県から受ける補助金など」の金額は，屋久島町，南あわじ市，西之表市のいずれの市町よりも高い。

イ　全国のすべての市町村で，「住民や会社が納める税金」の割合は「事業をするために借りるお金など」の割合よりも高い。

ウ　屋久島町，南あわじ市，佐渡市，西之表市のうち「事業をするために借りるお金など」の割合が最も低いのは南あわじ市であり，割合が最も高いのは佐渡市である。

エ　全国の市町村の平均とくらべて，屋久島町，南あわじ市，佐渡市，西之表市の「住民や会社が納める税金」の割合はいずれも低く，「国や県から受ける補助金など」の割合はいずれも高い。

オ　南あわじ市は「国や県から受ける補助金など」の割合が屋久島町，佐渡市，西之表市よりも低く，「住民や会社が納める税金」の割合は屋久島町，佐渡市，西之表市よりも高い。

カ　南あわじ市の税金による収入の合計金額は，全国の市町村の平均よりも高い。

Ⅱ　市町村に納められた税金の使い道を最終的に決める時には「どのような場」で，「どのような立場の人」が決めているのかを，句読点を含《ふく》めて15字以上30字以内で答えなさい。

(5)　地球の歴史上，海面の高さが現在よりも高い時代や低い時代があったと考えられています。現在は異《こと》なる島であっても，海面の高さが低い時代には陸地としてつながっていたものもあったと考えられます。右の**資料9**は，現在，香川県に存在している島**P**～**R**の海岸線と，周辺の海底の深さのようすを表したものです。仮に，海底のそれぞれの地点の高さが現在と同じまま変わらずに，海面だけが現在よりも20ｍ低くなったとします。そのとき，現在の３つの島**P**～**R**の関係がどのようになっていると考えられるかを述べたものとして最も適切なものを，次のア～オから１つ選び，記号で答えなさい。

資料９　ある海岸付近の海底の地形

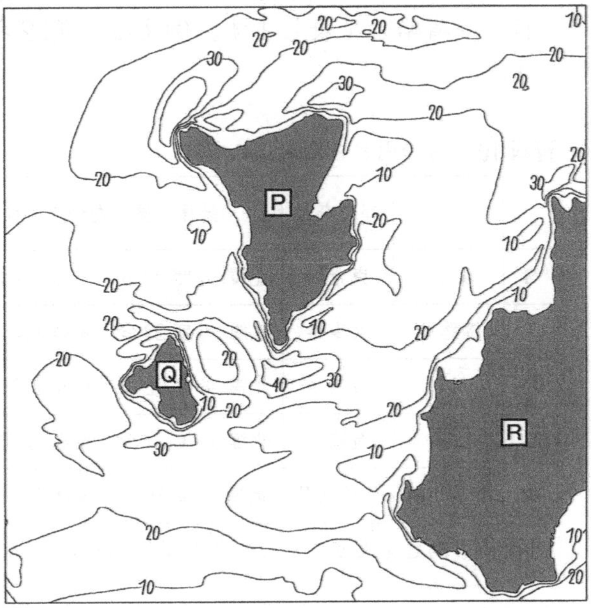

(国土地理院ホームページより作成)

灰色《はいいろ》でぬりつぶされた部分が陸で，**P**～**R**はそれぞれ，ある島の一部または全部を表している。
灰色でぬりつぶされた部分以外の部分は海を表していて，この部分に描かれた線は，海面からはかった海底の深さが同じ地点を結んだものである。この線にそえられている数は，その地点が海面から何m低いかを表している。

ア　**P**～**R**は３つとも陸地として１つにつながっている。
イ　**P**と**Q**は陸地としてつながっているが，**R**はつながっていない。
ウ　**P**と**R**は陸地としてつながっているが，**Q**はつながっていない。
エ　**Q**と**R**は陸地としてつながっているが，**P**はつながっていない。
オ　**P**～**R**はそれぞれ他のいずれとも陸地としてつながっていない。

(6)　日本の国土の中でも遠く離《はな》れた島では日の出や日の入りの時刻《じこく》がちがっています。国立天文台のホームページを使うと，それぞれの地点における日の出や日の入りの時刻について計算した結果を調べることができます。次のページの**資料10**は，ほぼ東西や南北にならんでいる５つの島それぞれの中のある地点を**S**～**W**とし，さらにその地点の海面からの高さを０ｍとして，2022年の６月22日と12月22日について，日の出と日の入りの時刻について計算した結果をまとめたものです。表に示した６月22日は2022年で最も昼が長い日，12月22日は2022年で最も昼が短い日です。これについて，あとのⅠ，Ⅱの問いに答えなさい。ただし，「昼の長さ」とは日の出の時刻と日の入りの時刻の差とします。例えば日の出の時刻が６：10，日の入りの時刻が17：50ならば，昼の長さは２つの時刻の差である11時間40分となります。なお，ここからあとは日付を省略して表します。例えば，2022年６月22日は「2022/6/22」と表します。

資料10　日の出と日の入りの時刻

	島の名前	都道府県	計算に使った地点の位置	2022 / 6 / 22		2022 / 12 / 22	
				日の出	日の入り	日の出	日の入り
S	新島《にいじま》	東京都	北緯《ほくい》34度22分　東経139度15分	4：31	18：59	6：46	16：37
T	淡路島	兵庫県	北緯34度22分　東経134度50分	4：49	19：16	7：03	16：55
U	対馬《つしま》	長崎《ながさき》県	北緯34度22分　東経129度21分	5：11	19：38	7：25	17：17
V	江島《えのしま》	長崎県	北緯33度　1分　東経129度21分	5：14	19：35	7：22	17：20
W	奄美大島《あまみおおしま》	鹿児島県	北緯28度15分　東経129度21分	5：26	19：23	7：10	17：32

（各地点の高さを海面から０ｍとして，国立天文台のホームページ暦《こよみ》計算室により算出）

Ⅰ　**T**地点の高さを海面から０ｍとした場合，**T**地点における2022/6/22の昼の長さは何時間何分となるか，**資料10**から求めなさい。

Ⅱ　**S**～**W**地点の高さを海面から０ｍとして計算した場合，**S**～**W**地点の日の出の時刻，日の入りの時刻，昼の長さについて**資料10**から言えることとして最も適切なものを，次のア～エから１つ選び，記号で答えなさい。

ア　2022/6/22で昼が最も短いのは**U**地点である。

イ　2022/6/22，2022/12/22ともに，緯度《いど》が同じならば東にある地点ほど，日の出が早く，日の入りが遅《おそ》い。

ウ　経度が同じならば，2022/6/22は北にある地点ほど昼が短く，2022/12/22は南にある地点ほど昼が短い。

エ　2022/6/22の昼の長さと2022/12/22の昼の長さの差が最も小さいのは，**W**地点である。

（７）次のページの**資料11**は，ある３つの島**X**～**Z**の周辺の地図です。また，**資料12**は，島**X**～**Z**のうちの１つの島から，他の２つの島を見たときのようすを説明したもので，**資料12**の①～③には，島を表す記号**X**～**Z**のうちのいずれかがそれぞれ入ります。**資料12**の①～③に入る記号を，**X**～**Z**からそれぞれ１つずつ選び，記号で答えなさい。

資料11　ある３つの島の周辺の地図

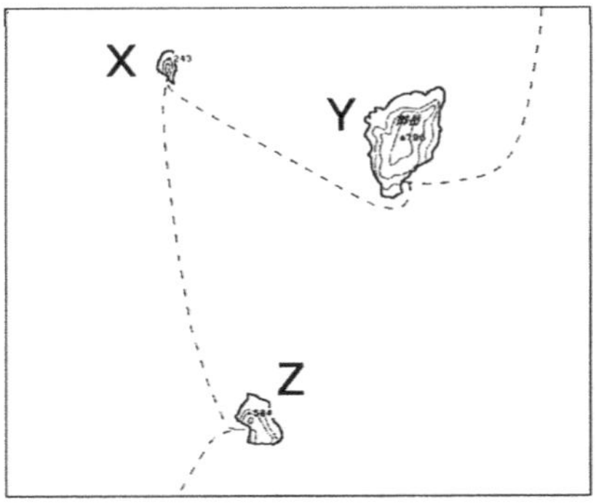

図の上方が北の方向を示している
（国土地理院ホームページより作成）

資料12　ある島から見たときのようす

> 島（　①　）の中のある地点に立って海を見たところ，島（　①　）以外の２つの島が見えた。方角を調べようと考え，持っていた磁石《じしゃく》にひもをつけて自由に動くようにしたところ，磁石はある方向に向いて止まった。そのとき，磁石のＳ極が示した方向の近くに，島（　②　）が見えた。そして，島（　②　）に向かって立って，島（　②　）から左におよそ60度の方向に島（　③　）が見えた。ただし，この観察を行ったとき，磁石の極が示す方向に影響《えいきょう》を与えるようなものは近くになかった。

（８）季節が移り変わるのに応じて，花を咲《さ》かせたり，葉の色を変えたりする植物があります。これらの変化の時期に影響を与えるものには，気温や昼の時間の長さなどがあります。サクラの場合では，開花の時期に影響を与えるものがいくつかありますが，１日の平均気温が大きな影響を与えるものの１つであることがわかっています。１日の平均気温は地方によって差があるので，サクラの開花の時期は地方によって異なります。気象庁《きしょうちょう》のホームページからは，例年であればサクラが開花するのは何月何日くらいか，そのおよその日付を知ることができます。それによると，ある島の観測地**m**においてサクラの開花のおよその日付は，京都《きょうと》におけるサクラの開花の15日前です。また，別の島の観測地**n**におけるサクラの開花のおよその日付は，京都におけるサクラの開花の７日後です。次の**資料13**は，１月１日から12月31日まで，それぞれの日の１日の平均気温がどのように変わっていくかを表したもので，**a**～**c**は，それぞれ京都，観測地**m**，観測地**n**のいずれかの値を示したものです。これらのことをふまえて，京都，観測地**m**，観測地**n**における値を示していると考えられるものを，**a**～**c**からそれぞれ１つずつ選び，記号で答えなさい。

資料13　１日の平均気温の変化（長年の記録をもとにしたおよその値）

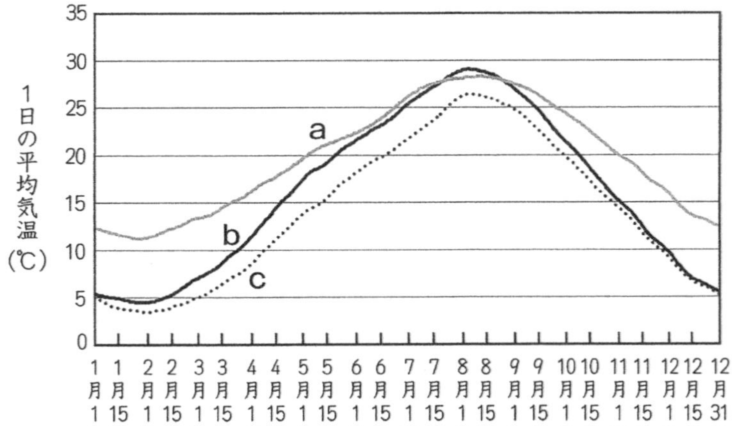

【適性をみる検査Ⅱおわり】

令和４年度入学考査

適性をみる検査Ⅲ

注　意

1　「解答を始めなさい」の合図があるまで，この問題用紙を開いてはいけません。

2　問題は，１ページから７ページまであります。問題用紙のあいている場所は，下書きや計算などに使用してもかまいません。

3　指示にしたがい，**記入用紙**に受付番号を書きなさい。

4　検査時間は50分間です。

5　解答はすべて，**記入用紙**に記入しなさい。

6　**記入用紙**の※印のらんには何も記入してはいけません。

7　「解答をやめなさい」の合図があるまで，問題に取り組んでいてもかまいません。

8　配られた検査用品については，指示にしたがいなさい。

1 真弓《まゆみ》さんと弟の和男《かずお》さんが家族で旅行に行く計画を立てています。**図1**はA～H駅と，駅の間をつなぐ線路を表しています。A駅とB駅の間のように，線路でつながったとなり合う駅と駅の間を「区間」と呼《よ》び，それぞれの区間のきょりは**図1**中の数字のとおりです。点線（┈┈┈）の線路は新幹線専用《せんよう》の線路で普通《ふつう》電車は通れません。また，二重線（═══）の線路は普通電車専用の線路で新幹線は通れません。新幹線の速さは秒速80mであり，これは普通電車の4倍です。各駅では普通電車または新幹線を降《お》りずに乗り続けることができますが，新幹線と普通電車を乗りかえる場合は必ず降りる必要があります。1回降りるとその駅から次に出発できるのは降りた15分後です。

次の2人の会話文を読み，下の（1）～（3）の問いに答えなさい。ただし，新幹線も普通電車も，駅にとまる時間は考えず，常に同じ速さで動くものとします。

図1

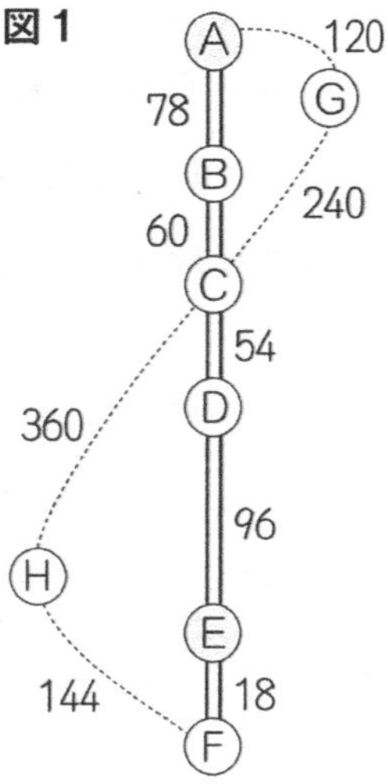

（単位 km）

真弓：A駅からE駅まで行きたいんだけど，A駅から新幹線に乗ってC駅まで行き，そこで普通電車に乗りかえてE駅まで行くのはどうかな？

和男：**図1**に実線（───）で行き方をかくと，**図2**のようになったよ。G駅やD駅では降りずに乗り続けるんだね。

図2

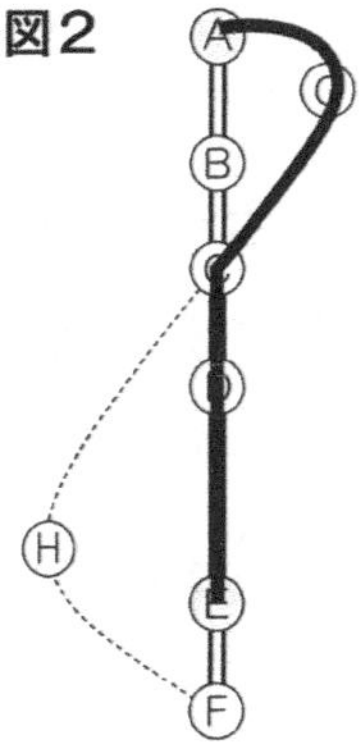

真弓：うん。じゃあ，かかる時間を求めるために，新幹線と普通電車の速さを調べよう。新幹線の速さは秒速80mだから，時速［ア］kmだね。

和男：新幹線の速さは普通電車の4倍だから，普通電車の速さも求められるね。

真弓：ということは…この行き方だと［イ］時間［ウ］分かかるね！

和男：もっと早く行ける行き方はないのかな？1番早く行ける行き方を調べてみよう。

真弓：同じ区間を2回通らないとすると，A駅からE駅まで行く行き方は**図2**の行き方以外に3とおり考えられるね。

和男：じゃあ，その3とおりの行き方についてもかかる時間を計算してみよう！

真弓：…計算できた！1番早く行ける行き方だと，［エ］時間［オ］分かかるね！

（1）［ア］～［ウ］にあてはまる整数を答えなさい。

（2）会話文中の下線部について，**図2**を参考にして3とおりの行き方を実線でそれぞれ**記入用紙**にかきなさい。

（3）［エ］，［オ］にあてはまる整数を答えなさい。

2 健《たけし》さんと彩《あや》さんはそれぞれ，12月の12日に年賀状を50枚《まい》用意して，13日～17日の間で50枚書きました。次の表は，2人の作業のようすをまとめたものです。なお，年賀状は昼間に書き，それぞれの日の夜の時点で，まだ書いていない年賀状の枚数を「残り枚数」と呼《よ》ぶこととします。

<table>
<tr><th></th><th>健さん</th><th>彩さん</th></tr>
<tr><td>12日</td><td>残り枚数は50枚であった。</td><td>残り枚数は50枚であった。</td></tr>
<tr><td>13日</td><td>8枚書いた。</td><td>6枚書いた。</td></tr>
<tr><td>14日</td><td>13日に書いた枚数の［ア］倍書いた。</td><td>この日に書いた枚数は，健さんが13日に書いた枚数の1.5倍だった。</td></tr>
<tr><td>15日</td><td>1枚も書かなかった。</td><td rowspan="2">15日に書いた枚数と16日に書いた枚数の比が［ウ］になるように書いた。</td></tr>
<tr><td>16日</td><td rowspan="2">16日に書いた枚数が，17日に書いた枚数よりも［イ］枚多くなるように書いた。</td></tr>
<tr><td>17日</td><td>15日に書いた枚数の$\frac{5}{8}$倍にあたる，10枚書いた。</td></tr>
</table>

右の図は，それぞれの日において，健さんの残り枚数を折れ線グラフに表したものです。次の（1）～（4）の問いに答えなさい。

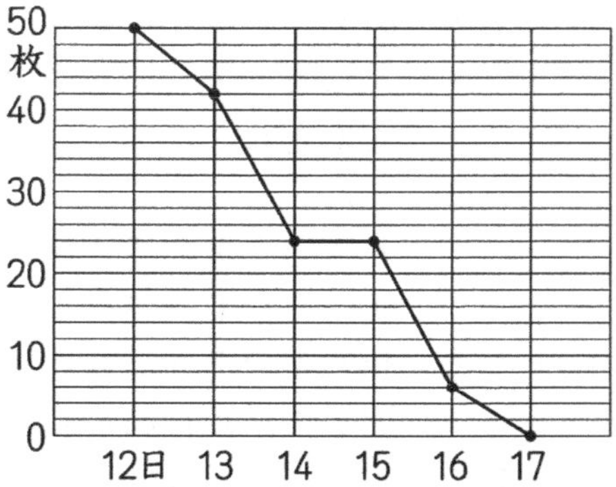

（1）表中の［ア］，［イ］にあてはまる数を答えなさい。

（2）表中の［ウ］にあてはまる比を，最も簡《かん》単《たん》な整数の比で答えなさい。

（3）それぞれの日における，彩さんの残り枚数を表す折れ線グラフを，三角定規を利用して**記入用紙**にかきなさい。ただし，**記入用紙**にかかれている健さんの残り枚数を表す折れ線グラフを参考にしなさい。

（4）それぞれの日の夜の時点で，健さんの残り枚数よりも，彩さんの残り枚数が少なくなっているのはいつですか。**記入用紙**の日付のうち，あてはまるもの**すべて**に○をつけなさい。

このページに問題は印刷されていません

3 「あみだくじ」と呼《よ》ばれる，縦《たて》線と横線で作られるくじがあり，くじのしくみなどについて，次の《ルール》にまとめています。

《ルール》

①あみだくじの縦線には，**図1**，**2**のように，それぞれの上に1，2，3……，下にA，B，C……と書く。

②**図1**の例のように，1つの数字を選んだ後，横線があれば必ず横に曲がりながら，縦線を下にたどっていき，最終的に到達《とうたつ》した文字がくじの結果となる。また，**図1**の場合，1，2，3を選ぶと，結果はそれぞれB，A，Cとなるが，これを「**図1**のあみだくじの結果の組み合わせは（B, A, C）である」と呼ぶ。

③横線は，となり合う縦線と縦線を結び，縦線と垂直《すいちょく》にならなければいけない。

④**図2**のように，横線が縦線をまたいではいけない。また，縦線上の1点について，2本の横線が集まってはいけない。

図1

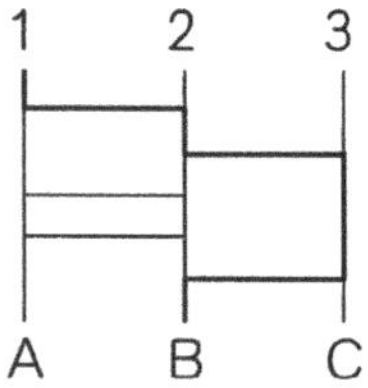

左の例の場合，1を選んだ結果はBになる。また結果の組み合わせは(B, A, C)である。

図2

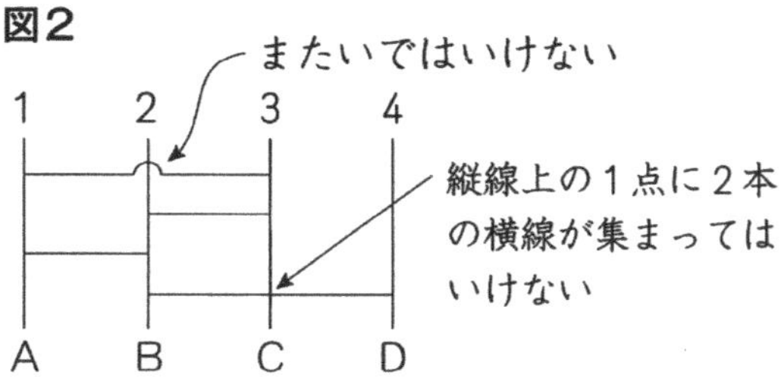

次の会話文は，亜美《あみ》さんと卓司《たくじ》さんがあみだくじについて話し合ったものです。会話文を読み，あとの（1）～（4）の問いに答えなさい。

亜美：いろいろなあみだくじの結果の組み合わせについて考えてみよう！例えば，**図3**のあみだくじの結果の組み合わせはどうなるかな？

卓司：えっと…，1を選ぶと結果はBで……，5を選ぶと結果はEだから，結果の組み合わせは(B, [ア], [イ], [ウ], E) になるね。

亜美：本当だね。ところで，このあみだくじに横線を1本かき加えて，結果の組み合わせを(E, [ア], [イ], [ウ], B) にすることはできないかな？

卓司：「1を選んだ結果」と「5を選んだ結果」を入れかえるわけだね。例えば，**図4**のように，あみだくじに横線をかき加えると，結果の組み合わせが（A，B，C）から（C，B，A）になるね。このことがヒントにならないかな。

図3

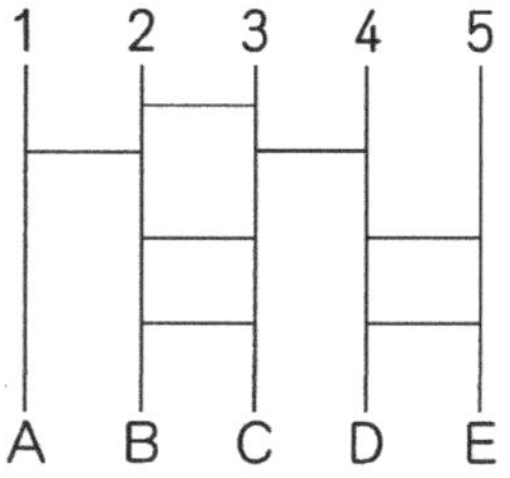

図4

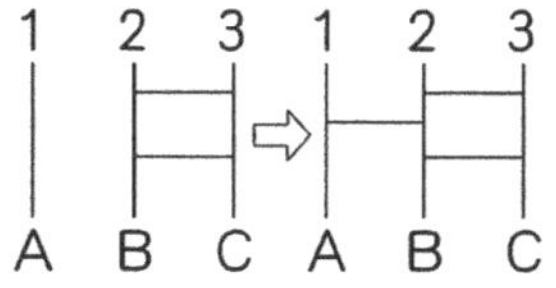

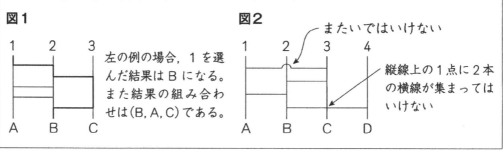

記入用紙1

適性をみる検査Ⅰ

一

(1)

(2)

Ⅰ

Ⅱ

(3)

(4)

30字

40字

(5)

※

※

※

※

※

※

※

受付番号

※100点満点
（配点非公表）

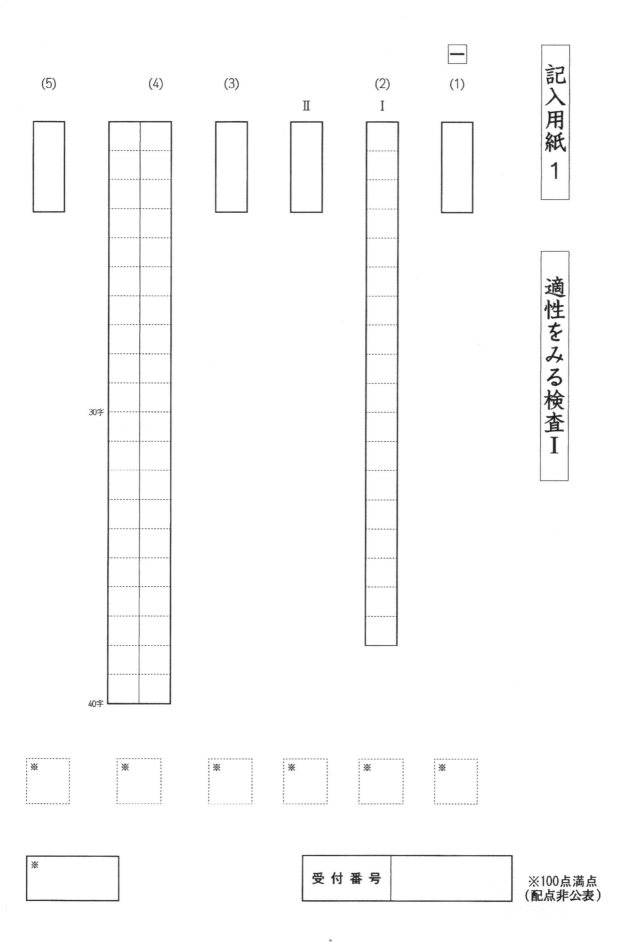

受付番号

※

2

(1)	Ⅰ		※
	Ⅱ	水の量と食塩がとける量 (水の温度が60℃のとき) 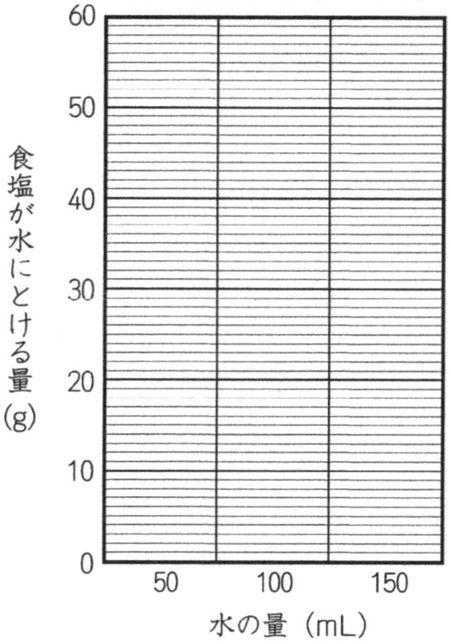	※
	Ⅲ	①（　　　　）g　②（　　　　）g	※
(2)	①，②にあてはまる語句の組み合わせ		※
	X にあてはまる内容		※
(3)			※
(4)			※
(5)			※

記入用紙２　　　　**適性をみる検査Ⅱ**

受付番号

※

3

(1)		工場の数（　　　） 働く人の数（　　　） 生産額（　　　）	※
(2)		（　　　）→（　　　）→（　　　）	※
(3)		兵庫県（　　　） 徳島県（　　　） 岡山県（　　　） 香川県（　　　） 広島県（　　　） 愛媛県（　　　）	※
(4)	Ⅰ	（　　　）（　　　）	※
	Ⅱ	□□□□□□□□□□ □□□□□□□□□□ 15字 □□□□□□□□□□	※
(5)			※
(6)	Ⅰ	（　　　）時間（　　　）分	※
	Ⅱ		※
(7)		①（　　　） ②（　　　） ③（　　　）	※
(8)		京都（　　　） 観測地m（　　　） 観測地n（　　　）	※

※

3

(1)	ア	イ	ウ
(2)			
(3)	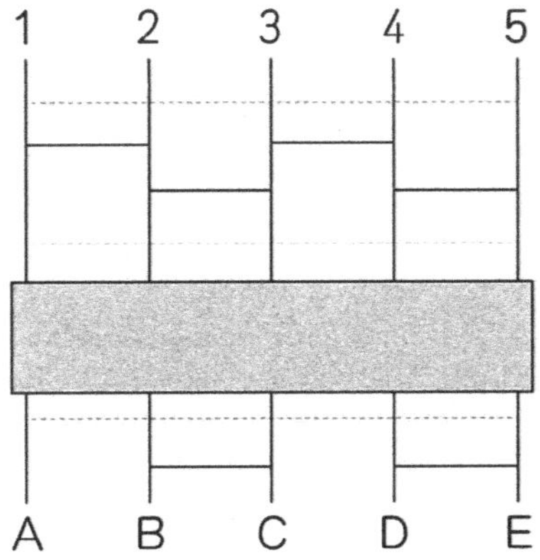		
(4)	(　　　　)	(　　　　)	(　　　　)

※
※
※
※

※

4

(1)	X	Y	Z
(2)	X	Y	Z
(3)			

※
※
※

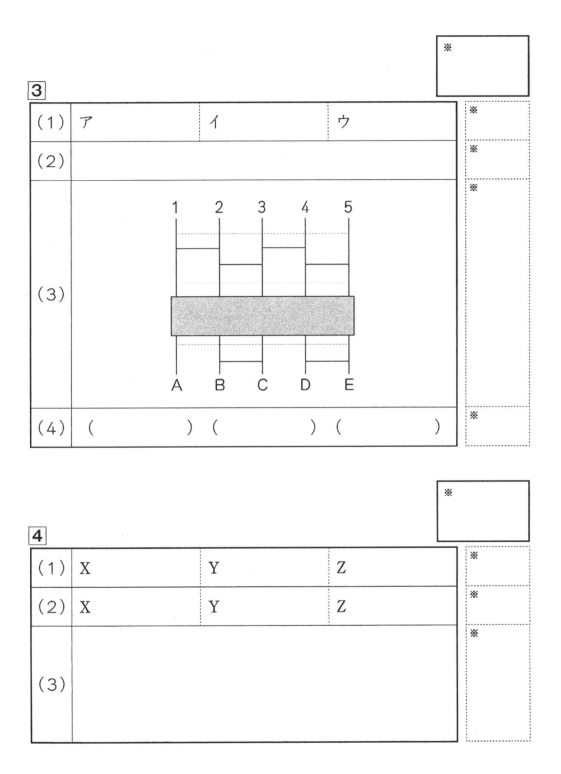

記入用紙

適性をみる検査Ⅲ

受付番号

※100点満点
（配点非公表）

※

1

			※
（1）	ア		※
	イ	ウ	
（2）	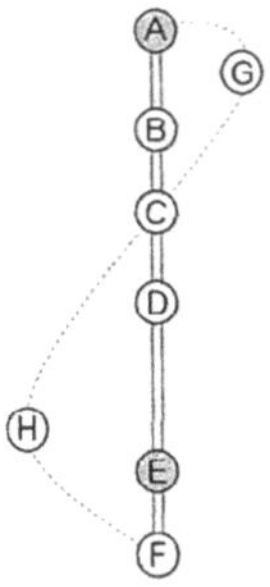	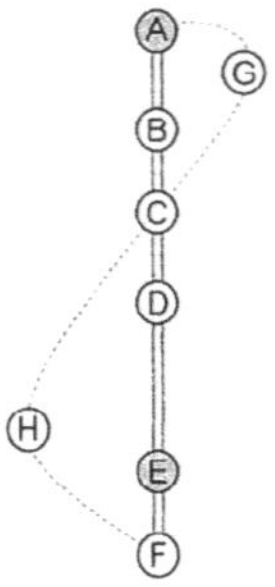	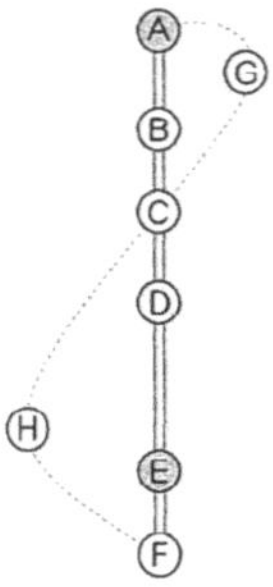 ※
（3）	エ	オ	※

※

2

（1）	ア	イ	※
（2）	：		※
（3）	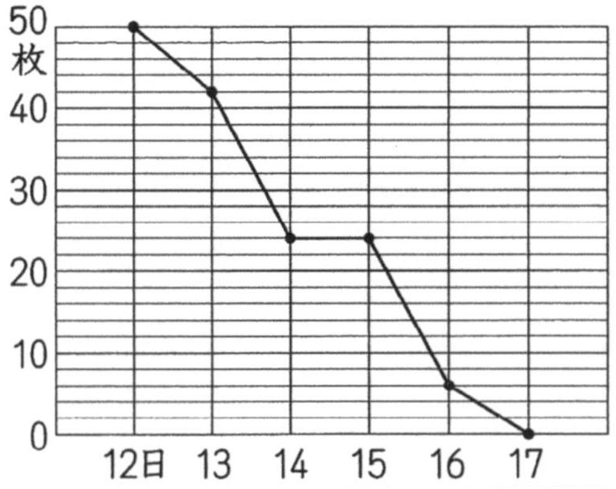		※
（4）	12 日　13 日　14 日　15 日　16 日　17 日		※

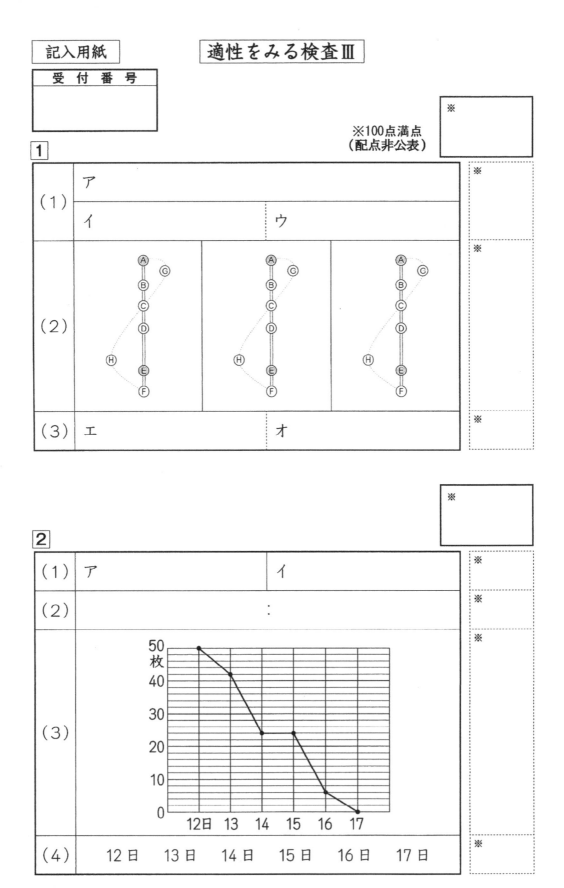

記入用紙1

適性をみる検査Ⅱ

受付番号

※100点満点
（配点非公表）

※

1

(1)	(　　　　) (　　　　)	※
(2)		※
(3)		※
(4)	①(　　　)　②(　　　)　③(　　　)	※
(5)		※
(6)		※
(7)	①(　　)　②(　　)　③(　　)　④(　　)	※
(8)		※

記入用紙2

適性をみる検査I

三

450字
(30行)

360字

※

※

※

※

※

※

受付番号	

二

(1)

(2)

(3)

Ⅰ

Ⅱ

Ⅲ

山田さんは、公園の美化について、調べ学習の初めには、自主的にごみひろいをすれば公園はきれいになるというフレームをもっていたが、そのフレームは、町内の美化活動に参加することによって、

45字

55字

というフレームに再構築された。

※

※

※

※

※

※

三

記入用紙2に書きなさい。

亜美：**図3**において，a「1からBまでたどる道すじ」と，「5からEまでたどる道すじ」を入れかえるように横線をかき加えればいいね。
卓司：同じように考えて，b結果の組み合わせを自由に変えられるかやってみよう。

（1）会話文中の ア ～ ウ にあてはまる文字を答えなさい。

（2）下線部aに関わり，**図3**のどこに横線をかき加えればよいか，**図5**の点線（┈┈┈）㋐～㋔から1つ選び，記号で答えなさい。

図5

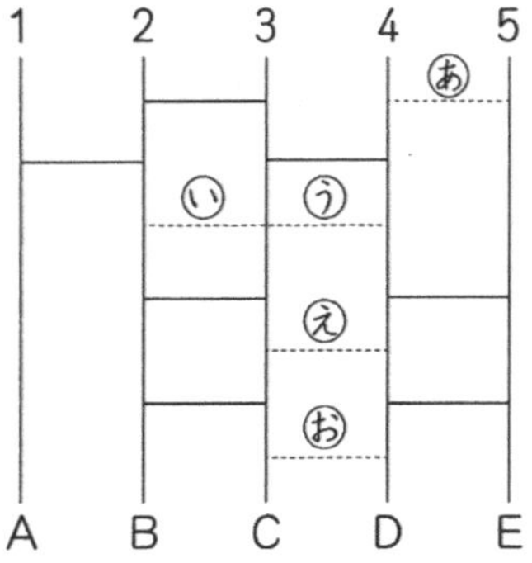

（3）下線部bに関わり，**図6**の実線（――――）で作られたあみだくじを考えます。このあみだくじは一部がかくされていますが，結果の組み合わせは（C，A，B，E，D）であることが分かっています。結果の組み合わせが（A，B，C，D，E）になるように，**記入用紙**の図に横線を**3本**かき加えなさい。ただし，点線（┈┈┈）の部分にのみ横線をかき加えることができるものとします。解答がいくつかある場合は，そのうちのどれか1つを答えなさい。

図6

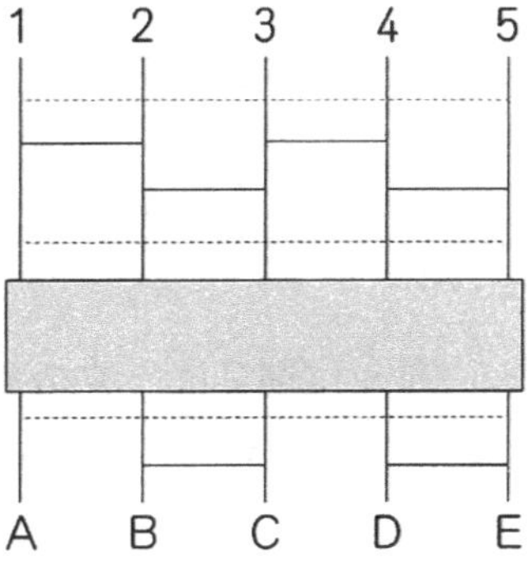

（4）下線部bに関わり，**図7**のあみだくじに横線を8本かき加えるとき，次のア～カの結果の組み合わせのうち，作ることのできるものを**3つ**選び，記号で答えなさい。

ア（A，B，C）　　イ（A，C，B）
ウ（B，A，C）　　エ（B，C，A）
オ（C，A，B）　　カ（C，B，A）

図7

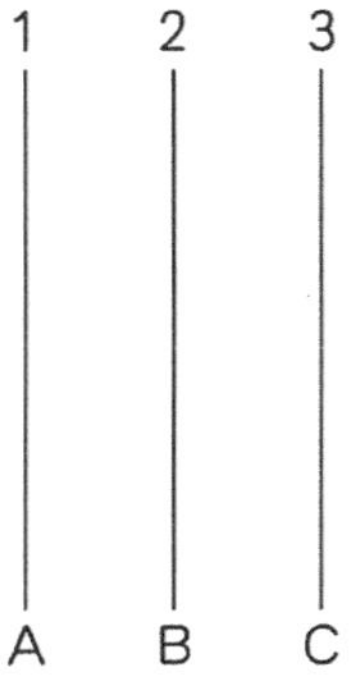

4　1辺の長さが等しい立方体A，B，Cがあり，各面には数字または文字が書かれています。それぞれの立方体の展開図《てんかいず》は**図1**のようになっています。

図1

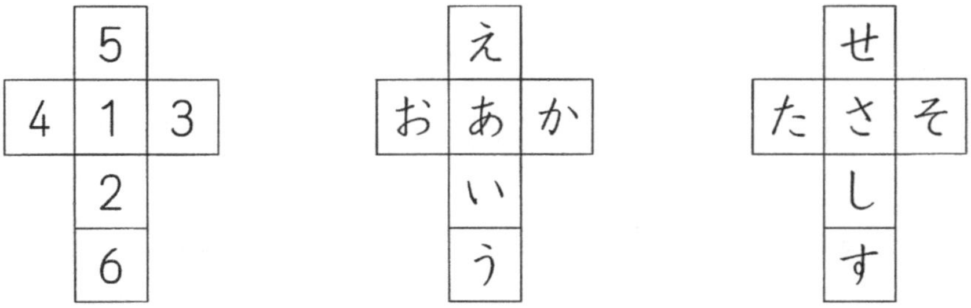

立方体A　の展開図　　立方体B　の展開図　　立方体C　の展開図

立方体Aと別の立方体をぴったりくっつけた状態から，次の**〈操作《そうさ》〉**を何回か行うことを考えます。

〈操作〉

右の図のように，立方体Aの1辺をすべらないように固定しながら，別の立方体の面にくっつくまで立方体Aを動かす。

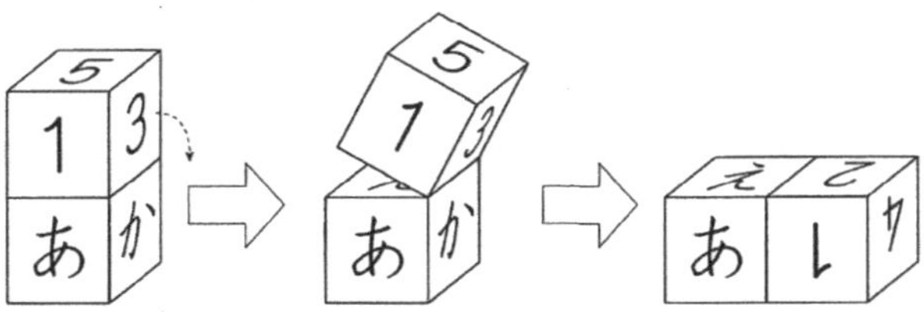

例えば**図2**は，立方体Aにくっつく立方体Bの面が，え→か→い→う，となるように**〈操作〉**を3回行うようすを表しています。

図2

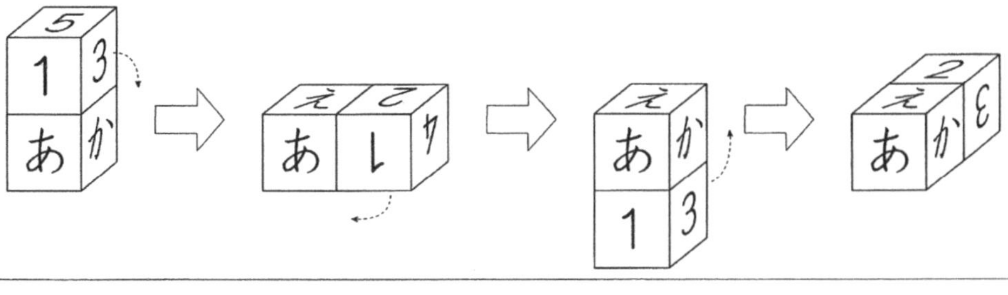

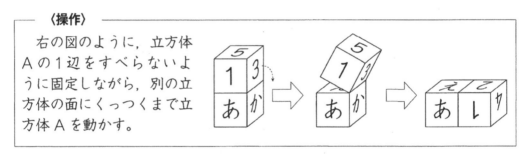

次の（1）～（3）の問いに答えなさい。ただし，解答を考える際に，消しゴムなどの道具を立方体A，B，Cとして使用してはいけません。

（1）**図3**のように立方体Aと立方体Bをぴったりくっつけた状態から，立方体Aにくっつく立方体Bの面が，え→お→い→あ，となるように**〈操作〉**を3回行うと**図4**のようになりました。**図4**中のX，Y，Zで示した面にあてはまる数字を答えなさい。ただし，数字の向きは考えなくてよいものとします。

図3

図4

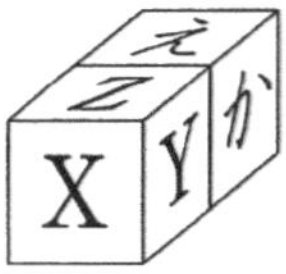

（2）**図5**のように立方体A，B，Cをぴったりくっつけた状態から，立方体Aにくっつく立方体BまたはCの面が，え→う→す→そ→せ→え，となるように**〈操作〉**を5回行うと**図6**のようになりました。**図6**中のX，Y，Zで示した面にあてはまる数字を答えなさい。ただし，数字の向きは考えなくてよいものとします。

図5

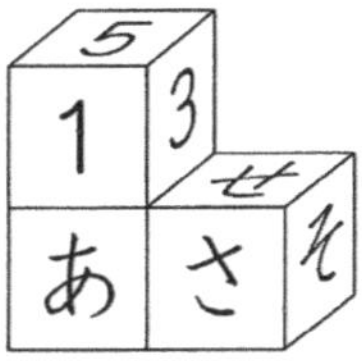

図6

（3）立方体Aにくっつく立方体BまたはCの面が，え→う→す→そ→せ→え，となるように**〈操作〉**を5回行うことを**〈セット〉**と呼《よ》ぶこととします。**図5**の状態から，**〈セット〉**を何回かくり返すと**図7**のようになるときがあります。そうなるときの**〈セット〉**の回数はどのような数ですか。ことばや式などを使って説明しなさい。

図7

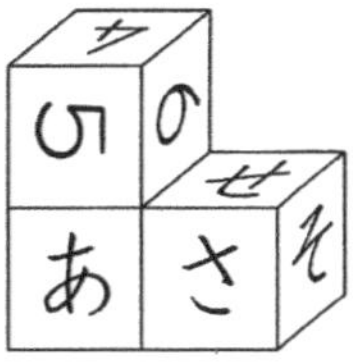

【適性をみる検査Ⅲおわり】

令和3年度入学考査

適性をみる検査I

注意

1 「解答を始めなさい」の合図があるまで、この問題用紙を開いてはいけません。

2 問題は、1ページから8ページまであります。問題用紙のあいている場所は、下書きや計算などに使用してもかまいません。

3 記入用紙は、**記入用紙1**と**記入用紙2**があります。指示にしたがい、**記入用紙1**と**記入用紙2**に、一か所ずつ受付番号を書きなさい。

4 検査時間は50分間です。

5 一・二の解答は**記入用紙1**に、三の解答は**記入用紙2**に記入しなさい。

6 記入用紙の※印のらんには何も記入してはいけません。

7 「解答をやめなさい」の合図があるまで、問題に取り組んでいてもかまいません。

京都府立中学校

一　次の文章を読んで、あとの(1)～(6)の問いに答えなさい。

（注意）　*のついている語句の説明が2～3ページにあります。

日記というのは、もう一人の自分との対話の場である。日記こそが*唯一《ゆいいつ》自分がホンネを打ち明けられる場だという人もいる。それは、いかにもさみしいことなのか、あるいは救いなのか。いずれにしても、もう一人の自分は、他人ではなく自分の一部なのだから、けっしてわかり合えない相手ではない。

①青年期に日記をつける者が多いのには、そうした事情があるのだ。今は、日記をつけるときのように自分との対話をしながら、ネット上で*ブログを書く人もいる。

日記をつけたりブログを書いたりしない人も、心の中では、しょっちゅう自分との対話をしているはずである。

僕《ぼく》は、中学生の頃《ころ》、学校に行くと自然に*道化《どうけ》を演じてしまうようなところがあって、朝は「今日は、絶対にまじめに過ごすぞ」と心に誓《ちか》って登校するのだが、例によってaシュウイを笑わせたり、悪ふざけをして先生から叱《しか》られたりして、帰り道、友だちと別れて一人になると、「またやらかしちゃった」「なんでこうなっちゃうんだ」などと*自己嫌悪《じこけんお》に*陥《おちい》りながら、「明日こそは、まじめに過ごさないと」などと、自分との対話をしていたのを覚えている。だれにも言えない心の中の*葛藤《かっとう》をめぐって、ああだこうだと*思う存分《ぞんぶん》やりとりできる相手は、もう一人の自分しかいない。

自己意識の高まる②青年期は、このように自己との対話が*頻繁《ひんぱん》に行われるようになる時期と言える。

でも、ずっと自分と向き合っているのもきつい。自分の未熟《みじゅく》さ、自分の不安定さ、自己嫌悪、逃《のが》れようのない人間存在《そんざい》の個別性、孤独感《こどくかん》……。そういったものと絶えず向き合っていたら疲《つか》れてしまう。心のエネルギーが*消耗《しょうもう》する。

そこで、*気晴らしに走ることになる。音楽に酔《よ》う。小説の世界に*逃避《とうひ》する。とくに見たいものがないのにテレビをつけ、バラエティ番組などを意味もなく見続ける。

こうした気晴らしをしている間は、*自意識から逃れることができる。友だちとしょっちゅう群れておしゃべりする。人間は、自意識を*麻痺《まひ》させるための、ありとあらゆる道具をbカイハツしてきた。

絶えず人と一緒《いっしょ》にいないとダメという人、一人でいられないという人もいるが、それは自分と直面するのを避《さ》けるためのひとつの戦略と言ってよいだろう。

（中略）

自立ということに関連して、個の*確立ということも言われる。[A]、親からの自立という青年期のcカダイをはるか昔に達成してしまった僕でさえ、個として閉《と》じた形で自分が確立されている気がしない。

③個の確立などというのは、日本人にとっては*無縁《むえん》のことなのではないだろうか。

子ども時代のように親の管理下に置かれて動くのではなく、青年期になったら自分で考え、自分で判断して動く。それはわかる。しかし、それでも他人の影響《えいきょう》は受け続ける。けっして僕たちは、他者に対して閉じられた個として生きているわけではない。

[B]、僕が親の管理下から離《はな》れ、親から自立して動き始めた頃、何が僕の*行動原理になっていたのだろうか。思い返してみると、語り合う友だちや書物を通して出会った*作家・*思想家・科学者など、僕が共感する人や*傾倒《けいとう》する人の価値観《かちかん》を*基準に動いていたように思う。親とは違《ちが》うものの見方や考え方を主張するとき、親以外のだれかが僕の中で動いていた。

dケッキョク、僕たちは、個別性を自覚して生きるとはいっても、個として他者から切り離されて生きているわけではない。さまざまな他者の影響を受けながら生きている。さまざまな他者との関係性を生きている。
相手があって自分がいる。ゆえに、親からの自立というのは、自分で*取捨選択《しゅしゃせんたく》しながら親以外の人たちの影響を強く受けるようになっていくことを指すのではないだろうか。
個を生きるのではなく、④他者との関係性を生きる僕たち日本人には、他者から独立した自分などというものはない。
そこで僕は、*欧米《おうべい》の文化を「自己中心の文化」、日本の文化を「間柄《あいだがら》の文化」というように特徴《とくちょう》づけている。
「自己中心の文化」とは、自分の言いたいことを何でも主張すればよい、ある事柄《ことがら》を持ち出すかどうか、ある行動を取るかどうかは、自分の意見や立場を基準に判断すべき、とする文化のことである。何ごとも自分自身の考えや立場に従《したが》って判断することになる。
欧米の文化は、まさに「自己中心の文化」と言える。そのような文化のもとで自己形成してきた欧米人は、何ごとに関しても他者に影響されず自分を基準に判断し、個として独立しており、他者から切り離されている。
そのような文化においては、他者の影響を受けることは、個が確立していないという意味で*未熟《みじゅく》とみなされる。
一方、「間柄の文化」とは、一方的な自己主張で人を困《こま》らせたり嫌《いや》な思いにさせたりしてはいけない、ある事柄を持ち出すかどうか、ある行動を取るかどうかは、相手の気持ちや立場に*配慮《はいりょ》して判断すべき、とする文化のことである。何ごとも相手の気持ちや立場に配慮しながら判断することになる。
日本の文化は、まさに「間柄の文化」と言える。そのような文化のもとで自己形成してきた日本人は、何ごとに関しても自分だけを基準とするのではなく他者の気持ちや立場に配慮して判断するのであり、個として閉じておらず、他者に対して開かれている。［C］、たえず相手の期待が気になり、できるだけそれに応《こた》えようとするのである。
そのような文化においては、他者に配慮できないことは、自分勝手という意味で未熟とみなされる。
「自己中心の文化」においては「［D］」として*否定的《ひていてき》にみられることを、「間柄の文化」においては「［E］」というように*肯定的《こうていてき》に評価するのである。
そのような「間柄の文化」においては、親からの自立を果たすためには、親との間柄に代わる重要な間柄が必要となる。関係性を生きる僕たちとしては、何らかの関係性がないと困る。自分を動かす行動原理がなくなってしまう。だからこそ、青年期には、お互《たが》いの内面を共有できるような親友を強く求めるのである。
（榎本博明《えのもとひろあき》『「さみしさ」の力　孤独と自立の心理学』ちくまプリマー新書による）

〈注〉
*唯一《ゆいいつ》　ただ一つ。
*ブログ　インターネットに文章や写真を公開し、残すサービス。
*道化《どうけ》　言葉や動きで人を笑わせる人。
*自己嫌悪《じこけんお》　自分自身をいやだと思うこと。
*陥《おちい》り　苦しいありさまになり。
*葛藤《かっとう》　心の中に対立する感情が起こって、迷いなやむ状態。
*思う存分《ぞんぶん》　思うとおり、じゅうぶんに。
*頻繁《ひんぱん》に　くりかえし。たびたび。
*消耗《しょうもう》　使い果たすこと。

＊気晴らし　他のことをして、気持ちをはればれとさせること。
＊逃《とう》避《ひ》　にげること。
＊自意識　自分自身についての意識。
＊麻《ま》痺《ひ》　正常の働きができなくなってしまうこと。
＊確立　しっかりとしたものを定めること。
＊無《む》縁《えん》　関係がないようす。
＊行動原理　行動のもとになる法則。
＊作家　職業として小説などを書く人。
＊思想家　人生や社会についてまとまった考えを公表している人。
＊傾《けい》倒《とう》　心からうやまい、したうこと。
＊基準　物事を判断するときなどに目安とするもと。
＊取《しゅ》捨《しゃ》選《せん》択《たく》　良いものや必要なものを取り、悪いものや必要でないものをすてること。
＊欧《おう》米《べい》　ヨーロッパとアメリカ。
＊未《み》熟《じゅく》　まだじゅうぶんなものではないようす。
＊配《はい》慮《りょ》　物事がうまくいくように気をつかうこと。
＊否《ひ》定《てい》的《てき》　良くないこととして認《みと》めないようす。
＊肯《こう》定《てい》的《てき》　良いこととして認めるようす。

(1)　――線部①に「青年期に日記をつける者が多いのには、そうした事情がある」とありますが、「そうした事情」として指し示されているのは、どのようなことですか。次の文の空らん□にあてはまる内容を、「対話」という語を使って、四十字以上、五十字以内で答えなさい。

（注意）　句読点（。、）やかぎ（「」）などの記号は、それぞれ字数に数えます。

自己意識が高まる青年期を生きている人にとって、□ということ。

(2)　～～～線部a～dを、それぞれ漢字に直して答えなさい。

(3)　――線部②に「青年期」とありますが、本文中における「青年期」の行動の説明として最も適切なものを、次のア～エから一つ選び、記号で答えなさい。

ア　友だちとしょっちゅう群れておしゃべりする人たちは、気晴らしをしているだけなので、自己との対話を頻繁に行うことができる。

イ　音楽に酔ったり小説の世界に逃避したりして、気晴らしをしているときには、自分の未熟さや不安定さを見つめ直すことができる。

ウ　とくに見たいものがないのにテレビをつけ、意味もなく見続けている人は、そうしている間は、自分と直面するのを避けることができる。

エ　日記をつけたりブログを書いたりしている間は、自意識から逃れることができるので、そうしている人は、自意識を麻痺させることになる。

(4) 空らん［A］～［C］に入る言葉として最も適切なものを、次のア～エからそれぞれ選び、記号で答えなさい。また、空らん［D］、［E］に入る内容として最も適切なものを、あとのカ～ケからそれぞれ選び、記号で答えなさい。ただし、［A］～［E］に同じものは入りません。

［A］～［C］

ア ゆえに　　イ でも　　ウ または　　エ では

［D］、［E］

カ 他者に配慮できる　　キ 他者に配慮しない

ク 他者の影響を受ける　　ケ 他者に影響を受けない

(5) ――線部③に「個の確立などというのは、日本人にとっては無縁のことなのではないだろうか」とありますが、この部分について、山本《やまもと》さんと田中《たなか》さんが感じたことや考えたことを交流しています。次の会話文中の空らん［　］にあてはまる内容として最も適切なものを、あとのア～エから一つ選び、記号で答えなさい。

山本　筆者が、「個の確立」は日本人にとって「無縁のことなのではないだろうか」と考えているのは、どうしてでしょうか。

田中　欧米の文化のもとで自己形成してきた人と比べると、物事の判断の仕方が異《こと》なるということが関係しそうですね。

山本　そうですね。日本の文化のもとで自己形成してきた人は、物事を判断するとき、相手の気持ちや立場に配慮して判断します。このようにして、日本の文化のもとでは、［　］、筆者はそう考えているのですね。

田中　「口に出して言わなくても気持ちが通じる」ということを、「以心伝心」といいますね。日本の文化では、筆者の述べているように、相手の気持ちに配慮している中で、そのようなコミュニケーションの仕方ができていったのかもしれません。ですから、欧米の人と話すときには、こうした違いを理解して話すことが必要ですね。

山本　そうすると、欧米以外の文化の人と話す場合はどうなるのでしょうか。私は、いろいろな文化の人と、違いを理解して話せるようになりたいです。

ア 他者の期待が気になり、それを意識して行動することになるので

イ 他者の考えが気になり、何ごとも自分自身の考えに従って行動することになるので

ウ 他者の影響を受け続け、自分の考えを全くもたなくなるので

エ 自分の考えをもっており、他者とはちがう個として確立しているので

(6) ――線部④に「他者との関係性を生きる」とありますが、ここで示されている他者との関係や生き方とは反対の意味になるように、次の文の空らん［　］にあてはまる内容として最も適切なものを、本文中から十五字でぬき出して答えなさい。

(注意) 句読点（。、）やかぎ（「」）などの記号は、それぞれ字数に数えます。

［　　　　　　　　］生きる。

二　次の文章を読んで、あとの(1)～(4)の問いに答えなさい。
（注意）　＊のついている語句の説明が6ページにあります。

著作権に関係する弊社の都合により
本文は省略いたします。
教英出版編集部

著作権に関係する弊社の都合により
本文は省略いたします。
教英出版編集部

著作権に関係する弊社の都合により
本文は省略いたします。

教英出版編集部

（金子《かねこ》修治《しゅうじ》、鈴木《すずき》紀之《のりゆき》、安田《やすだ》弘法《ひろのり》編著《へんちょ》『博士の愛したジミな昆虫』による）

〈注〉

＊近縁《きんえん》　生物の分類上、近い関係にあること。

＊種《しゅ》　生物を分類する上での基本となる単位。

＊重複　同じことが重なること。

＊占有《せんゆう》　自分だけの持ちものにすること。

＊共存《きょうそん》　二つ以上のものが、たがいに助け合って存在すること。

＊熱帯域《ねったいいき》　赤道を中心にした一年中暑い地域。

＊オオバギ　丸い大きな葉をつける木の一種。

＊属　仲間。同類。

＊益　得になること。

＊分布域　同じものが分かれて広がっている地域。

＊成木　成長した木。

＊維持《いじ》　ある状態を保ち続けること。

＊機構　ものごとのしくみ。

＊フィールドワーカー　研究室から出て、現地で採集、調査、研究などをおこなう人。

＊膨大《ぼうだい》　分量がひじょうに多いようす。

＊土壌《どじょう》　作物を育てる土。

＊市販《しはん》　町の商店などで売っていること。

＊触角《しょっかく》　物にさわって感じたり、においをかいだりする器官。

(1) ——線部①に「不思議な現象」とありますが、筆者は、通常とは異なる熱帯での生物のようすを、そう表現しています。筆者の指す「不思議な現象」とは、どのような現象ですか。次の文の空らん［　］にあてはまる内容を、通常とのちがいがわかるように、本文中の言葉を使って、三十字以上、四十字以内で答えなさい。

（注意） 句読点（。、）やかぎ（「」）などの記号は、それぞれ字数に数えます。

［　　　　　　　　］という現象。

(2) 空らん［A］に入る内容として最も適切なものを、次のア～エから一つ選び、記号で答えなさい。

ア アリ種が混ざることなく、パートナー以外のアリ種とも

イ アリ種が混ざることなく、パートナーのアリ種のみと

ウ 生息する場所を変えることで、パートナー以外のアリ種とも

エ 生息する場所を変えることで、パートナーのアリ種のみと

(3) ——線部②の「実験」について、次のⅠ、Ⅱの問いに答えなさい。

Ⅰ **この実験をした結果から分かったこと**として適切なものを、次のア～オから**二つ**選び、記号で答えなさい。

ア 東南アジアの熱帯域と日本とでは、土壌や光の条件がまったく違う。

イ 新女王アリは、植物の表面の物質を手がかりにして、パートナー種のオオバギの実生に定着している。

ウ この実験と野外調査とでは、オオバギへのアリの定着の仕方が異なることもある。

エ 自然環境の中では、新女王アリが間違ったオオバギ種の成木に定着していることはない。

オ 野外に生息しているオオバギ種には、明るい環境に生息しているものと、比較的暗い環境に生息しているものがある。

Ⅱ 実験をくり返し行った結果、筆者はある疑問《ぎもん》を感じました。筆者はその疑問に対して、なぜそうなるのか自らの予想を述べています。筆者の予想を、次の文の空らん［　］にあてはまるように、本文中の言葉を使って、三十字以上、四十字以内で答えなさい。

（注意） 句読点（。、）やかぎ（「」）などの記号は、それぞれ字数に数えます。

［　　　　　　　　］と予想している。

(4)　山田《やまだ》さんと鈴木《すずき》さんが、この文章を読んで感じたことや学んだことを交流しています。次の会話文中の空らん［ア］～［ウ］のそれぞれにあてはまる内容として適切なものを、本文中からぬき出して答えなさい。ただし、［ア］については十三字で、［イ］については十八字で、［ウ］については十五字でぬき出し、初めの三字と終わりの三字をそれぞれ答えなさい。

（注意）　句読点（。、）やかぎ（「」）などの記号は、それぞれ字数に数えます。

山田　この文章は、わたしたちがふだん身近に感じることが少ない熱帯の生物についての話でしたね。

鈴木　そうでしたね。その中でも筆者は、オオバギとアリとの関係性に注目することで、［　ア　］を解こうと観察や実験をしていましたね。

山田　この筆者は、まず野外観察に多くの時間を費やして、実験対象の生物が、自然の環境ではどのような状態にあるかを調べています。そして、実験を行うときには、［　イ　］ために、観察結果をもとに土壌やその他の条件を整えています。

鈴木　はい、そうでしたね。自分で考えて、研究を進め、答えを導き出すことを筆者は、［　ウ　］というたとえで表現していますね。

山田　なるほど。よく読むとそのたとえは良いですね。私も筆者のように自分で考えて一つ一つ進める研究というものをしてみたくなりました。

三

今、世界では、よりよい社会を目指すための世界共通の目標として、ＳＤＧｓとよばれる十七の目標が示され、だれ一人として取り残されることなく、いつまでも平和に安全にくらしていけるような社会の実現に向けた取り組みが進められています。

その目標の一つに、「海の豊かさを守ろう」という目標があります。あなたは「海の豊かさを守ろう」という言葉から、どのようなことを思いうかべますか。また、海の豊かさを守るためには、あなた自身は、具体的にどのような行動を起こせばよいと考えますか。**記入用紙２に、**三百六十一字以上、四百五十字以内（二十五行以上、三十行以内）で書きなさい。

〈書き方の注意〉

① 題や氏名は書かないで、一行目から書き始めます。
② 段落《だんらく》をかえたときの残りのます目は、字数として数えます。
③ 最後の段落の残りのます目は、字数として数えません。

【適性をみる検査Ⅰおわり】

令和３年度入学考査

適性をみる検査Ⅱ

注　意

1　「解答を始めなさい」の合図があるまで，この問題用紙を開いてはいけません。

2　問題は，１ページから13ページまであります。問題用紙のあいている場所は，下書きや計算などに使用してもかまいません。

3　記入用紙は，**記入用紙１**と**記入用紙２**があります。指示にしたがい，**記入用紙１**には２か所に，**記入用紙２**には１か所に受付番号を書きなさい。

4　検査時間は50分間です。

5　**1**・**2**の解答は**記入用紙１**に，**3**の解答は**記入用紙２**に記入しなさい。

6　記入用紙の※印のらんには何も記入してはいけません。

7　「解答をやめなさい」の合図があるまで，問題に取り組んでいてもかまいません。

1 次の**レポート**は，太郎《たろう》さんが近畿《きんき》地方について調べて書いたものです。下の**地図**は近畿地方を含《ふく》む日本地図の一部に，近畿地方の各府《ふ》県庁《けんちょう》の位置を●で示しています。**表１**は近畿地方の府県庁間の直線距離《きょり》を表にまとめたものです。これらについて，あとの（１）～（３）の問いに答えなさい。

レポート

私たちが生活している a近畿地方は，天皇《てんのう》の住んでいた「都」に「近い」地方という由来があります。そして，都には朝廷《ちょうてい》が置かれ，天皇や権力者を中心に政治が行われていました。

古代より近畿地方は政治の中心地としての役割《やくわり》がありました。そして，権力争いや災《わざわ》いなどにより，都の位置や年号はたびたび変わることがありました。奈良《なら》，b大阪《おおさか》，滋賀《しが》，京《きょう》都《と》などに都は作られ，現在でもこれらの都市には，cさまざまな建物が残っています。

地図

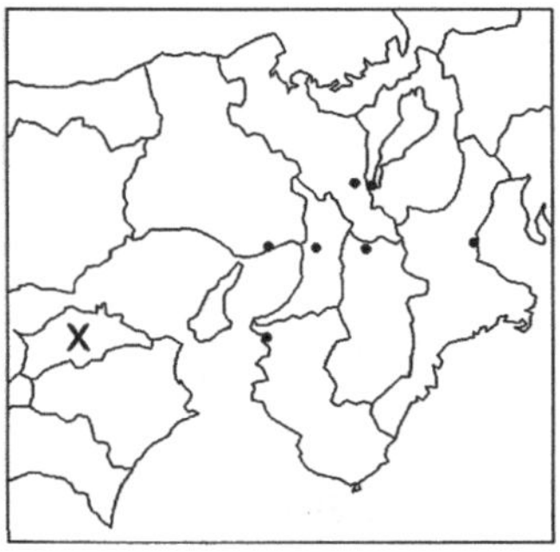

表１ 府県庁間の直線距離をまとめた表（km）

	京都府庁	A	B	大阪府庁	C	D	E
京都府庁							
A	63.9						
B	103.4	51.6					
大阪府庁	**43.0**	30.9	60.5				
C	38.0	59.5	79.6	28.7			
D	10.5	71.7	107.6	47.5	35.6		
E	76.0	121.5	135.3	90.7	62.1	66.0	

（国土地理院ホームページより作成）

表１の読み取り方

縦《たて》と横のマス目が交わっている所は，それぞれの府県庁間の直線距離を表しています。例えば，京都府庁と大阪府庁の縦と横のマス目が交わり，太枠《ふとわく》で示した所は **43.0** となっており，２つの府庁間の直線距離が43.0kmであることを表しています。

（１）**レポート**中の下線部 a について，次のⅠ～Ⅲの問いに答えなさい。

Ⅰ　近畿地方には２つの府と５つの県があり，その中にはさまざまな市町村があります。住民や会社などから税金《ぜいきん》を集め，住民の生活のために税金を使って政治を行う府や県，市町村を何と言いますか，**漢字**６字で答えなさい。また，市長に立《りっ》候補《こうほ》することは何歳《さい》以上からできるようになりますか，数字で答えなさい。

Ⅱ　京都府と大阪府をのぞく近畿地方の県のうち，県名と異《こと》なる県庁所在地名を**３つ**，それぞれ**ひらがな**で答えなさい。また，その県庁は**表１**中の**A**～**E**のどれにあたりますか，それぞれ記号で答えなさい。

Ⅲ　次の**グラフ**は日本の工業生産出荷《しゅっか》額，農業生産額，人口，面積について，北海《ほっかい》道《どう》，東北《とうほく》地方，関東《かんとう》地方，中部《ちゅうぶ》地方，近畿地方，中国《ちゅうごく》地方，四国《しこく》地方，九州《きゅうしゅう》地方の８つの地域《ちいき》のそれぞれが全体に占《し》める割合を表したものです。**グラフ**中のア～カは８つの地域のうち，北海道と四国地方をのぞいた地域を表しています。ア～カのうち，近畿地方にあてはまるものを選び，記号で答えなさい。(四捨五《ししゃご》入《にゅう》により，各グラフの数値の合計が100%にならないことがあります。)

グラフ

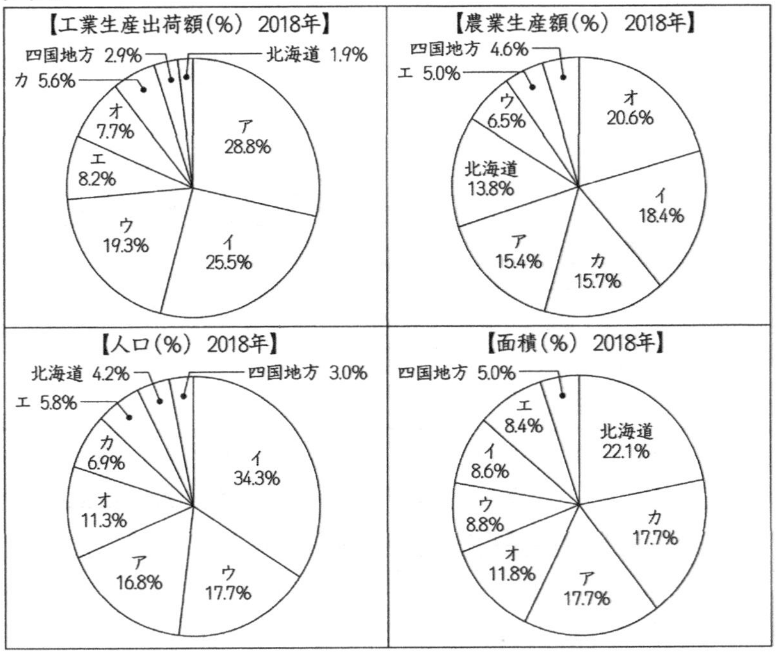

(工業統計表，生産農業所得統計，日本国勢図会 2019/20 より作成)

(2) **レポート**中の下線部ｂについて，**地図**には現在，日本で最も面積の小さい都道府県の**X**と２番目に小さい大阪府が含まれています。次の**表２**は**地図**中の大阪府と**X**の面積を10年ごとに示したものです。これについて，あとのⅠ，Ⅱの問いに答えなさい。

表２　大阪府とXの面積（ha）

	1975年度	1985年度	1995年度	2005年度	2015年度
大阪府	185,840	186,786	189,206	189,431	190,514
X	187,931	188,211	187,515	187,641	187,672

(政府統計の総合窓口《まどぐち》 e-Stat より作成)

Ⅰ　**X**の県名を**ひらがな**で答えなさい。

Ⅱ　太郎さんは大阪府の面積が年々大きくなっている主な理由を次の**メモ**に書きました。**メモ**中の**Y**にあてはまる内容を６字以上10字以内で答えなさい。

メモ　大阪府は（　　Y　　）ため，面積が大きくなった。

（3）**レポート**中の下線部 c について，建物に興味を持った太郎さんは，教科書に出てくる建物とその建物に関わる歴史的なできごとの説明文をまとめた**カード**を作りました。次の**カード**①～⑥について，あとのⅠ～Ⅲの問いに答えなさい。

①	法隆寺《ほうりゅうじ》	聖徳太子《しょうとくたいし》は蘇我氏《そがし》とともに天皇中心の新しい国づくりを目指しました。法隆寺は，（□□□□□）の教えを人々に広めるために建てられ，現存《げんそん》する最も古い木造建築となっています。
②	銀閣《ぎんかく》	銀閣には障子《しょうじ》やふすまなど，和室のもとになった（□□□□□□□）の建築様式が用いられています。このころ，幕府《ばくふ》の力はしだいに弱まり，応仁《おうにん》の乱《らん》という戦乱が起こりました。
③	厳島神社《いつくしまじんじゃ》	平氏《へいし》は貴族《きぞく》を中心とした争いからおこった保元《ほうげん》の乱や（□□□）の乱をしずめました。のちに勢力を伸《の》ばした平清盛《たいらのきよもり》は平氏の守り神として厳島神社を整備し，海上交通の安全をいのりました。
④	正倉院《しょうそういん》	新しい国づくりのために唐《とう》へ渡《わた》った使者が，都に西アジアやヨーロッパの文化を伝えました。正倉院には，（□□□□）天皇が愛用したインドや西アジアで作られた品々が残されています。
⑤	金閣《きんかく》	金閣は，３代将軍の（□□□□□□□□）が建て，金ぱくをはりつめたごうかなつくりとなっています。このころ，幕府は文化や芸術を保護するとともに，明《みん》と国交を開いて貿易を始めました。
⑥	稲荷山古墳《いなりやまこふん》	稲荷山古墳から，「ワカタケル大王《だいおう》」と書かれた刀剣《とうけん》が発見され，大王が豪《ごう》族《ぞく》を従《したが》え，広い勢力を持っていたことがわかります。この大王を中心とする国の政府を（□□□□□□□□）といいます。

Ⅰ　**カード**①～⑥の説明文の（　）にあてはまる語句をすべて**ひらがな**で答えなさい。なお，ひらがなの字数は**カード**中のマス目で示してあり，「っ」「ゃ」「ゅ」「ょ」などの小文字や濁点《だくてん》を含む「が」「ぎ」「ぐ」なども１文字として数えることとします。

Ⅱ　**カード**①～⑥の建物で近畿地方にあるものを**すべて**選び，カードの番号で答えなさい。

Ⅲ　**カード**①～⑥中の下線部のできごとを歴史的に古い順に並《なら》べかえ，カードの番号で答えなさい。

2 京子《きょうこ》さんは，『茶つみ』という歌を音楽の教科書で見つけ，お茶に関わることについて調べることにしました。右の**資料**は『茶つみ』の歌詞《かし》の一部です。これについて，次の（1）～（5）の問いに答えなさい。

資料

『茶つみ』
夏も近づく　八十八夜《はちじゅうはちや》
野にも山にも若葉《わかば》が茂《しげ》る
あれに見えるは
茶摘《ちゃつ》みじゃないか
茜襷《あかねだすき》に菅《すげ》の笠《かさ》

（1）京子さんは，茶葉を摘む時期が**資料**中の下線部のころであることを知りました。右の**図**は気象観測所《きしょうかんそくじょ》で使用されている観測装置《そうち》を表しています。また，次の**表**は，京子さんが住む地域の八十八夜のころにあたる，5月のある日の気象情報をまとめたものです。**表**中の**A**～**D**は，それぞれ**図**中の観測装置a～dを使って観測した内容です。**A**～**D**にあてはまるものとして適切なものを，下のア～キからそれぞれ1つずつ選び，記号で答えなさい。さらに，全国の気象観測所で自動的にデータを観測，集計するしくみのことを何と言いますか，**カタカナ**4字で答えなさい。

図

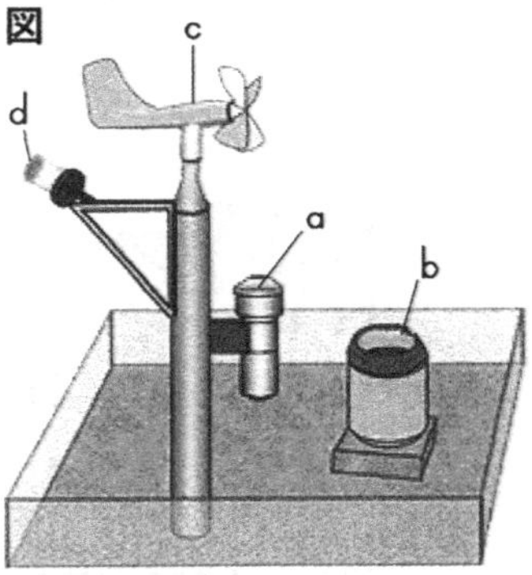

（気象庁ホームページより作成）

表

観測の内容	A		B	C	D
観測装置	a		b	c	d
観測の内容の値《あたい》	最高 26.6 ℃	最低 15.0 ℃	合計 0.0 mm	最大 秒速 5.5 m	合計 8.5 時間

ア　風速　　　　イ　降《ふ》った雨の量　　　　ウ　雷《かみなり》の回数
エ　雲の動く速さ　　　　オ　気温　　　　カ　太陽の高さ
キ　日照時間

（2）次の**メモ**は京子さんが天気と気温の関係をかいたものの一部です。文章中の①～④に入る語句を，下のア～コからそれぞれ1つずつ選び，記号で答えなさい。ただし，同じ記号は入りません。

メモ

晴れの日はくもりの日に比べて気温の変化が（　①　）。1日のうちで最も気温が低いのは（　②　）のころであることが多い。晴れとくもりのちがいは雲の（　③　）で決められていて，空全体を写した右の**写真**の場合，天気は（　④　）である。

写真

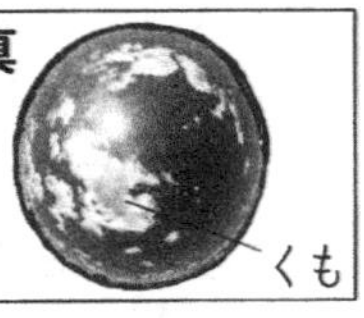

ア　大きい　　イ　小さい　　ウ　日の出　　エ　日の入り　　オ　色
カ　量　　キ　形　　ク　種類　　ケ　くもり　　コ　晴れ

（3）茶葉の育成には，２月から９月ごろにかけて適《てき》度《ど》に雨が必要だと知った京子さんは，９月ごろの日本付近の天気について調べました。次の**画像ア～ウ**は，日本付近におけるある年の９月16日から９月18日までの，それぞれの日の14時から15時までの１時間に降った雨の量を表したものです。また，下の**画像Ａ～Ｃ**は，それぞれ**画像ア～ウ**のいずれかの雲のようすを表したものです。**画像ア～ウ**にあてはまる雲のようすを，**画像Ａ～Ｃ**からそれぞれ選び，記号で答えなさい。

画像ア　９月16日

画像イ　９月17日

画像ウ　９月18日

画像ア～ウの雨の量　■５㎜未満　■５㎜～10㎜未満　□10㎜以上

画像Ａ

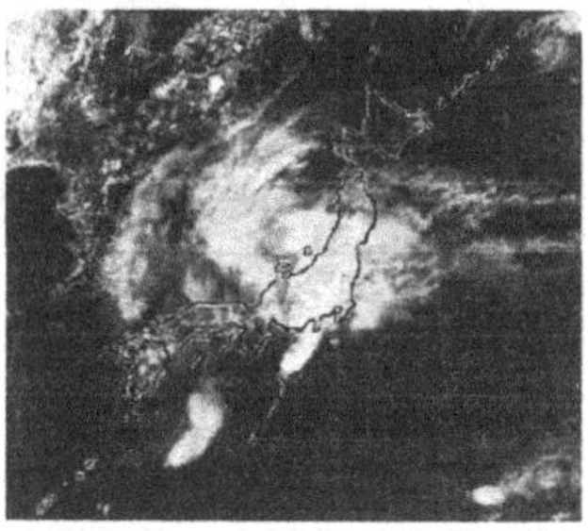

画像Ｂ

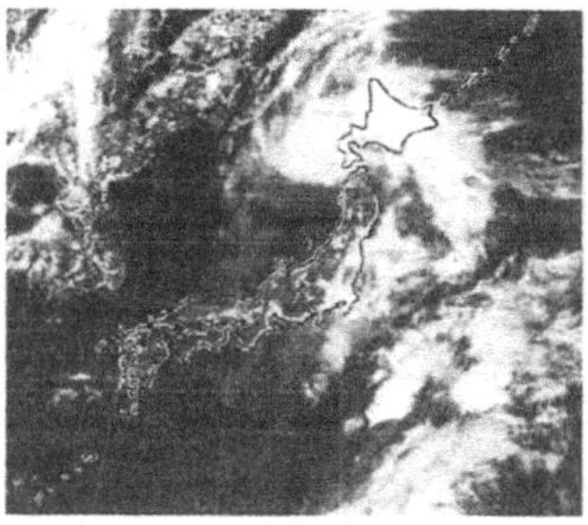

画像Ｃ

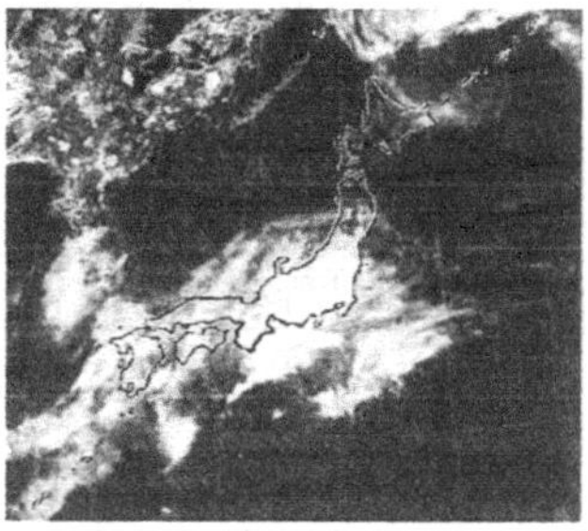

（日本気象協会　世界の雨分布より作成）

（4）京子さんは，茶葉の育て方のちがいによって，お茶の味にちがいが出ることを知り，次の**レポート１**にまとめました。これを読んで，あとの問いに答えなさい。

レポート１

日本茶には煎茶《せんちゃ》，玉露《ぎょくろ》，抹茶《まっちゃ》などたくさんの種類があり，どのお茶もチャノキという木の葉を使って作られています。お茶の葉に日光を当てる時間のちがいによって，葉にふくまれる渋《しぶ》みや甘味《かんみ》の成分にちがいが生まれることがわかりました。そこで，日光を当てる時間と植物の葉にできる養分の関係を調べるために，ジャガイモの葉を使って次の**【実験】**を行い，結果をまとめました。

１　**【実験】**

① 実験１日目。夕方，右の**図１**のように，大きさと厚さが同じような葉を３枚《まい》選び，それぞれアルミニウムはくで包んで日光に当たらないようにした。それぞれを，**葉ア**，**葉イ**，**葉ウ**，とした。

図１

② 実験２日目。葉**ア**～**ウ**にそれぞれ次の**〈操作《そうさ》〉**を行い，葉**ア**～**ウ**にデンプンがあるかどうか，ヨウ素液を使って調べた。また，その**〈結果〉**をまとめた。

	葉ア	葉イ	葉ウ
〈操作〉	朝，アルミニウムはくを外して葉をとり，すぐに，お湯につけてやわらかくなるまで煮《に》たあと，水で洗《あら》い，ヨウ素液につけた。	朝，アルミニウムはくを外して，そのまま４～５時間日光が当たる場所に置いた。その後，葉をとり，お湯につけてやわらかくなるまで煮たあと，水で洗い，ヨウ素液につけた。	朝，アルミニウムはくを外さずに，そのまま４～５時間日光が当たる場所に置いた。その後，アルミニウムはくを外して葉をとり，すぐにお湯につけてやわらかくなるまで煮たあと，水で洗い，ヨウ素液につけた。
〈結果〉	葉の色は，ヨウ素液につける前とつけた後では変わらなかった。	葉の色は，ヨウ素液につけた後に青むらさき色に変わった。	葉の色は，ヨウ素液につける前とつけた後では変わらなかった。

２　**【考察】**

（　ｉ　）をもとに考えると，実験２日目の朝には，実験で使ったジャガイモの葉**ア**～**ウ**のすべてにデンプンはなかったものと考えられます。このことと，葉**イ**の**〈結果〉**と葉**ウ**の**〈結果〉**をあわせて考えると，葉に（　ⅱ　）ことがわかりました。

【考察】中のｉにあてはまるものとして最も適切なものを，次のア～ウから１つ選び，記号で答えなさい。また，ⅱにあてはまる内容を10字以上15字以内で書きなさい。

ア　葉**ア**の**〈結果〉**　　イ　葉**イ**の**〈結果〉**　　ウ　葉**ウ**の**〈結果〉**

（５）京子さんはお茶に関わるさまざまな日本固有の文化があることを知り，調べたことを次の**レポート２**にまとめました。これを読み，次のページの**Ⅰ**・**Ⅱ**の問いに答えなさい。ただし，京子さんが行ったふりこの実験において，空気の影響《えいきょう》は考えないものとします。

レポート２

江戸《えど》時代には日常生活に密着《みっちゃく》した技術が発達しました。その中のひとつに右の**写真**のような「茶運び人形」というものがあります。

この茶運び人形には，人形を一定の速さで動かすために，ふりこのしくみを使った機械が入っています。茶運び人形の動く速さを変えるには，ふりこが１往復《おうふく》する時間を変えればよいことがわかりました。

そこで，ふりこが１往復する時間を変えるためには，どうすればよいかをたしかめるため，次のような**【実験】**を行いました。

写真

1　**【実験】**

① **図1**のような装置をつくり，ふりこが10往復する時間を３回はかり，その平均時間を調べた。ただし，ふりこのふらせはじめは，糸をはり，分度器で角度を確かめ，勢いをつけずに静かにおもりから手をはなした。また，**図2**のように，ふりこがふれてもどるまでを１往復とし，**ふれはば**とは**図2**で示した角度のこととした。

② ふりこの長さ，おもりの重さ，ふりこのふれたふれはばの３つについてそれぞれ条件を変えて，ふりこが10往復する時間を調べた。

図1

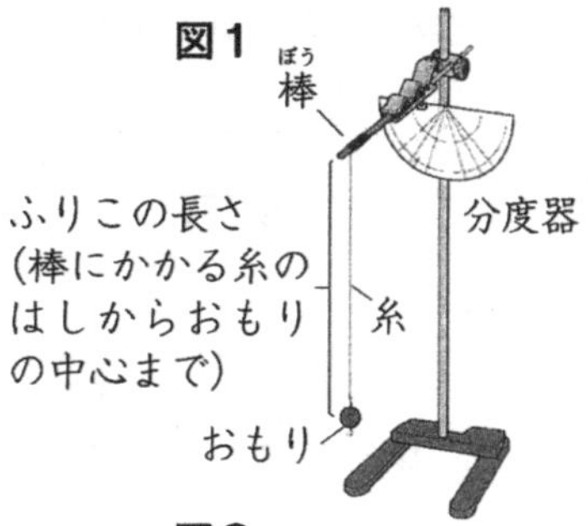

図2

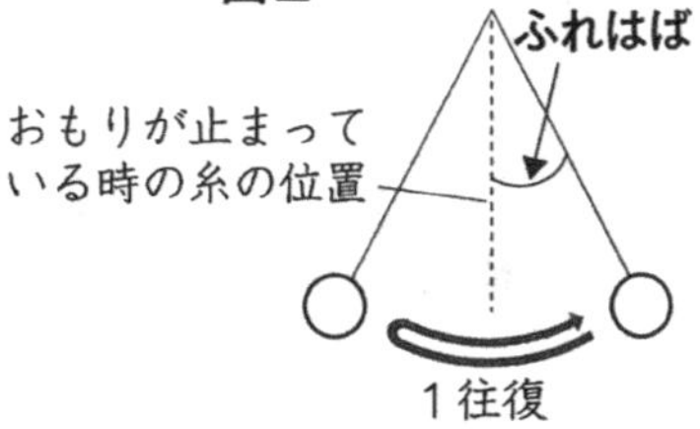

2　**【結果】**

条件を変えて実験を行った結果を**A～H**にまとめた。

	ふりこの長さ(cm)	おもりの重さ(g)	ふりこのふれはば(°)	ふりこが10往復する時間(秒)			
				１回目	２回目	３回目	10往復する時間の平均
A	30	10	5	10.8	10.8	10.8	10.8
B	30	10	15	10.7	10.8	10.6	10.7
C	30	30	5	10.8	10.7	10.7	10.7
D	30	30	15	10.8	10.9	10.8	10.8
E	70	10	5	16.8	16.7	16.7	16.7
F	70	10	15	16.8	16.8	16.7	16.8
G	70	30	5	17.0	16.8	16.9	16.9
H	70	30	15	16.9	17.0	16.9	16.9

3　**【まとめ】**

【結果】の［　ア　］を比べることで，おもりの重さを変えただけでは，10往復する時間はほとんど変わらないことがわかった。また，**A**と**B**を比べることで，ふりこのふれはばを変えただけでは，10往復する時間はほとんど変わらないことがわかった。さらに，**A**と**E**を比べることで，［　イ　］ことがわかった。

Ⅰ　**【まとめ】**中のアには「○と○」のように**A～H**から２つを選んだ組み合わせが入る。アに入る組み合わせとして正しいものを**すべて**答えなさい。

Ⅱ　**【結果】**から考えて，**【まとめ】**中のイにあてはまる内容を答えなさい。

3 次の**表**は太郎さんが2020年の国民の祝日についてまとめたものの一部です。これについて，あとの（1）～（7）の問いに答えなさい。

表

祝日名	日付	「法律《ほうりつ》」などで説明されていること
a春分《しゅんぶん》の日	3月20日	自然をたたえ，生物をいつくしむ。
憲法《けんぽう》記念日	5月3日	b日本国憲法の施行《しこう》を記念し，国の成長を期する。
海の日	7月23日	海のめぐみに感謝するとともに，c海洋国日本の繁栄《はんえい》を願う。
敬老《けいろう》の日	9月21日	多年《たねん》にわたり社会につくしてきたd老人を敬愛《けいあい》し，長寿《ちょうじゅ》を祝う。
e文化の日	11月3日	自由と平和を愛し，文化をすすめる。

（「国民の祝日に関する法律」より作成）

（1）**表**中の下線部aについて，太郎さんは，春分の日の日付は，太陽が見える方向や高さに関係するということを聞いて，太陽の光が地面にあたる角度を調べてみることにしました。そこで，右の**図1**のように，まず平らでかたむいていない地面に垂直《すいちょく》に100cmの棒《ぼう》を立てて，太陽の光によって地面にできる棒のかげの長さをはかることにしました。そして，かげの長さから，太陽の光が地面にあたる角度を求めるために，画用紙に1辺の長さが10cmの正方形をかき，それをもとに次の**資料1**を作成しました。そして，ある日のある時刻《じこく》にはかってみたところ，かげの長さは70cmでした。このとき，太陽の光が地面にあたる角度はおよそ何度だったと考えられますか。**資料1**を使って考え，もっとも近いものを，次のア～オから1つ選び，記号で答えなさい。

図1

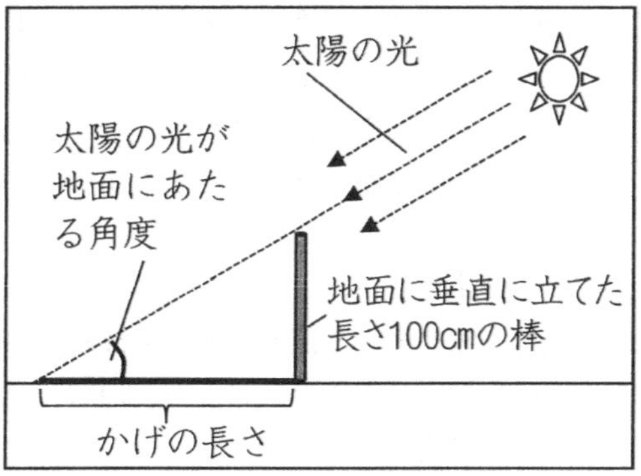

資料1

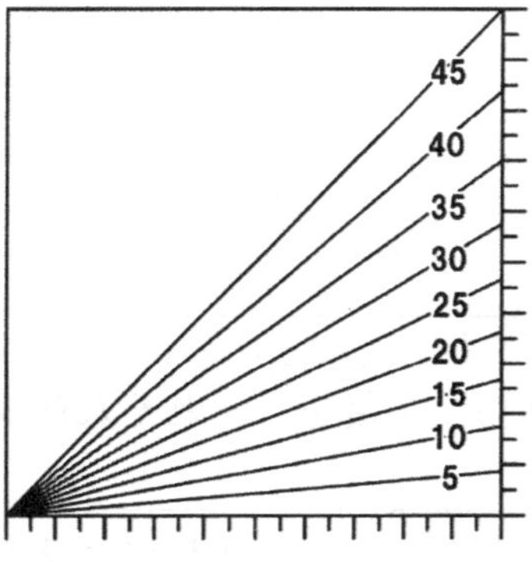

正方形の1辺の長さは10cmで，右の辺と下の辺には0.5cmごとに目盛《めも》りをつけている。正方形の左下の角《かど》から，下の辺との角度が5度，10度，15度…，となるように，5度間かくで45度まで，9本の線をひいている。それぞれの線にそえている数は，それぞれの線と正方形の下の辺との角度である。

ア　およそ25度　　イ　およそ35度　　ウ　およそ45度
エ　およそ55度　　オ　およそ65度

（2）**表**中の下線部 a の日に，太郎さんは家族とハイキングに出かけました。近くに川があったので，上流から下流に向かって歩くことにしました。太郎さんとお兄さんは川の中流あたりにくると，川原《かわら》には丸みのある石がたくさんあることに気がつきました。次の**会話文**を読んで，あとのⅠ，Ⅱの問いに答えなさい。

会話文

太郎：ぼくたちの足もとには丸みのある石がたくさんあるね。川の上流の石は，こんなに丸みのある石ではなかったよ。角ばっていたものが多かったね。

兄　：そうだね。上流の石とちがって，この中流あたりの石はどうしてこんなに丸みのある石が多いんだろうね。

太郎：角ばっていた石が，丸くなったのかな。

兄　：川の流れに関係があるのかもしれないね。

太郎：川の曲がっているところの地形について理科で学習したよ。川が曲がって流れているところは，川の曲がっているところの外側の岸の土が［ ① ］いき，内側は土が［ ② ］いくんだ。

兄　：なるほど。流れの速さもちがうように見えるね。

太郎：うん。川の曲がっているところの外側の方が流れは［ ③ ］よ。川の曲がっているところの内側は流れが［ ④ ］から，土が［ ② ］いくんだ。

兄　：川の水量が増えたときも川の水の中の土や砂が運ばれていくよ。日本は山地が多くて，山から海までの距離が短いから，上流から下流までのかたむきが［ ⑤ ］な川が多いんだ。

太郎：土や砂が下流の方まで運ばれていったらどうなるのかな。

兄　：ゆるやかな流れになった河口《かこう》付近でたまっていくよ。長い年月をかけて土地のようすを変えていくんだ。

Ⅰ　**会話文**中の①～④に当てはまる言葉の組み合わせとして適切なものを，次の**ア**～**エ**から１つ選び，記号で答えなさい。また，⑤にあてはまる言葉を答えなさい。

	①	②	③	④
ア	けずられて	積もって	速い	ゆるやかだ
イ	けずられて	積もって	ゆるやかだ	速い
ウ	積もって	けずられて	速い	ゆるやかだ
エ	積もって	けずられて	ゆるやかだ	速い

Ⅱ　次の文章は，太郎さんが流れる水のはたらきについてまとめた**レポートの一部**です。**A**～**C**に入る適切な言葉を，それぞれ**ひらがな**で答えなさい。

レポートの一部

流れる水には，土をけずったり，けずった土をおし流したり，積もらせたりするはたらきがある。流れる水が，地面などをけずることを（ **A** ），けずったものをおし流すことを（ **B** ），積もらせることを（ **C** ）という。

(3) **表**中の下線部ｂに関連して，次のⅠ～Ⅲの問いに答えなさい。

資料2

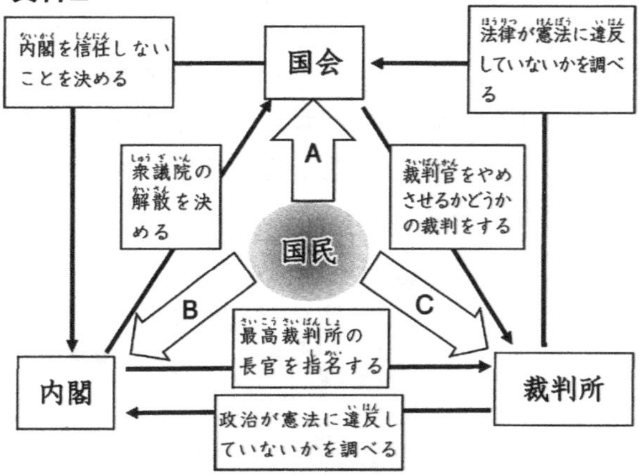

Ⅰ　右の**資料2**は，国民および国会・内閣《ないかく》・裁判所《さいばんしょ》の関係を表したものです。国会・内閣・裁判所はお互《たが》いに対する権利《けんり》を持ち合っていますが，国会・内閣・裁判所が国の重要な役割《やくわり》を分担《ぶんたん》するしくみを何というか，**ひらがな**で答えなさい。

Ⅱ　**資料2**中の裁判所についての説明として**まちがっている**ものを，次のア～エから１つ選び，記号で答えなさい。

ア　国民は，だれでも裁判を受ける権利をもっており，判決に納得《なっとく》できない場合は，３回まで裁判を受けることができる。

イ　裁判員裁判は，刑罰《けいばつ》の重い軽いにかかわらず，すべての事件の裁判で行われる。

ウ　裁判員裁判は，国民が主権者として裁判への関心を持つとともに，国民の感覚を裁判にいかすことを目的としている。

エ　裁判所は，社会で起こるさまざまな争いごとや犯罪を憲法や法律にもとづいて解決し，国民の権利を守る働きをしている。

Ⅲ　国会・内閣・裁判所と国民とのそれぞれの関係について，**資料2**中の**A**～**C**にあてはまる語句の組み合わせとして最も適切なものを，次のア～カから１つ選び，記号で答えなさい。

ア	**A**：国民審査《しんさ》	**B**：選挙《せんきょ》	**C**：世論《せろん》(よろん)
イ	**A**：国民審査	**B**：世論	**C**：選挙
ウ	**A**：選挙	**B**：国民審査	**C**：世論
エ	**A**：選挙	**B**：世論	**C**：国民審査
オ	**A**：世論	**B**：国民審査	**C**：選挙
カ	**A**：世論	**B**：選挙	**C**：国民審査

（4）**表**中の下線部 c について，次のⅠ，Ⅱの問いに答えなさい。

Ⅰ　海洋国である日本は歴史上たくさんの国と交流してきました。次の**絵**は，外国から伝わったものが勝敗に大きな影響をおよぼした日本の戦いのようすをえがいたものの一部です。この戦いで勝利したのは，**絵**中の川をはさんだ〈右側の軍〉と〈左側の軍〉のどちらか，下のア，イから１つ選び，記号で答えなさい。また，そのように考えた理由を，**絵**中にえがかれた外国から伝わったものが何かを明らかにして答えなさい。

絵　〈左側の軍〉　川　〈右側の軍〉

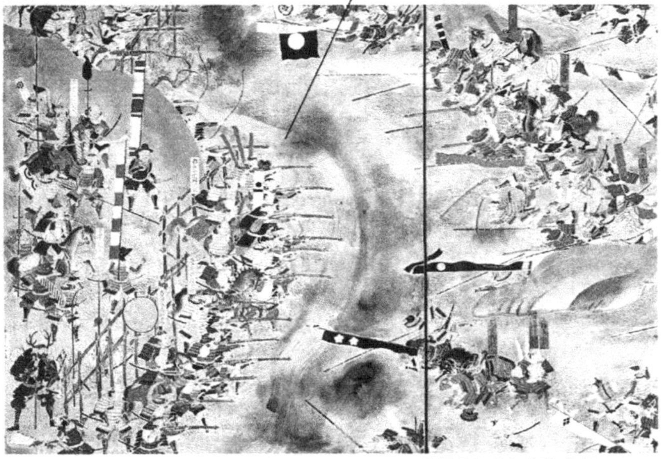

（長篠合戦《ながしのかっせん》図《ず》屏風《びょうぶ》より）

ア　〈右側の軍〉が勝利した。
イ　〈左側の軍〉が勝利した。

Ⅱ　**絵**にえがかれた戦いに参加した人物のひとりはのちに，右の**写真**のものさしを使って田畑の広さを調べ，さらに土地のよしあし，収穫《しゅうかく》量，耕作している人の名前を記録し，安定した収入を得ることに成功しました。この全国の村ごとに行われた調査を何といいますか，**ひらがな**３字で答えなさい。

写真

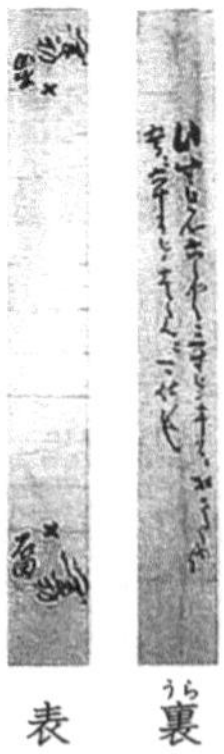

表　裏《うら》

（5）**表**中の下線部ｄについて，右の**資料３**は高齢化率《こうれいかりつ》の高い都道府県から順に示したものの一部です。高齢化率とは，65歳以上の高齢者が各都道府県における総人口《そうじんこう》に占《し》める割合のことをいいます。この**資料３**からわかることとして正しいものを下のア～エから１つ選び，記号で答えなさい。

資料３

	2018年		2045年（予想）	
順	都道府県	高齢化率(%)	都道府県	高齢化率(%)
1位	秋田県《あきた》	36.4	秋田県	50.1
2位	高知県《こうち》	34.8	青森県《あおもり》	46.8
3位	島根県《しまね》	34.0	福島県《ふくしま》	44.2
4位	山口県《やまぐち》	33.9	岩手県《いわて》	43.2
5位	徳島県《とくしま》	33.1	山形県《やまがた》	43.0
⋮	⋮	⋮	⋮	⋮
46位	東京都《とうきょう》	23.1	沖縄県	31.4
47位	沖縄県《おきなわ》	21.6	東京都	30.7

（内閣府 令和元年度 高齢者社会白書より作成）

ア　2018年の高齢化率の高い都道府県の上位５位までは中国地方，四国地方，東北地方に位置する県であり，2045年に高齢化率が高くなると予想される都道府県の上位５位まではすべて中部地方に位置している。

イ　2018年の高齢化率の高い都道府県の上位５位までは太平洋《たいへいよう》に面している県であり，2045年に高齢化率が高くなると予想されている都道府県の上位５位も太平洋に面している。

ウ　2018年の東京都および沖縄県の高齢化率は，2045年に予想されている最も高い高齢化率の都道府県の半分以下である。

エ　2045年の東京都および沖縄県の高齢化率は，2018年の高齢化率の高い都道府県の上位５位までのいずれの高齢化率よりも高くなると予想されている。

（6）**表**中の下線部ｅについて，太郎さんは武士が政治を行っていたころの文化を調べました。初めて武士によって幕府が開かれたあとの文化について説明した文として正しいものを，次のア～オから**すべて**選び，記号で答えなさい。

ア　人々のあいだにお茶を飲む習慣が広まり，静かにお茶を楽しむための茶の湯の作法《さほう》が定められた。

イ　日本の成り立ちを国の内外に示すために『古事記《こじき》』や『日本書紀《にほんしょき》』という歴史の本がつくられた。

ウ　まちや村にくらす人々が楽しんだ舞《まい》や歌などの芸能が発展《はってん》し，能《のう》や狂言《きょうげん》という芸術が確立された。

エ　かな文字で書かれた『源氏物語《げんじものがたり》』や『枕草子《まくらのそうし》』には，登場人物の細やかな心の動きが表現された。

オ　社会の不安をしずめて国を治めようと，大陸から伝わった技術をもとに東《とう》大寺《だいじ》に大仏《だいぶつ》がつくられた。

（7）**表**中の下線部ｅに関わって，太郎さんは日本特有の「和ろうそく」と呼ばれるろうそくがあることを知りました。次の文章は，太郎さんが「和ろうそく」について調べてかきとめた**レポート**です。これを読み，あとの問いに答えなさい。

レポート

〈和ろうそくについて〉

・植物からとった「ろう」を使っている。

・ろうそくの中央にある，「しん」の部分は，筒《つつ》状《じょう》に丸めた和紙に植物からとったスポンジ状のものをまき付けている。

・「しん」の部分は空どうになっていて，<u>ろうそくが安定して燃え続けることができる理由</u>のひとつである。

和ろうそく

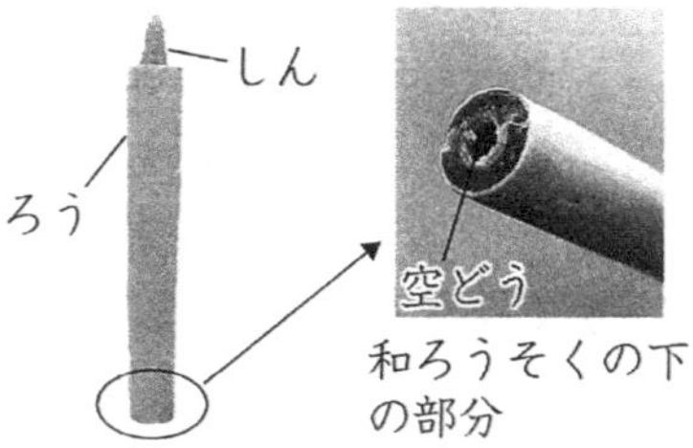

和ろうそくの下の部分

〈和ろうそくの炎《ほのお》のしくみ〉

・ろうそくの「しん」に火をつけると，熱でまわりの「ろう」がとけ出し，「しん」の和紙にしみこんで吸《す》い上げられる。

・吸い上げられた「ろう」は，炎の熱でさらに加熱されて蒸《じょう》発《はつ》して気体となり，空気中の酸素を使って燃える。

・ろうそくの「しん」は空どうになっていて，［　　　　　　］ため，ろうそくが安定して燃え続けることができる。これは，下の**写真**のように，まきの方向を段《だん》ごとに変えて組み上げた場合と同じような効果が出ていると考えられる。

炎のしくみ

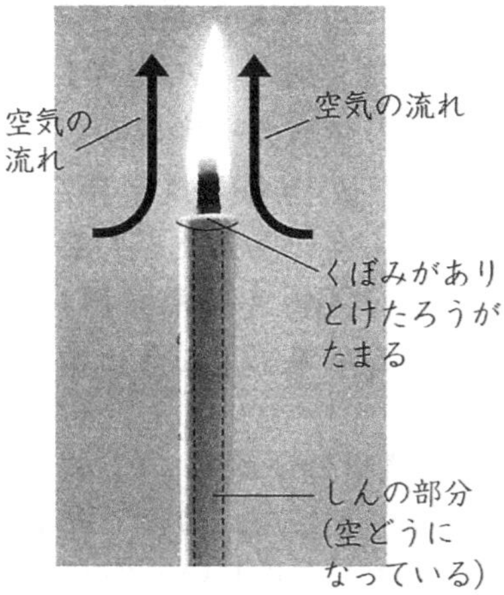

写真

太郎さんの**レポート**の下線部「ろうそくが安定して燃え続けることができる理由」について，〈和ろうそくの炎のしくみ〉の部分で説明をしている。**写真**のようなまきの組み方と同じような効果が出ていることを参考に，和ろうそくのしんの空どうが果たす役割について，**レポート**の空らん［　　　　　　］に入る適切な表現を，「空気」という言葉を用いて答えなさい。

【適性をみる検査Ⅱおわり】

令和３年度入学考査

適性をみる検査Ⅲ

注　意

1　「解答を始めなさい」の合図があるまで，この問題用紙を開いてはいけません。
2　問題は，１ページから６ページまであります。問題用紙のあいている場所は，下書きや計算などに使用してもかまいません。
3　指示にしたがい，**記入用紙**に受付番号を書きなさい。
4　検査時間は50分間です。
5　解答はすべて，**記入用紙**に記入しなさい。
6　**記入用紙**の※印のらんには何も記入してはいけません。
7　「解答をやめなさい」の合図があるまで，問題に取り組んでいてもかまいません。

1 ひろとさんとあおいさんは，次の図で表した２とおりのタイルの並《なら》べ方について，並んでいるタイルの枚数《まいすう》を数えようとしています。下の二人の会話文を読み，あとの（１），（２）の問いに答えなさい。

【並べ方①】

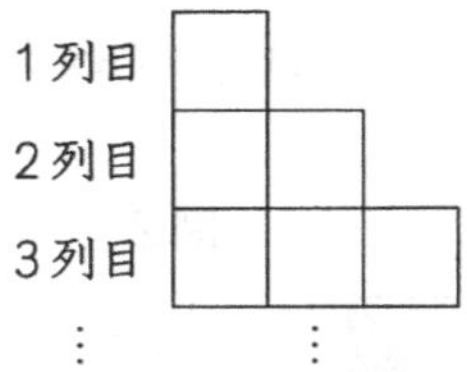

１列目にタイルを１枚並べ，列が１列増えるごとに，並べるタイルが１枚ずつ増える

【並べ方②】

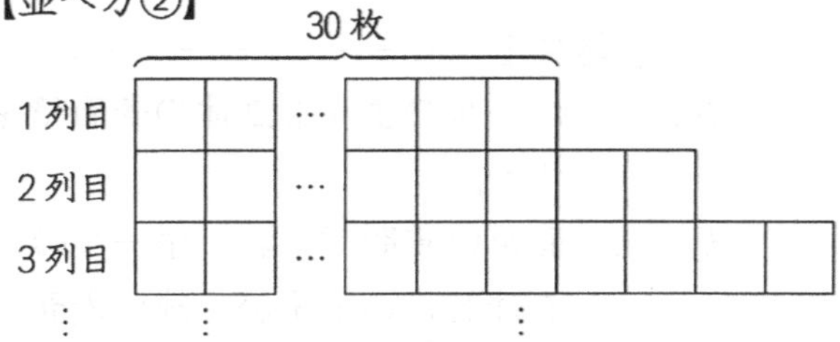

１列目にタイルを30枚並べ，列が１列増えるごとに，並べるタイルが２枚ずつ増える

会話文

ひろと：【並べ方①】で80列目まで並べると，タイルの枚数は全部で何枚になるかな。１から80までのすべての整数をたすと計算できるけれど大変だね。

あおい：ひろとさんの計算はくふうができそうだよ。１と80，２と79，３と78，… のような組み合わせを考えていくと，たして81になる組み合わせが [ア] 個できるから，すべてのタイルの枚数は [イ] 枚と計算できるね。

ひろと：本当だ！くふうすると計算が簡単《かんたん》になるね。

あおい：他にも問題を考えられないかな。たとえば，【並べ方①】で，すべてのタイルの枚数が初めて1000枚をこえるのは，何列目まで並べたときだろう？

ひろと：あおいさんの考え方を参考にすると計算できそうだよ。えっと… [ウ] 列目まで並べると，タイルの枚数が全部で [エ] 枚になるから，初めて1000枚をこえるね。

あおい：確かめてみたけれど本当だね。

ひろと：【並べ方②】についても考えてみよう。この並べ方で15列目まで並べると，タイルの枚数は全部で何枚になるかな？

あおい：15列目に並んでいるタイルの枚数は [オ] 枚だから，すべてのタイルの枚数を計算すると， [カ] 枚になるね。

ひろと：実際に枚数を数えてみると，あおいさんの計算結果と同じになったよ。

（１）会話文中の [ア] ～ [エ] にあてはまる数を答えなさい。

（２）会話文中の [オ] ， [カ] にあてはまる数を答えなさい。

2 立体の表面全体の面積を表《ひょう》面《めん》積《せき》といいます。球の表面積の求め方について，あきこさんは先生と会話しました。次の会話文Ⅰを読み，下の（1）の問いに答えなさい。ただし，立体にペンキをぬるときは，すべて同じ厚さでぬるものとします。

会話文Ⅰ

あきこ：ボールのような立体の表面積を求めたいのですが，求め方はありますか。

先　生：面白い質問ですね。ボールのような立体を球といいますが，球の表面積を求める公式は存《そん》在《ざい》します。球の表面積について考える前に，**図1**のような縦《たて》10cm，横10cm，高さ20cmの直方体の表面積は分かりますか。

図1

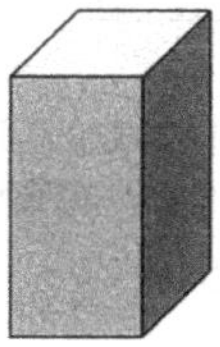

図2

あきこ：面は全部で6つあるので，表面積は[ア]cm²だと思います。

先　生：その通りです。では，**図2**のような直径20cmの球の表面積を考えてみましょう。

あきこ：面が平らでないのでどうすればいいか分かりません。

先　生：くふうして求める方法はないでしょうか。直方体の表面積の値《あたい》を利用してもかまいませんよ。

あきこ：それぞれの立体の表面全体にペンキをぬり，増えた重さの関係から求める方法はどうでしょうか。

先　生：いいアイデアですね。さっそく，**図3**のような0.1gまで測ることができる電子てんびんを使って実験してみましょう。

図3

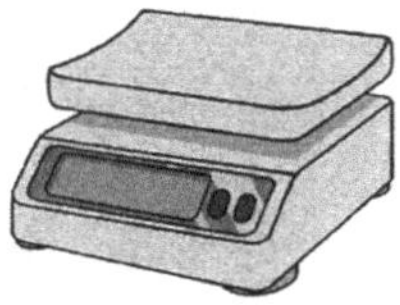

あきこ：**図1**の直方体の表面全体にペンキをぬると重さは3.6g増加しました。**図2**の球の表面全体にペンキをぬると重さは4.5g増加しました。これらの値から計算すると，**図2**の球の表面積は[イ]cm²になると思います。

先　生：その通りです。

（1）会話文Ⅰ中の[ア]，[イ]にあてはまる数を答えなさい。

右ページの会話文Ⅱを読み，あとの（2），（3）の問いに答えなさい。

記入用紙1

適性をみる検査Ⅰ

一

(1) 自己意識が高まる青年期を生きている人にとって、

40字

50字

ということ。

(2)

a

b

c

d

(3)

(4)

A

B

C

D

E

(5)

(6)

生きる。

※

※

※

※

※

※

※100点満点
（配点非公表）

※

受付番号	

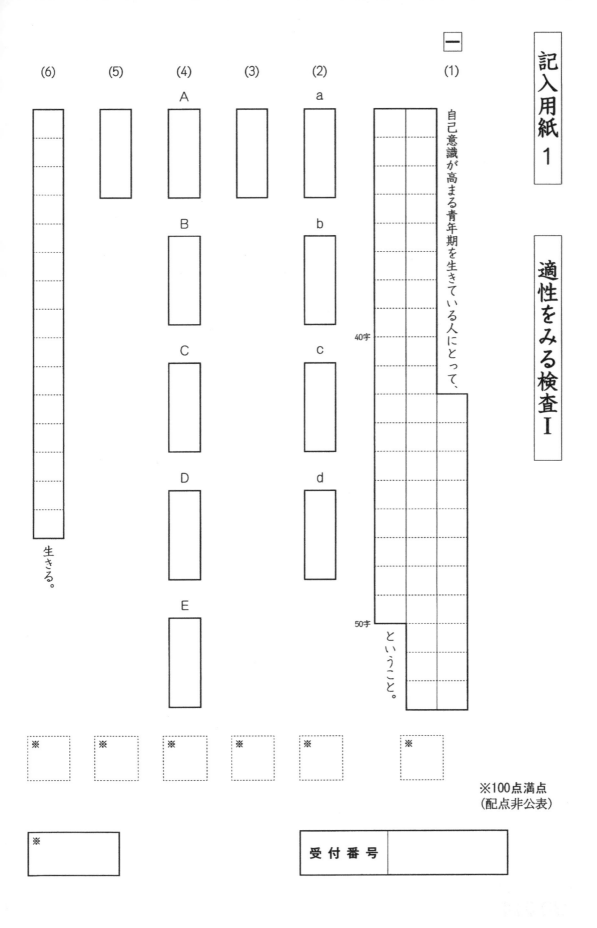

受付番号

※

2

(1)	A (　　) B (　　) C (　　) D (　　)	※
	しくみ □□□□	※
(2)	① (　　　) ② (　　　) ③ (　　　) ④ (　　　)	※
(3)	画像ア (　　) 画像イ (　　) 画像ウ (　　)	※
(4)	i (　　　　)	※
	ii 葉に (□□□□□□□□□□ 10字 □□□□□) ことがわかりました。	※
(5)	I	※
	II	※

記入用紙2

適性をみる検査Ⅱ

受付番号

※

3

(1)				※
(2)	Ⅰ	組み合わせ		※
		⑤		※
	Ⅱ	A (　　　) B (　　　) C (　　　)		※
(3)	Ⅰ			※
	Ⅱ			※
	Ⅲ			※
(4)	Ⅰ	記号		※
		理由		※
	Ⅱ			※
(5)				※
(6)				※
(7)	「しん」は空どうになっていて, (　　　　　　　　　　　　　) ため			※

※

3

(1)	合計　　　　本	種類　　　　種類
(2)	：	
(3)		
(4)	合計　　　　本	色の混ざったリボン　　　　本

※

※

※

※

(5)

※

点線（-----------）は10cmごとの区切りを表しています。

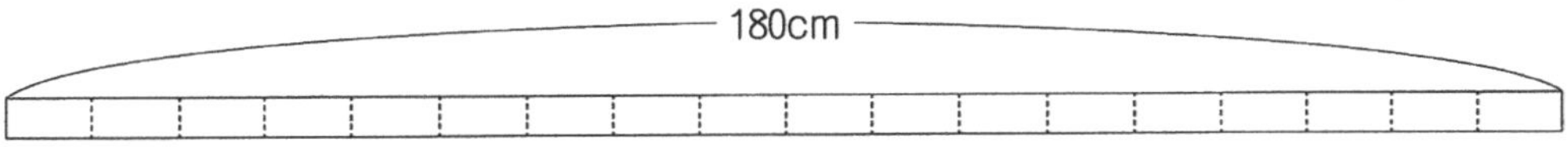

※

4

(1)	A　　　　分後	B　　　　分後	C　　　　分後	
(2)	時間　　　　分　　　　秒後			
	B　右まわりに　　　　m		C　右まわりに　　　　m	
(3)	ア	イ	ウ	エ

※

※

※

記入用紙

適性をみる検査Ⅲ

受 付 番 号

※100点満点
(配点非公表)

※

1

(1)	ア	イ	※
	ウ	エ	
(2)	オ	カ	※

※

2

(1)	ア	イ	※
(2)			※
(3)			※

記入用紙1

適性をみる検査Ⅱ

受付番号

※100点満点
(配点非公表)

※

1

(1)	Ⅰ	□□□□□□	(　　　)歳以上	※
	Ⅱ	県庁所在地名(　　　　)市	記号(　　　)	※
		県庁所在地名(　　　　)市	記号(　　　)	※
		県庁所在地名(　　　　)市	記号(　　　)	※
	Ⅲ			※
(2)	Ⅰ	(　　　　　)県		※
	Ⅱ	大阪府は □□□□□□□□□□ (6字) ため,面積が大きくなった。		※
(3)	Ⅰ	① □□□□□		※
		② □□□□□□□		※
		③ □□□		※
		④ □□□□		※
		⑤ □□□□□□□□		※
		⑥ □□□□□□□□		※
	Ⅱ			※
	Ⅲ	(　)→(　)→(　)→(　)→(　)→(　)		※

記入用紙2

適性をみる検査Ⅰ

三

450字
(30行)

360字

※

※

※

※

※

※

受付番号	

40字

という現象。

30字

(2)

(3)

Ⅰ

Ⅱ

40字

と予想している。

30字

(4)

ア 初め 終わり

イ 初め 終わり

ウ 初め 終わり

※ ※ ※ ※ ※ ※ ※

※

三 記入用紙２に書きなさい。

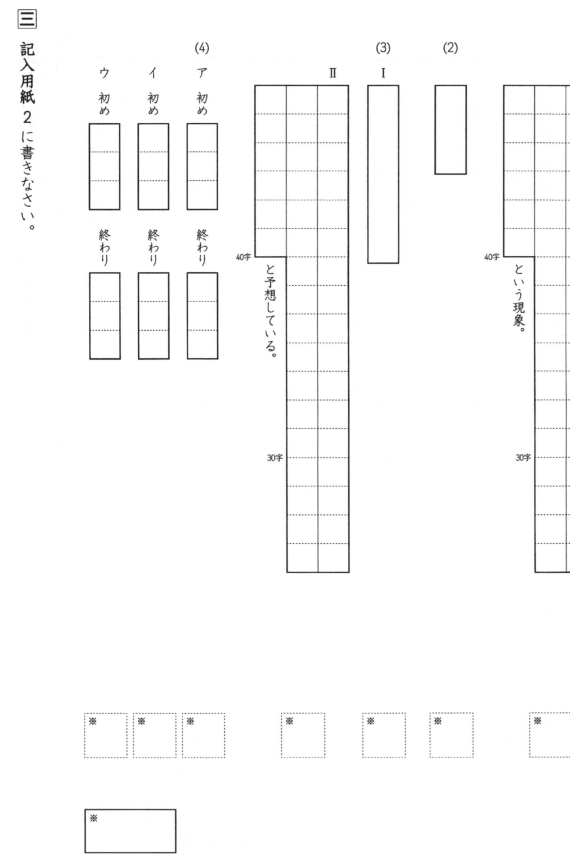

会話文Ⅱ

あきこ：円の面積や円周を求めるときには，計算の途《と》中《ちゅう》で円周率をかけましたが，球の表面積を求めるときにも，何かに円周率をかけるのでしょうか？

先　生：その予想は合っています。では，何に円周率をかけると思いますか。

あきこ：授業で円周率の値を求めたときのように，「球の表面積÷円周率」を計算すれば予想できるかもしれません。

先　生：すばらしいです！さきほどの**図2**の球について，実験から表面積を求めましたが，球の表面積÷円周率はいくらになりますか。円周率を3.14とし，$\frac{1}{10}$の位を四《し》捨《しゃ》五《ご》入《にゅう》して整数で答えてください。

あきこ：[ウ] になります。

先　生：その通りです。球の直径をかえて同じように実験と計算を行い，球の表面積の求め方を予想してみましょう。

あきこ：同じように実験して計算すると，結果は次の表のようになりました。

直径（cm）	10	20	30	40
球の表面積÷円周率	97	[ウ]	902	1601

先　生：球の表面積÷円周率は，直径とどのような関係があるでしょうか？

あきこ：…ややこしくてよく分かりません。

先　生：実験で用いた電子てんびんは0.1gまでしか測れないので，計算して求めた値と実際の値との間には，ずれがあると考えられます。①およその数で考えると，②直径と球の表面積÷円周率との間に関係は見つかりませんか？

あきこ：およその数で考えると関係が見つかりました！

先　生：どのような関係か説明できますか。③球の表面積を直径から求める式も予想してください。

あきこ：[X]

先　生：その通りです。球の表面積の求め方も正しく予想できています。

（2）会話文Ⅱ中の [ウ] にあてはまる整数を答えなさい。

（3）会話文Ⅱ中の [X] には，あきこさんの説明が入ります。「直径」「円周率」ということばを必ず用い，下線部①～③の内容をすべてふくめて，適切な説明をかきなさい。

3 太郎《たろう》さんは，リボンを折ってから切ることで，リボンをいくつかに切り分けることにしました。**図1**のように，長さが半分になるように折ることを【2つ折り】，長さが3分の1になるように折ることを【3つ折り】とします。また，**図2**の例のように，1度折ったリボンをさらに折ることもできます。太郎さんが用いるリボンはすべて長方形の形をしており，**図1**，**2**のように，リボンを折るときは常に右側を固定して端《はし》と端がぴったり重なるように折ることとします。

図1

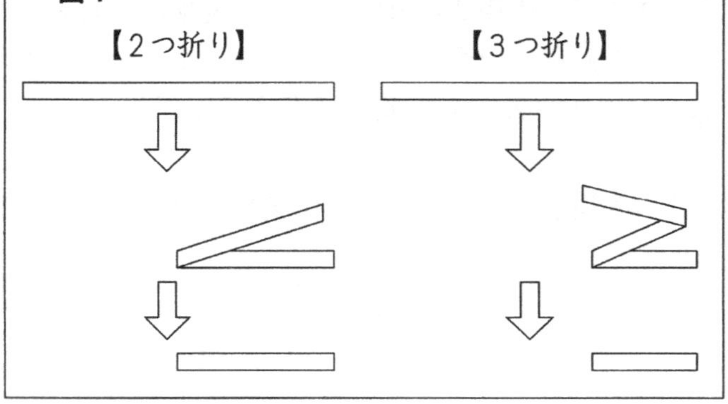

図2

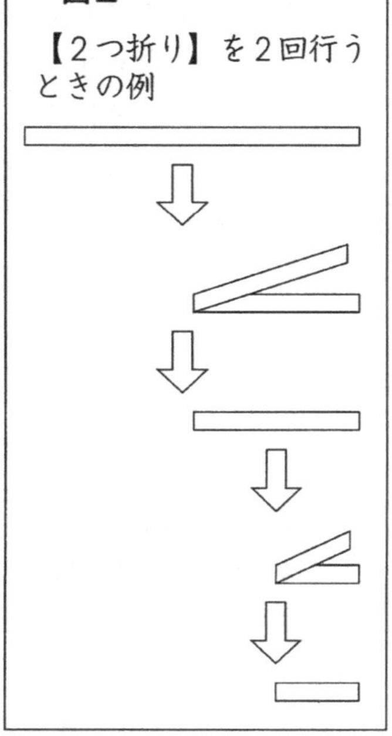

また，リボンを切ったときの左側の長さと右側の長さの比がa：bになるように切り分けることを，《a：bで切る》とします。ただし，aとbは整数とし，重なっているリボンは，ずれないように重なったまま切るものとします。**図3**は，40cmのリボンを【2つ折り】にし，《1：1で切る》ときを例として表しています。この場合は20cmのリボンが1本，10cmのリボンが2本できるので，できるリボンの長さは2種類で，合計3本のリボンに切り分けられます。

図3

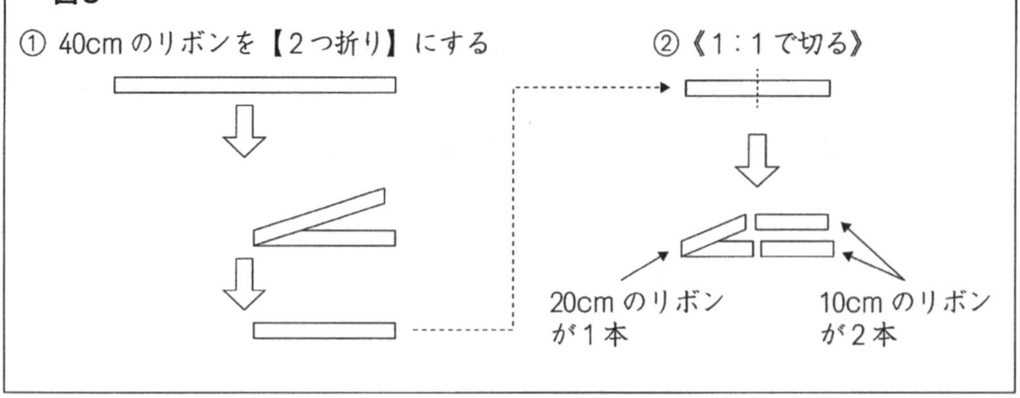

次の（1）～（5）の問いに答えなさい。ただし，リボンは伸《の》び縮《ちぢ》みしないものとし，リボンの厚さは考えないものとします。

（1）120cm のリボンを【3つ折り】にし，《2：3で切る》と，合計何本のリボンができますか。また，できるリボンの長さは何種類になりますか。

（2）100cm のリボンを【2つ折り】にし，《□で切る》と，切り分けられたリボンの長さがすべて同じになりました。□にあてはまる比を，最も簡単《かんたん》な整数の比で答えなさい。

（3）60cm のリボンを【2つ折り】にし，さらに【2つ折り】にしたものを《1：2で切る》と，何 cm のリボンが何本できますか。□cm が□本，という形で**すべて**答えなさい。

（4）90cm の白いリボンを用意し，**図4**のように，両端の 30cm だけ両面ともすべて黒くぬりました。このリボンを【3つ折り】にし，さらに【3つ折り】にしたものを《1：1で切る》と，合計何本のリボンができますか。また，切り分けられたリボンのうち，白色と黒色の混ざったリボンは何本ありますか。

図4

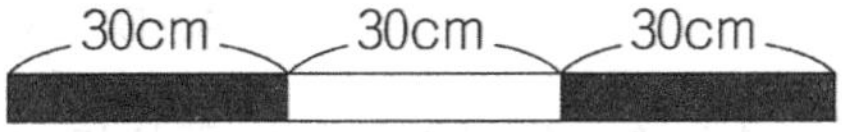

（5）白色と黒色で色分けされた 180cm のリボンを【2つ折り】にし，さらに【3つ折り】にしたものを《2：1で切る》ことにしました。すると，切ったところから左側にあるリボンはすべて白色，右側にあるリボンはすべて黒色で，白色と黒色の混ざったリボンは1本もありませんでした。このとき，はじめのリボンはどのように色分けされていたか，**記入用紙**の長方形（□）の中をぬって示しなさい。ただし，リボンの黒色の部分のみをぬることとします。また，**記入用紙**の長方形は 180cm のリボンを表し，点線（┈┈┈┈）は 10cm ごとの区切りを表しています。

4 **図1**のような1周960mのコースがあり，スタート地点には5分間ごとに消灯と点灯をくり返すランプがあります。A，B，Cの3人は，それぞれ分速120m，分速80m，分速60mの速さで，次の《きまり》にしたがってこのコースを一定の速さで移動し続けます。

図1

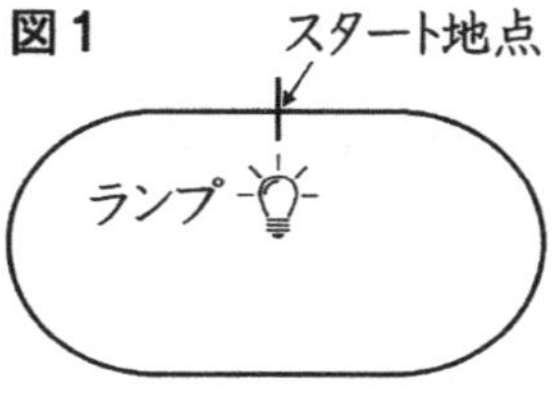

《きまり》

・スタート地点から出発し，右まわりに移動し始める。
・スタート地点に到着《とうちゃく》するたびに，そのときのランプの状態によって，その後移動する方向を次のように決定する。
　ランプが消灯している　→　右まわり
　ランプが点灯している　→　左まわり

3人が同時に出発してから30秒後に，消灯していたランプが点灯しました。**図2**は，3人が出発してからの時間とランプの状態の関係を途中《とちゅう》まで表したものです。下の（1）～（3）の問いに答えなさい。ただし，移動する方向を変える際にかかる時間は考えないこととします。

図2

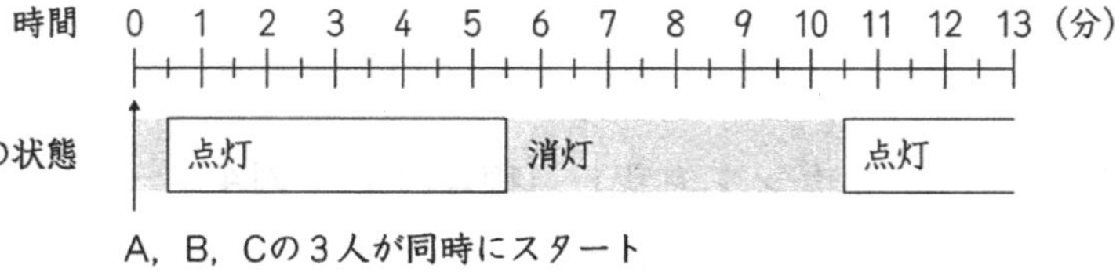

（1）A，B，Cのそれぞれについて，初めて左まわりに移動し始めるのは，3人が出発してからそれぞれ何分後ですか。

（2）Aが初めてだれかと出会うのは，3人が出発してから何分何秒後ですか。また，そのときのB，Cの位置はそれぞれスタート地点から右まわりに何mの位置ですか。

（3）次の文章中の［ア］～［エ］にあてはまる数を答えなさい。

初めて全員が左まわりに移動している状況《じょうきょう》になるのは，3人が出発してから［ア］分後から［イ］分間です。その後，2回目に全員が左まわりに移動している状況になるのは，3人が出発してから［ウ］分後から［エ］分間です。

【適性をみる検査Ⅲおわり】

令和２年度入学考査

適性をみる検査Ⅰ

注意

1 「解答を始めなさい」の合図があるまで、この問題用紙を開いてはいけません。

2 問題は、1ページから8ページまであります。問題用紙のあいている場所は、下書きや計算などに使用してもかまいません。

3 記入用紙は、**記入用紙１**と**記入用紙２**があります。指示にしたがい、**記入用紙１**と**記入用紙２**に、一か所ずつ受付番号を書きなさい。

4 検査時間は50分間です。

5 一・二の解答は**記入用紙１**に、三の解答は**記入用紙２**に記入しなさい。

6 記入用紙の※印のらんには何も記入してはいけません。

7 「解答をやめなさい」の合図があるまで、問題に取り組んでいてもかまいません。

京都府立南陽高等学校附属中学校

一　次の文章を読んで、あとの(1)～(5)の問いに答えなさい。

（注意）　＊のついている語句の説明が7～8ページにあります。

なぜマグロ類や＊ホホジロザメなどの一部の魚類において、高い体温という不思議な特徴《とくちょう》が進化したのだろうか。いいかえるならば、高い体温のもたらす生存《せいぞん》上の＊メリットとはいったい何なのだろう。

私《わたし》が注目していたのは、ホホジロザメの平均的な遊泳スピードであった。（　中　略　）
マグロ類やホホジロザメは赤黒い筋肉《きんにく》（＊血合《ちあい》）を絶え間なく収縮《しゅうしゅく》させる＊有酸素運動によって熱を発生させ、体温を高めている。筋肉が温かいのだから、＊温度係数（Q_{10}）の効果によって筋肉の＊活性が上がっていると考えるのが自然だ。

ということは、ホホジロザメは他の＊変温性の魚に比べて尾《お》びれをすばやく振《ふ》ることができ、ひいてはより速い遊泳スピードを長時間にわたって維持《いじ》できるのではないか。これが私の事前の予想であった。もしもそれをデータとしてはっきり示すことができれば、高い体温の進化的な意義を世界で初めて証明できたことになり、すばらしい論文《ろんぶん》が書けるはずだと私は大いに期待していた。

で、胸《むね》を［ X ］せながら早速《さっそく》データを見てみる。今回の調査で記録されたホホジロザメの遊泳スピードは、平均で時速四キロほどであった。ただし状況《じょうきょう》によってはそれより速く泳ぐことがあるようで、たとえばあるサメはデータの記録期間中に約一〇キロ離《はな》れた別の島の近くまで移動したが、その際の平均遊泳スピードは時速七キロであった。

この時速四キロ――場合によっては時速七キロ――という値《あたい》は、果たして速いといえるのだろうか。直感ではなんともわからない。そこで私は今までに＊バイオロギング技術によって計測された魚類の遊泳スピードのデータを、文献《ぶんけん》や自分の過去の研究に基《もと》づいて集められるだけ集めてみた。その結果、タラやサケなどの変温性魚類だけでなく、マグロ類やホホジロザメなどの＊中温性魚類をも含《ふく》む、計四六種の魚類のデータを揃《そろ》えることができた。

これだけのデータがあれば、中温性魚類が変温性魚類に比べて速く泳ぐといえるのかどうか、統計的に＊厳密《げんみつ》で公正な比較《ひかく》ができる。そう、＊グラディ博士らが多数の動物の成長速度を＊一つの組板《まないた》に載《の》せて分析《ぶんせき》することにより、恐竜《きょうりゅう》の成長速度が＊恒温《こうおん》動物と＊変温動物のちょうど中間にくることを示したように。さあ、果たして中温性魚類は速いのか、勝負の時だ。結果は二つに一つ。

これ以上なく明らかな結果が出た。マグロ類やホホジロザメなどの中温性魚類は、同じ大きさの変温性魚類に比べて二・四倍も遊泳スピードが速かった。私の予想は正しかった！　①筋肉を温かく保っているマグロ類やホホジロザメは、やはり継続的《けいぞくてき》に速く泳ぐことができるのだ。速く泳げるということは、限られた時間の中で効率的に獲物《えもの》の＊探索《たんさく》ができることを意味するから、中温動物にとっては＊確固たる＊アドバンテージである。

しかし他にはないだろうか、と私は考えた。遊泳スピードは文句なしの結果であるが、高い体温のもたらす生存上の利点が一つだけである理由はない。中温性魚類の生存率《せいぞんりつ》の向上や子孫の＊繁栄《はんえい》に貢献《こうけん》し、したがって進化を＊促進《そくしん》するような特徴が――しかも誰《だれ》もまだ気付いていない特徴が――他にはないだろうか？

多くの魚類は季節に合わせて一年の周期で海を回遊している。たとえば日本近海のサンマは夏に北海道の沖《おき》まで北上し、冬に四国、九州の沖あたりまで南下してくる。季節的な水温の変化や＊局所的な食べ物の増減を、サンマは自らが移動することによって和《やわ》らげているのである。

でももしかしたら――と私はふと思ったのだが――サンマは本当はもっと広い範囲《はんい》を回遊したいのかもしれない。回遊範囲がさらに広がれば、季節的、局所的な環境《かんきょう》の変化に対してより柔軟《じゅうなん》に対応できることになるから、生存上のメリットは大きいだろう。それにもかかわらずサンマの回遊距離《きょり》が日本列島の長さほどに限られているのは、サンマは変温動物であり遊泳スピードが遅《おそ》いので、物理的にそこまでしか行けないからではないか。

だとすれば、速く泳ぐことのできる中温性魚類は、はるかに広範囲を回遊している可能性がある。そう思った私は、今までにバイオロギング技術によって計測された海洋動物の季節的な回遊経路を、文献に基づいて集められるだけ集めてみた。それぞれの種について回遊の距離（夏の居場所と冬の居場所との間の直線距離）を計測し、中温性魚類と変温性魚類との間に違《ちが》いがあるのかを検討《けんとう》する。

またしても明らかな結果が出た。中温性魚類は同じ大きさの変温性魚類に比べ、回遊距離が二・五倍も長かった。たとえば変温性のブリは日本の近海を季節に合わせて移動することが知られており、その回遊距離は二四〇〇キロほどであった。それに対して中温性のホホジロザメは、南アフリカ沖からインド洋を横断してオーストラリア沖にたどり着き、*しかるのちに逆方向に泳いで南アフリカ沖に戻《もど》った例が報告されていて、その場合の回遊距離は九〇〇〇キロに及《およ》んでいた。ホホジロザメだけでなく、クロマグロやキハダなどのマグロ類もブリとは段違《だんちが》いに規模《きぼ》の大きな回遊をしていた。

面白《おもしろ》いことに、魚だけでなくウミガメについても同じことがいえた。変温動物であるアカウミガメやアオウミガメは、生息するそれぞれの海域《かいいき》で季節的な回遊をしており、その距離は一八〇〇キロ程度であった。それに対して中温動物である*オサガメは、夏に大西洋のカナダ沖で見られる個体が冬は南アメリカ大陸沖の赤道付近にまで南下していることが報告されており、その場合の回遊距離は五五〇〇キロにも及んでいた。

以上の結果から、マグロ類やホホジロザメ、オサガメなどに見られる高い体温の進化的な意義をまとめると、次のようになる。

まず、高い体温には［A］可能な遊泳スピードを引き上げる効果がある。中温動物の体内で最も温かくなっているのは有酸素運動を支える赤黒い筋肉であり、筋肉は温度が上がるほど温度係数（Q_{10}）の効果によって活性が高まるからである。おおざっぱにいって、筋肉の温度が一〇度上がるごとに収縮速度は二倍に増える。たとえば体温がまわりの水温よりも一〇度高いマグロ類は、同じ環境にいる同じ大きさの変温性の魚に比べて二倍の速さで尾びれを振り続けることができる。

そして速い遊泳スピードは、一年という*時間スケールの中で、変温動物には決してできない地球規模の広範囲な回遊を可能にする。マグロ類やホホジロザメやオサガメは、広大な海を季節に合わせて自由自在に泳ぎ回ることで、獲物が高密度《こうみつど》で集まる豊かな海域を探《さが》し出すことができるし、また競争相手の多い場所や［B］な海洋環境を巧《たく》みに避《さ》けることができる。さらに産卵《さんらん》や出産のシーズンには、一時的に居場所を離れ、温暖《おんだん》で［C］の少ない子どもの成育に［D］な海域をはるばる訪《おとず》れることもできる。こうしたメリットは種としての子孫繁栄に直接結び付くはずだから、進化の強い原動力になったと考えられる。

速い遊泳スピードと広範囲な回遊。これが私の発見した高い体温の進化的な意義である。なるほどマグロ類やホホジロザメやオサガメは、多くの食べ物を食べ続けなければ生きていけないという深刻《しんこく》な*デメリットを抱《かか》えている。けれども高い体温が可能にした極《きわ》めて活動的な*生活スタイルは、そうしたデメリットを打ち消して余りあるものであり、だからこそ中温性という②一見割《わり》に合わない奇妙《きみょう》な特徴が進化したのである。

（渡辺《わたなべ》佑基《ゆうき》『進化の法則は北極のサメが知っていた』による）

(1) 空らん［X］に入る言葉として適切な言葉を考えて、三字以内で答えなさい。ただし、答えは、ひらがな、漢字どちらでもかまいません。

(2) ――線部①に「筋肉を温かく保っているマグロ類やホホジロザメは、やはり継続的に速く泳ぐことができるのだ」とあるが、なぜ速く泳ぐことができると筆者は考えているのですか。最も適切なものを、次のア～エから一つ選び、記号で答えなさい。

ア 体全体の熱量が高まって、大量の獲物を効率よく消化することで、ばくはつ的なスピードを出すことができるから。

イ 体温が高く、筋肉が活発に動くことのできる状態にあるので、速く尾びれを動かし続けることができるから。

ウ 有酸素運動をすることで体内の栄養分が燃やされ、効率的にエネルギーを取り出すことができるから。

エ 海中を上下方向に移動することができ、水温に合わせて温度係数を調整し、エネルギーの節約をすることができるから。

(3) 空らん[A]～[D]に入る言葉を、次の〈語群〉からそれぞれ選び、漢字に直して答えなさい。ただし、[A]～[D]に同じ言葉は入りません。

〈語群〉　さいてき　じぞく　ふつごう　てんてき

(4) ――線部②に「一見割に合わない奇妙な特徴」とあるが、マグロ類やホホジロザメ、オサガメなどの海洋生物にとって、それは具体的にどのようなことですか。三十字以上、四十字以内で答えなさい。なお、「一見割に合わない」とは、「ちょっと見たところ、使った労力に対して、得になることが少ない」という意味です。

（注意）句読点（。、）やかぎ（「」）などの記号は、それぞれ字数に数えます。

(5) 山田《やまだ》さんと内川《うちかわ》さんは、この文章を読んで感じたことや学んだことを交流しています。次の会話文中の[ア]～[オ]のそれぞれにあてはまる言葉を本文中からぬき出して答えなさい。ただし、[ア]～[ウ]については二字で、[エ]については九字で、[オ]については六字以上、八字以内で答えなさい。ただし、二つある[ア]には同じ言葉が入ります。

（注意）句読点（。、）やかぎ（「」）などの記号は、それぞれ字数に数えます。

山田　わたしは、この文章を読んで最初に、研究によって分かったことが次々と述べられているなという印象を持ちました。

内川　そうですね。今まで知らなかった動物のことも書かれていて、初めて知ったことも多かったです。ただ、専門的《せんもんてき》な用語を理解するのはむずかしいなと感じました。

山田　でも、よく読んでみると、科学的なテーマに対して、まず自分で[ア]をし、それについて[イ]などをすることによってデータを集め、比較したり、分析したりして、得られた[ウ]と自分の[ア]とを考え合わせて、そのことの意味を考えるという研究の手順が説明されていて、学ぶ点も多く勉強になりました。

内川　確かにそうですね。しかも、筆者は、一つの結論《けつろん》を得られたことだけで研究を終わらせずに、[エ]と考え、別の可能性についても同じように研究し、中温性魚類の高い体温の意義についてまとめたこともすごいと思いました。

山田　そうですね。中温性魚類が高い体温を持つ意味として、その速い遊泳スピードを可能にしただけでなく、世界中の海の、非常に[オ]をも可能にしていることについて述べられていたことは、わたしもすごいと思いました。

二　次の文章を読んで、あとの(1)~(5)の問いに答えなさい。

(注意)　*のついている語句の説明が8ページにあります。

哲学《てつがく》とそれ以外の分野の区別はそれほど明確なものではありません。物理学者として有名なニュートンは、当時は「自然哲学者」と呼《よ》ばれていましたし、小説や*戯曲《ぎきょく》や詩のような文学作品のなかには哲学的な考えがたくさん含《ふく》まれています。古くは孔子《こうし》、現代ではマハトマ・ガンジーは、政治家や*執政者《しっせいしゃ》であると同時に哲学者であったと言えましょう。企業《きぎょう》経営者のなかにも、哲学的な考えに基《もと》づいた経営をしている方もいらっしゃいます。こうして考えてみると、哲学とそうでないものの区別ははっきりとせず、哲学を*定義することは他のどの学問よりも難《むずか》しそうです。哲学とは何かを考えること自体が、哲学的な問いだとも言われます。

ですが、明らかなことは、哲学とは*真理の*探求《たんきゅう》だということです。私《わたし》たちは自分でさまざまな思い込《こ》みを持っています。思い込みは誤《あやま》ったり不正確だったりしますし、自分の思い込みに気づいていない場合もしばしばです。哲学とは、思い込みを愛するのではなく、①思い込みを*排《はい》して、ひたすら真理を愛して探求する行為《こうい》です。哲学の本質は探求するという行為にあるのであって、知識を所有することにはありません。自分が正しい知識だと思っていたことが誤った思い込みだったということはよくあります。むしろ、自分がこれまで信じてきたことが誤っていると思えば、*潔《いさぎよ》く*放棄《ほうき》する態度が哲学的態度だと言えましょう。

では、真理を探求するために、私たちは何をするのでしょうか。事実を調べてみるというのもそのひとつでしょう。[A]、私たちが探求する問題は、事実を調べれば済《す》むものばかりとはかぎりません。というよりも、哲学的問題とは、調べれば済む種類の問題とは異《こと》なる問いを指しています。②たとえば、「現在、沖縄《おきなわ》の那覇市《なはし》では雨が降《ふ》っているか」とか、「日本の北海《ほっかい》道《どう》沿岸《えんがん》部分には、かつて首長竜《くびながりゅう》が*棲息《せいそく》していたか」といった問題は、その事実を確定することが難しかろうが簡単《かんたん》であろうが、哲学の問題ではないように思われます。

小学校で哲学対話の授業をするときに、「皆《みな》さん、哲学って言葉を知っていますか」と聞くと、案外、言葉としては知っているお子さんが多いものです。「じゃ、どんなものか知っていますか」とさらに聞くと、「答えが出ない問題を考えること」という返事をする生徒さんが結構います。いえ、すべての哲学的問題に解答がないわけではありません。しかし哲学的問題には簡単に答えが出ないものが多いことは確かです。「正義とは何か」「どうすれば道徳的に正しい判断ができるのか」「人間は何でも認識《にんしき》できるのか」「無限は実在しているのか」「美しさは人間の心のなかにあるものなのか」「心は脳《のう》と同じものだろうか」などといった問いは*典型的な哲学の問いですが、③何世紀もの間、たくさんの人が取り組んでもなかなかみんなが納得《なっとく》する答えが見つかりません。

[B]、なぜ、簡単に答えが出ないのでしょうか。いろいろな理由があると思います。ひとつは問題自身が誤って設定されている場合です。「北極の北には何があるのか」というのは、解答の出るはずのない誤って設定された問題です。「なぜ、この世には何もないのではなく、何かがあるのか」とか「人生に意味はあるのか」もそれと同じく誤って設定された問題であって、正しい問題のかたちへと設定し直されるべきだという意見もあります。そうでないという意見もあります。いずれにせよ、誤って設定された問題には答えが出ません。これを見つけるのも哲学の仕事です。

とは言え、哲学的な問題で答えが出ないのは、多くの場合、人によっていろいろな意見があり、理由を聞いてもそれぞれの立場にそれぞれ*一理あるから、なのではないでしょうか。学校でこども哲学を*実践《じっせん》したときにも、そのように答える生徒がたくさんいました。たとえば、「正義」とか「道徳的」とか「人生」とか「心」といった*概念《がいねん》について考えてみてください。この言葉そのものが何を意味しているのか、みんなの意見を一致《いっち》させることがまず難しいでしょう。

ところで、私たちは日々いろいろな経験をしています。日常生活では同じことを繰《く》り返していることも多く、そんなときには*漫然《まんぜん》と時間が過ぎていき、記憶《きおく》にもあまり残りません。ですが、私たちは新しいことを経験することがあります。これまでの経験では見たこともないことや、ハッとする経験をします。そもそも経験するとは、言葉の意味からして、外に出ていくこと、移動すること、*探索《たんさく》すること、試《ため》すことを言います。言い換《か》えれば、それは異なったものや新しいものとの出会いを意味しています。英語の*experienceも同じような意味です。［C］、経験とは、異なったものや新しいものに出会って驚《おどろ》くことだと言ってもよいでしょう。

私たちは、こうした経験をしたときに考えさせられます。驚いた後に、「どうしてだろう」「なぜだろう」と不思議に思い、そこから逆に「いままで自分が当たり前だと思っていたことは何だったのだろう」「これまでの自分は何だったのだろう」と反省的に考えるようになります。経験は*本質的にひとつの問いとして私たちに立ち現れ、私たちはその問いに答えようとして考えるのです。したがって、考えるとは、一見すると独立して無関係に思われるふたつ以上のものに関係性をつけること、あるいは、関係性を見つけることに他なりません。

新しい経験をすると、いつもの当たり前に思えた風景も、突然《とつぜん》に*よそよそしいものに見えたりします。外国で挨拶《あいさつ》の仕方がまったく違《ちが》うことを経験すると、「あんなやり方が挨拶になるのか」と驚くと同時に、「では、挨拶って何だろう」「いままで自分がやってきた挨拶も、どうしてそんなやり方をするのか分からなくなった」と考えざるを得なくなるのです。つまり、経験と一緒《いっしょ》に問いが向こうからやってくるのです。新しい経験をすることは、同時に、自分が当たり前に思ってきたことを新しい関連のもとに置いて、異なった意味を与《あた》えることです。風変わりな国に旅行してから故郷《こきょう》に戻《もど》ってくると、身近な自宅《じたく》の風景も風変わりな場所に見えてくるものです。こうして自分の慣れ親しんだ場所から外に出ていき、以前いた場所と今いる場所のふたつの地点を結びつけることから考えることは生まれるのです。

（中　略）

私は個人としていろいろな経験をしますが、他の人たちは私が経験したことのないさまざまなことを経験しています。他人の経験を知る重要な方法は、他人と対話することです。他人との会話のなかには軽い挨拶のようなどうでもよい会話もありますが、親しくなるにつれて人はいろいろな経験や考え方を話してくれます。ここで言う会話とは、背後《はいご》にいかなる目的も隠《かく》されていない話し合いのことを言います。相手を誘導《ゆうどう》したり操《あやつ》ろうと試みたり、あるいは、相手に命令したり指図《さしず》したりするのは会話とは言えません。何か特定の目的を持った話をするときには、私たちは話の聞き手を行為の対象として見ていて、自分と同等の人間として*遇《ぐう》していません。会話は、会話そのものを目的として行うのです。

その会話のなかには、自分にとって新しかったり、思ってもみなかったりする話もあります。そうした会話は対話へと発展《はってん》していきます。対話は、ただの会話とは違います。④対話とは、驚きから始まり、探求と思考によって進む会話のことです。「何でそれが辛《つら》かったの」「どうしてそのときそう考えたの」「何でそんな振《ふ》る舞《ま》いをしたの」といったように相手の経験やそれに関係する振る舞いや考え方に驚いて、私たちは問いを発します。そして、相手のことを理解して、自分とどう違うのかを明確にしようとして話を続けます。他人の経験は、自分にとって考える材料の宝庫《ほうこ》です。

（河野《こうの》哲也《てつや》『じぶんで考えじぶんで話せるこどもを育てる哲学レッスン』による）

(1) 空らん［A］～［C］に入る言葉として適切なものを、次のア～エからそれぞれ選び、記号で答えなさい。ただし、［A］～［C］に同じ記号は入りません。

ア　では　　イ　したがって　　ウ　しかし　　エ　なぜなら

(2) ――線部①に「思い込みを排して、ひたすら真理を愛して探求する」とあるが、このような例として最も適切なものを、次のア～エから一つ選び、記号で答えなさい。

ア 道徳の教科書を読む中で、きまりを守ることの大切さに気づき、きまりを守れていない人には注意をしてあげようと決意する。

イ 道徳の教科書を読む中で、クラスの中での自分の行動を反省し、これからは先生の指示にしたがおうと思う。

ウ 道徳の教科書を読む中で、これまでの自分の考えにうたがいをもち、本当に正しいことは何かと考え見つけ出そうとする。

エ 道徳の教科書を読む中で、最初は悪者だと思っていた登場人物の良い一面が見え、その登場人物に好感を持つ。

(3) ――線部②の「たとえば」の後に続く問いと同様の問いとして、**適切でないもの**を、次のア～エから一つ選び、記号で答えなさい。

ア 「現在、京都市では雨が降っているか」

イ 「オリンピックはいつ、どこで始まったのか」

ウ 「去年、日本をおとずれた外国人観光客は何人か」

エ 「勉強をする意味とは、どのようなものなのか」

(4) ――線部③に「何世紀もの間、たくさんの人が取り組んでもなかなかみんなが納得する答えが見つかりません」とあるが、その理由を筆者はどのように考えていますか。本文中の言葉を用いて、五十字以上、六十字以内で答えなさい。

（注意） 句読点（。、）やかぎ（「」）などの記号は、それぞれ字数に数えます。

(5) ――線部④に「対話とは、驚きから始まり、探求と思考によって進む会話のことです」とあるが、筆者は「探求と思考によって進む会話」を、具体的にどのような会話だと考えていますか。本文中の言葉を用いて、四十五字以上、五十五字以内で答えなさい。

（注意） 句読点（。、）やかぎ（「」）などの記号は、それぞれ字数に数えます。

三 わたしたちが学習する上で、「知識を身につけること」と「考えること」は、どちらも大切だと言われています。これらがどちらも大切な理由を、**記入用紙2**に、三百六十一字以上、四百五十字以内（二十五行以上、三十行以内）で書きなさい。ただし、自分自身の体験や、見たり聞いたりした経験を例にあげて書くこと。

〈書き方の注意〉

① 題や氏名は書かないで、一行目から書き始めます。

② 段落《だんらく》をかえたときの残りのます目は、字数として数えます。

③ 最後の段落の残りのます目は、字数として数えません。

一

〈注〉

*ホホジロザメ　世界中の海に広く分布しているサメ。巨大《きょだい》な体、大きなアゴ、するどい歯などの特徴《とくちょう》を持つ。

*メリット　得をする点。よいところ。

*血合《ちあい》　カツオ・ブリ等に見られる魚の肉の黒ずんだ部分。

*有酸素運動　酸素を使って、筋肉《きんにく》を動かすのに必要なエネルギーを生み出している運動のこと。

*温度係数（Q_{10}）　温度が10度あがった時に、動物の活動量が何倍になるのかを表す値《あたい》のこと。2～3の値をとることが多い。

*活性　組織などに刺激《しげき》をあたえ、その働きや反応を活発にする状態。

*変温性　まわりの温度が変わると、それにつれて体温が変化する性質。

*バイオロギング技術　電子技術を使い、動物の生活のありさまや自然環境《かんきょう》を明らかにするわざや方法のこと。動物に記録計などをつけて、動物自身にその行動に関するデータを集めさせることなどを指す。

*中温性　血流を使って体内の熱を逃《のが》さないようにして筋肉の温度をまわりの温度より高くすることができる性質。

*厳密《げんみつ》　細かいところまできびしく行うようす。

*グラディ博士　アメリカの生物学者。恐竜《きょうりゅう》の研究者として知られている。

*一つの俎板《まないた》に載《の》せて　いっしょに取り上げて。

*恒温《こうおん》動物　人間、ウシ、イヌ、クジラなどのなかまの動物で、まわりの温度に関係なく体温が一定の動物のこと。

*変温動物　カメ、ヘビ、ワニ、トカゲなどのなかまの動物で、まわりの温度が変わると、それにつれて体温が変化する動物のこと。

*探索《たんさく》　さぐったりさがしたりして調べること。

*確固たる　しっかりして動かない。

*アドバンテージ　有利であること。

*繁栄《はんえい》　さかえること。

*促進《そくしん》　早く進ませること。

*局所的　全体の中の一部分だけについて当てはまるようす。

*しかるのちに　そうしてから。そのあとで。

*オサガメ　熱帯から温帯にかけての海に生息するウミガメ。幅広《はばひろ》い海域《かいいき》を回遊することがある。世界最大のカメとも言われている。

＊時間スケール　時間の始まりと終わりを、物差しのようにその規模《きぼ》や大きさの程度でとらえること。

＊デメリット　損をする点。悪いところ。

＊生活スタイル　生活のしかたとして共通に見られること。

二〈注〉

＊戯曲《ぎきょく》　劇《げき》ができるような形式で書かれた文学作品。

＊執政者《しっせいしゃ》　国の政治を行う人。

＊定義　ある物事の意味をはっきりと決めること。また、決めたもの。

＊真理　誰《だれ》にでも、いつでもどこでも、正しいと認《みと》められる知識や考え方。

＊探求《たんきゅう》　さがし求めること。

＊排《はい》して　押《お》しのけて。

＊潔《いさぎよ》く　きれいさっぱりと。

＊放棄《ほうき》する　捨《す》ててしまう。権利《けんり》などを使わない。

＊棲息《せいそく》　ある場所に動物がすんで生活すること。

＊典型的　あるものの特徴《とくちょう》をよく表しているさま。

＊一理ある　きちんとしたそれなりの理由がある。

＊実践《じっせん》　実際に行うこと。

＊概念《がいねん》　あることがらに対して多くの人が思いうかべる意味やイメージのこと。

＊漫然《まんぜん》　当てもなく、ぼんやりしているようす。

＊探索《たんさく》　さぐったりさがしたりして調べること。

＊experience　「経験」、「体験」という意味を表す英語。

＊本質的に　根本的な性質として。

＊よそよそしい　親しみを見せない。打ち解けない。

＊遇《ぐう》して　もてなして。取りあつかって。

【適性をみる検査Ⅰおわり】

令和２年度入学考査

適性をみる検査Ⅱ

注　意

1　「解答を始めなさい」の合図があるまで，この問題用紙を開いてはいけません。

2　問題は，１ページから14ページまであります。問題用紙のあいている場所は，下書きや計算などに使用してもかまいません。

3　記入用紙は，**記入用紙１**と**記入用紙２**があります。指示にしたがい，**記入用紙１**には２か所に，**記入用紙２**には１か所に受付番号を書きなさい。

4　検査時間は50分間です。

5　**1**・**2**の解答は**記入用紙１**に，**3**の解答は**記入用紙２**に記入しなさい。

6　記入用紙の※印のらんには何も記入してはいけません。

7　「解答をやめなさい」の合図があるまで，問題に取り組んでいてもかまいません。

8　配られた検査用品については，指示にしたがいなさい。

1 花子《はなこ》さんの学年では，班《はん》ごとに日本についての調べ学習に取り組みました。次の**表**は，各班が設定したテーマの一覧《いちらん》です。これについて，あとの（1）～（6）の問いに答えなさい。

表

班	1班	2班	3班	4班	5班	6班
テーマ	日本の 歴史	日本の 伝統文化	日本の 食料問題	日本の 国土の広がり	日本の 人口問題	日本の 災害対策《さいがいたいさく》

（1）1班のメンバーは，「日本の歴史を大きく変えたといえるできごとは何か」というテーマで意見を出し合いました。次の**メモ**は，1班の話し合いを記録したものの一部です。これについて，あとの**Ⅰ**～**Ⅲ**の問いに答えなさい。

メモ

話し合いのテーマ「日本の歴史を大きく変えたといえるできごとは何か」

菜々《なな》さんの発言
（ a ）が武士として初めて太政《だいじょう》大臣になったことです。このできごとが武士の政権《せいけん》への道を開いたといえると私《わたし》は考えます。

信志《しんじ》さんの発言
武士たちが元《げん》の軍勢と戦ったことです。このできごとの結果が，（ b ）といえると私は考えます。

由衣《ゆい》さんの発言
豊臣秀吉《とよとみひでよし》が刀狩《かたながり》と検地をおこなったことです。このできごとが，（ c ）といえると私は考えます。

＜その他の発言者から挙げられたできごと＞
① 日本軍がハワイのアメリカ軍基地を攻撃《こうげき》したこと
② 遣唐使《けんとうし》をとりやめたこと
③ 不平等な修好通商条約を欧米《おうべい》諸国と結んだこと
④ 関東大震災《かんとうだいしんさい》が起こったこと
⑤ 外国の貿易船が来航できる港を長崎《ながさき》に限定したこと
⑥ 中臣鎌足《なかとみのかまたり》らが政治改革《かいかく》を進めたこと

Ⅰ **メモ**中のaにあてはまる人名を**漢字**で答えなさい。

Ⅱ **メモ**中のbとcにあてはまる文として最も適切なものを，次のア～カからそれぞれ1つずつ選び，記号で答えなさい。

ア 武士たちの戦い方を，鉄砲《てっぽう》を用いたものへと変えるきっかけになった
イ 武士たちが幕府《ばくふ》によせる信頼《しんらい》を弱め，幕府と武士たちの関係がくずれるきっかけになった
ウ 中国と対等の立場で国交を開くきっかけになった
エ 身分の違《ちが》いをはっきりとさせ，武士が世の中を支配する社会の仕組みの基《き》礎《そ》をつくった
オ 土地の価格を基準に毎年きまった額の税を納《おさ》める制度の基礎をつくった
カ 商業都市からの資金の調達を容易にし，天下統一の基礎をつくった

Ⅲ **メモ**中の**＜その他の発言者から挙げられたできごと＞**①～⑥を，歴史的に古い順に並《なら》べかえ，番号で答えなさい。

（2）右の**資料１**は，雪舟《せっしゅう》がかいた水墨画《すいぼくが》です。

資料１

２班は，この作品がかかれた時代の文化について調べました。この作品がかかれた時代を，次の①～⑤から１つ選び，番号で答えなさい。また，この時代の文化について述べた文として適切なものを，下のア～オから**すべて**選び，記号で答えなさい。

① 奈良《なら》時代　　② 平安《へいあん》時代　　③ 鎌倉《かまくら》時代

④ 室町《むろまち》時代　　⑤ 江戸《えど》時代

ア 床《とこ》の間《ま》をかざるために生け花がさかんになった。

イ 大和絵《やまとえ》の技法がうまれた。

ウ 浮世絵《うきよえ》がうみ出され，人気を集めた。

エ 田楽《でんがく》や猿楽《さるがく》が能や狂言《きょうげん》に発展《はってん》した。

オ 貴族《きぞく》の間で七夕《たなばた》行事が始まった。

（3）次の会話文は，３班の花子さんと健太《けんた》さんが日本の食料問題について話し合ったものです。これを読んで，あとのⅠ，Ⅱの問いに答えなさい。

花子：日本では，平成28年度に約2759万トンの食品廃棄物《しょくひんはいきぶつ》等が出たんだって。このうち，まだ食べられるのに廃棄された食品，いわゆる「食品ロス」は約643万トンもあったらしいよ。

健太：食品ロスを減らすために，国や地方公共団体はどんな取り組みをおこなっているのかな。

花子：国会では「食品ロス削減推進《さくげんすいしん》法」などの法律《ほうりつ》がつくられたし，京都《きょうと》府では，食材を使いきるくふうや食べ残しを出さないくふうをおこなっている店を「食べ残しゼロ推進店舗《てんぽ》」として認定《にんてい》しているよ。

健太：食品ロスを減らす取り組みを国や地方公共団体がおこなうのはなぜなんだろう。

花子：理由のひとつとして，食品廃棄物を処分《しょぶん》する費用の一部が，私たちが納める税金から支払《しはら》われているということが挙げられるんじゃないかな。税金を納めることは，日本国憲法《にほんこくけんぽう》で定められている（　d　）のひとつだったよね。食品ロスの処分《しょぶん》にかかる費用が減れば，国や地方公共団体は，節約できた税金を別の使いみちに用いることができるよね。

Ⅰ　会話文中の下線部について述べた文として適切なものを，次のア～オから**２つ**選び，記号で答えなさい。

ア 国会には衆議院《しゅうぎいん》と参議院の二つの議院があり，このうち参議院は明治時代から存在《そんざい》している。

イ 国会で法律をつくるのは，18才以上の国民による選挙で選ばれた国会議員である。

ウ 国会は，外国と条約を結ぶことができる。

エ 国会は，裁判官《さいばんかん》を裁《さば》く裁判を行うことができる。

オ 国会は，衆議院の解散を決めることができる。

Ⅱ　会話文中のｄにあてはまる言葉を５字で答えなさい。

（4）４班は，地球上における日本の北の端《はし》から西の端までのおよそのきょりを地《ち》球儀《きゅうぎ》を使って調べようと考えました。地球上における日本の北の端から西の端までのおよそのきょりを地球儀を使って調べる方法を答えなさい。なお，次の**【注意事項《じこう》】**にしたがって答えること。

【注意事項】

- 地球儀は必ず使いますが，地球儀以外の道具を使ってもよいものとします。
- 縮尺《しゅくしゃく》が書かれておらず，デジタル機能やきょりの目《め》盛《も》りがついていない地球儀を使います。
- 地球上で赤道上を一周したきょりは４万kmであるものとします。

（5）５班は，各都道府県について，2010年の人口を100とした場合の2015年の人口を調べ，次の**地図１**に示しました。下のア～オのうち，**地図１**からわかることとして正しいものを**2つ**選び，記号で答えなさい。

地図１

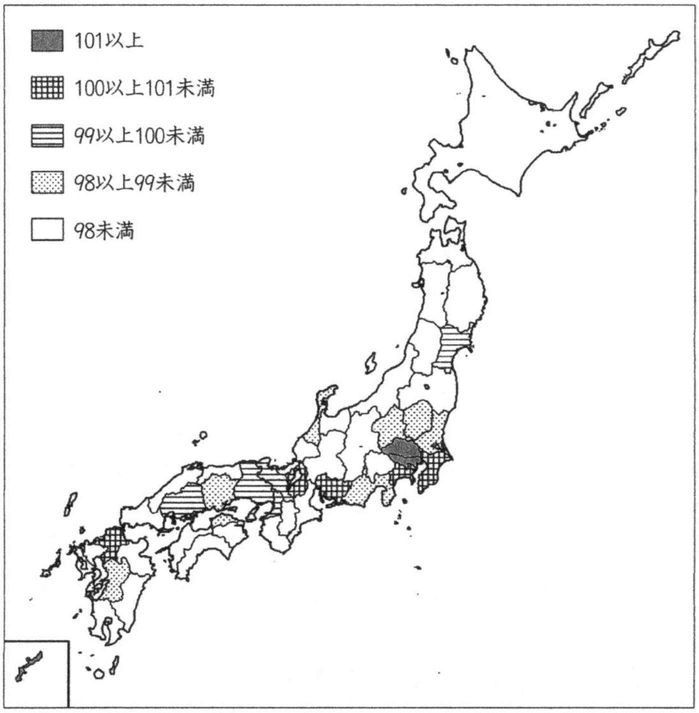

「地理統計要覧《ようらん》2019年版」より作成

ア　熊本《くまもと》県と鹿児島《かごしま》県はいずれも，2015年の人口が2010年より少ない。
イ　四国の４県ではいずれも，2010年から2015年までの毎年，人口が前年より減った。
ウ　東京《とうきょう》都は2010年から2015年の間に日本で最も人口が増えた。
エ　2015年の人口が2010年より多い都道府県は日本全体で三つしかない。
オ　東北地方には，2015年の人口が2010年より多い県はない。

（6）６班は，右の**地図２**中の**A**～**C**や**P**の地点で取り組まれている災害《さいがい》対策《たいさく》について調べました。これについて，次の**Ⅰ**～**Ⅲ**の問いに答えなさい。

地図２

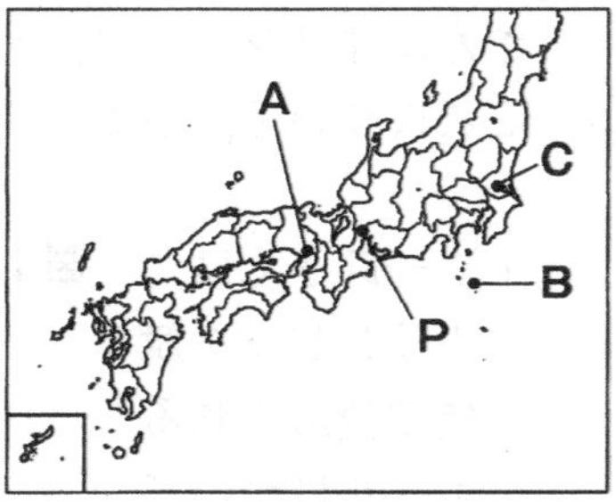

Bは•で示した位置にある島を表す。

Ⅰ　**A**～**C**の地点について述べた文として最も適切なものを，次のア～ウからそれぞれ１つずつ選び，記号で答えなさい。

ア　2000年に火山が噴火《ふんか》し，火山灰《かざんばい》や土砂《どしゃ》によって建物や農地に被害《ひがい》が出たため，砂防《さぼう》ダムが建設された。

イ　2012年に竜巻《たつまき》が発生し，広い範囲《はんい》で建物が倒壊《とうかい》するなどの被害が出たため，竜巻への注意をうながす小冊子《しょうさっし》を住民に配布した。

ウ　1995年に発生した大地震《じしん》により建物の倒壊や大規模《だいきぼ》な火災が起こったことをふまえ，防災面の向上を意識したまちづくりが進められるようになった。

Ⅱ　**P**の地点では，川の増水への対策が古くから行われていますが，特ちょうのある地形のために，今なお防災面で課題が残っています。６班はこの地点の地形を調べ，右の**地図３**と次の**資料２**を作成しました。**地図３**は，**P**の地点の一部を拡大《かくだい》したものです。また，**資料２**は，**地図３**中の**X**と**Y**の間の断面図であり，**X**と**Y**の間の水平きょりはおよそ5000mです。防災面での課題の原因となっている**P**の地点の地形の特ちょうを，**地図３**と**資料２**から読み取って答えなさい。

地図３

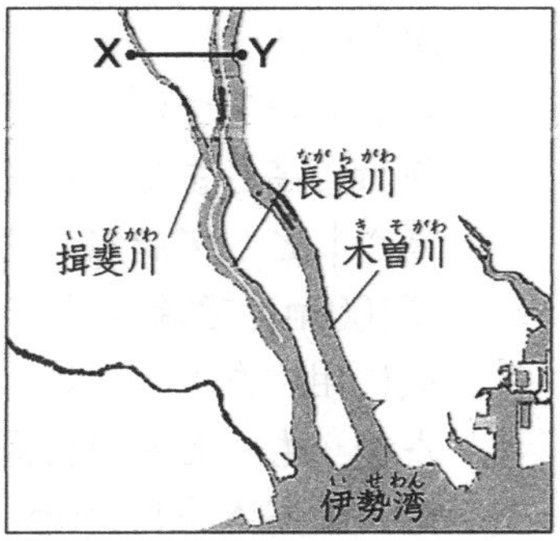

資料２

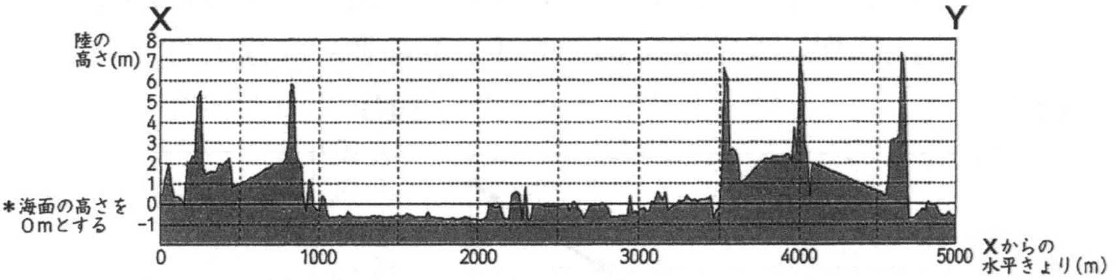

（国土地理院ホームページより作成）

Ⅲ　次の文章は，６班が日本の川の特ちょうについて書いたものです。文章中の**e**にあてはまる内容を，句読点を含《ふく》めて15字以上20字以内で答えなさい。

> 日本の国土は山地が多く，さらに，（　**e**　）ため，外国の川に比べると日本の川は短くて流れが急である。日本では，川の水は一気に海へ流れ出ようとするため，まとまった雨が降《ふ》ると川の水量が急に増えることがある。

2 2020年に東京《とうきょう》でオリンピックとパラリンピックが行われることを聞いて，一郎《いちろう》さんはオリンピック，パラリンピックやスポーツにまつわることを調べました。これについて，あとの（１）～（５）の問いに答えなさい。

（１）一郎さんは，オリンピック競技で使用されるボールについて実験をして調べることにしました。そこで，ゴルフ，テニス，卓球《たっきゅう》で使われているボールを，**図１**のように，いきおいをつけずに床《ゆか》に落として，床に一度当たってはね返ったあと，床から何cmの高さまで上がるかをはかり，これを「ボールが床にはね返って上がった高さ」として記録しました。はじめは，ボールを落とす高さを25cmごとに変えて100cmまで調べて，次の**図２**を作成しました。**図２**の○，●，■はそれぞれ実験に用いたボールのいずれかの結果を示しています。一郎さんは**図２**を作成した後，もっと高い位置からボールを落とすとどうなるか調べようと，ボールを落とす高さを100cmから250cmまで50cmごとに変えて調べました。上の**資料**は結果をすべて表に示したものです。**図３**は一郎さんが調べた結果をすべて図にしようとしたものですが，まだ，●で表したボールの結果を途中《とちゅう》までしかかいていません。これについて，あとの**Ⅰ**，**Ⅱ**の問いに答えなさい。

図１

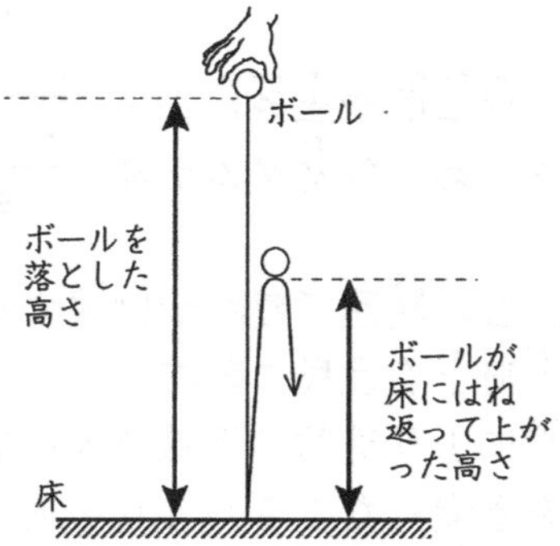

資料　ボールが床にはね返って上がった高さ

ボールを落とした高さ(cm)	ボールが床にはね返って上がった高さ(cm)		
	ゴルフ	テニス	卓球
25	18	16	21
50	36	31	39
75	55	44	55
100	71	58	70
150	111	83	93
200	144	104	113
250	181	123	132

図２

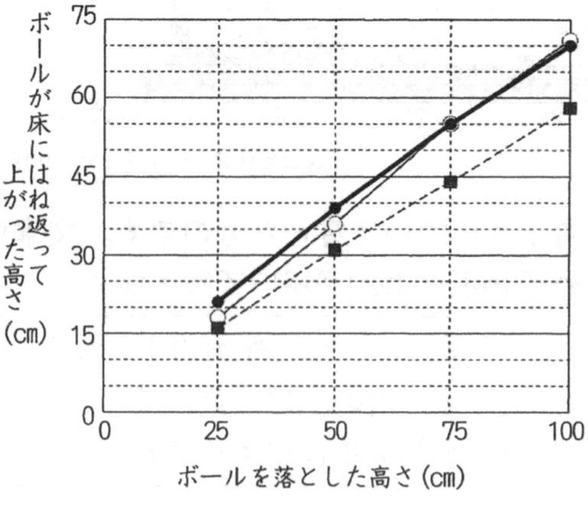

図３

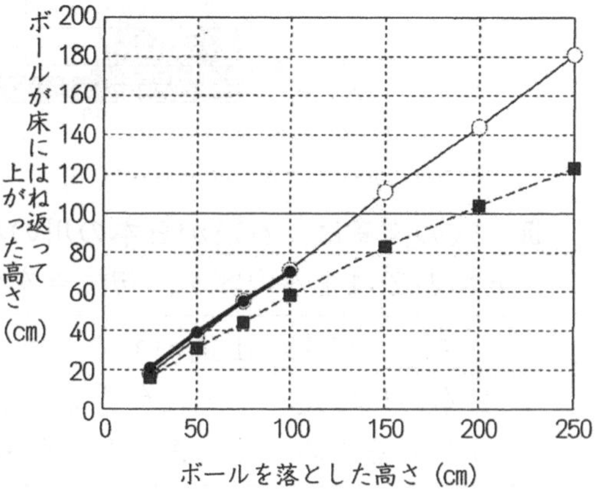

Ⅰ　**資料**に示された結果のうち，**図3**ではまだ表されていない結果を**記入用紙1**の図に ● でそれぞれ示しなさい。また，三角定規を使って「ボールを落とした高さ」が100cmのときから250cmのときまでの結果を示す ● を，50cmごとに線で結んで，図を完成させなさい。

Ⅱ　「ボールを落とした高さ」をもとにした「ボールが床にはね返って上がった高さ」の割《わり》合《あい》について，**資料**に示された結果を通して言えることとして，最も適切なものを，次のア～ウから１つ選び，記号で答えなさい。

ア　「ボールを落とした高さ」が違《ちが》っていても，この割合が最も一定に近いのはゴルフのボールである。

イ　「ボールを落とした高さ」が25cmのとき，この割合が最も大きいのはテニスのボールである。

ウ　卓球のボールでは，「ボールを落とした高さ」を大きくしていくと，この割合はしだいに大きくなっていく。

（2）東京オリンピックで行われる自転車競技のロードレースでは，途中で通る道は男女で異《こと》なりますが，ともに東京都にあるスタート地点から，静《しず》岡《おか》県にあるゴール地点までレースを行う予定となっています。実際のコースは何回も曲がったり，一部の区間で引き返すこともありますが，おおまかに言って東から西へ向かうコースと言えます。実際のコースとは異なりますが，仮に東京から西にまっすぐ向かう，平坦《へいたん》なコースを午前９時にスタートして午後３時まで同じスピードで走り続け，その間ずっと太陽の光による選手の影《かげ》がコースとなる道路上にできていたとすると，その選手の頭部の影は選手から見てどの方向にできることになりますか。次の文章中のa～cにあてはまる語句の組み合わせとして最も適切なものを，下のア～クから１つ選び，記号で答えなさい。ただし，選手から見た影の方向は，**図4**と**図5**のように表すものとします。

図4

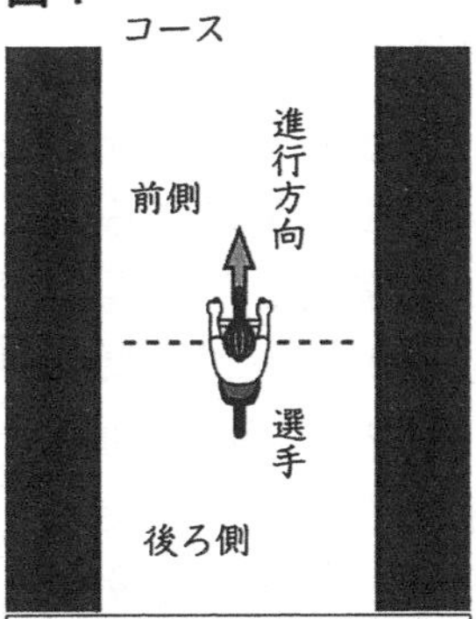

この図で点線よりも上に影ができるとき「前側」，下にできるとき「後ろ側」とする。

図5

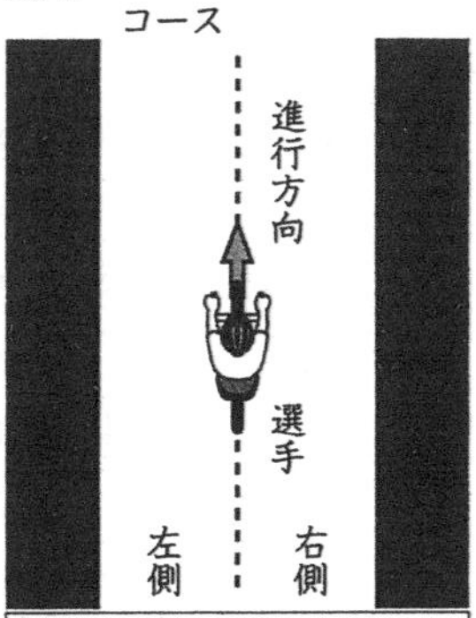

この図で点線よりも左に影ができるとき「左側」，右にできるとき「右側」とする。

選手の頭部の影は，スタートしてはじめのうちは（　a　）にできる。頭部の影ができる方向は少しずつ変化していって，正午ごろには（　b　），そのあと，午後３時ごろには（　c　）にできる。

	ア	イ	ウ	エ	オ	カ	キ	ク
a	前側	前側	後ろ側	後ろ側	前側	前側	後ろ側	後ろ側
b	左側	左側	左側	左側	右側	右側	右側	右側
c	前側	後ろ側	前側	後ろ側	前側	後ろ側	前側	後ろ側

（3）一郎さんは，オリンピックで使われている「聖火《せいか》」とよばれる炎《ほのお》について調べる中で，この炎は鏡を使って日光を反射《はんしゃ》させて点火したものだと聞きました。そこで，一郎さんは大きさが同じ３枚《まい》の長方形の鏡**A**～**C**を使って日光を反射させて，日かげになっているかべの一部を照らしてあたためるという実験を行いました。右の**図6**は，鏡**A**～**C**によってかべが照らされた部分と，そのまわりの光が当たっていない部分を表したものです。また，**図7**は，**図6**で示されたかべのうちの３つの範囲《はんい》ア～ウを太い線で囲んで示したものです。**図6**の状態で10分間かべを照らしたとき，この３つの範囲ア～ウのうち，最もあたたかくなっていると考えられるのはどれですか。ア～ウの記号で答えなさい。ただし，３枚の鏡のどの部分も日かげになることもなく，同じくらいの強さで日光が当たっているものとします。

図6

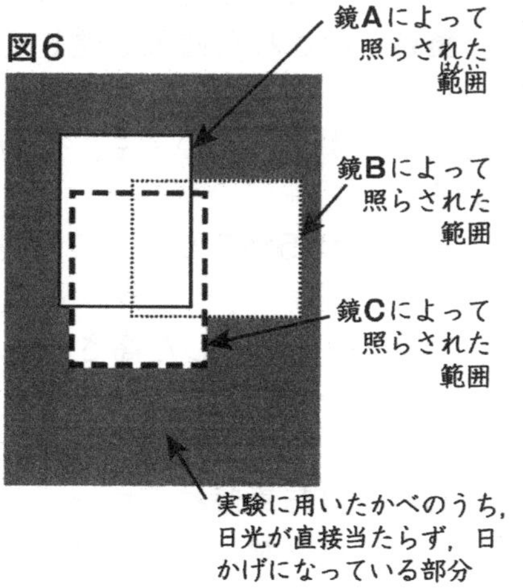

図7

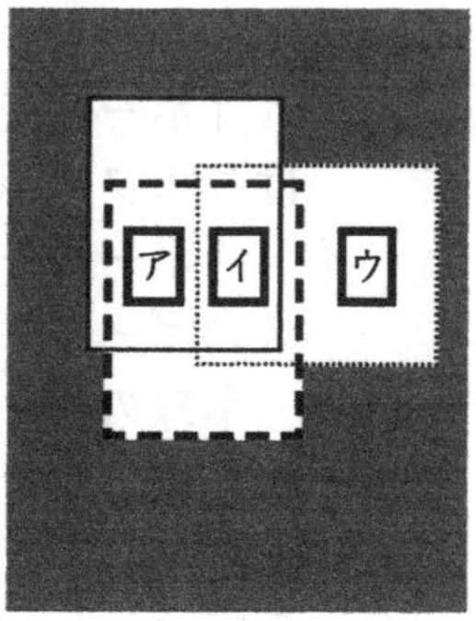

（4）2020年に行われるオリンピックとパラリンピックで使用するメダルを製造するために，不要になった小型家電から金属を取り出すという取り組みが行われ，取り組み期間内に金を約32kg，銀を約3500kg，銅を約2200kg確保できたと発表されています。一郎さんは，金属の質量と体積について調べたことを，右の**＜金属の質量と体積について＞**にまとめました。

＜金属の質量と体積について＞
金属であっても，種類がちがうと，同じ体積にしたときの重さがちがう。金，銀，銅をくらべた場合，同じ体積にしたときに最も重いのが金，２番目に重いのが銀，最も軽いのが銅であるが，それぞれの重さがどれほどちがうかは，資料が見つからなかったのでわからなかった。

集まった金を32kg，集まった銀を3500kg，集まった銅を2200kgと考えた場合，**＜金属の質量と体積について＞**に示された情報からは断定できないものを，次のア～ウから１つ選び，記号で答えなさい。

ア　集まった金の体積は，集まった銀の体積よりも小さい。
イ　集まった銀の体積は，集まった銅の体積よりも大きい。
ウ　集まった銅の体積は，集まった金の体積よりも大きい。

(5) 一郎さんは，オリンピックやパラリンピックで実施《じっし》される水泳競技について調べていて，息つぎや呼吸《こきゅう》について考えました。水泳選手はある程度長い時間をかけて泳ぐときには，途中で顔を水面より上にあげた状態で息をしますが，フナなど多くの魚は，体の一部を水面より上にあげることなく，体のすべてが水中にある状態のまま長い時間泳ぐことができます。体のすべてが水中にある状態のままでも，フナが長い時間泳ぐことができる理由として最も適切なものを，次のア～エから１つ選び，記号で答えなさい。

ア　フナも体の一部を水面よりも上にあげて空気中から酸素を取り入れる必要があるが，ヒトよりもたくさんの酸素を一度に空気中から取り入れることができるので，体のすべてが水中にある状態のままでも長い時間泳ぐことができる。

イ　フナはヒトと違って呼吸をいっさいしていないので，空気中の酸素を取り入れるために体の一部を水面から上にあげる必要がない。

ウ　フナもヒトと同じく呼吸をするが，フナの呼吸ではヒトと違って酸素を取り入れる必要がないので，体の一部を水面から上にあげて空気中の酸素を取り入れる必要がない。

エ　フナも呼吸を行い酸素を体に取り入れるが，水中の酸素（水にとけている酸素）を取り入れることができるので，空気中の酸素を取り入れるために体の一部を水面より上にあげる必要がない。

3 京太郎《きょうたろう》さんは世界文化遺産《ぶんかいさん》に登録されている群馬《ぐんま》県「富岡《とみおか》製糸場と絹《きぬ》産業遺産群」の見学に行ったときのことを，友人の京子《きょうこ》さんと話しています。次の２人の会話文を参考にして，あとの（1）～（8）の問いに答えなさい。

京太郎：①世界文化遺産に登録されている群馬県の「富岡製糸場と絹産業遺産群」に興味があったので見学に行きました。そこで生糸《きいと》や絹について学び，絹の歴史や②シルクロードのことなども調べてみました。

京　子：かつて日本では生糸の生産が盛《さか》んに行われていたと聞きました。生糸や絹はいつごろ日本に伝わったのでしょうか。

京太郎：生糸を生産する技術は弥生《やよい》時代に③渡来人《とらいじん》が日本に伝えたみたいです。古墳《こふん》時代に秦《はた》氏が絹織物《きぬおりもの》の技術を伝えたと言われています。

京　子：絹織物は中国や朝鮮《ちょうせん》など大陸から伝わってきたんですね。シルクロードについてはどのようなことを調べたのですか。

京太郎：シルクロードは，古代の中国や西アジア，ヨーロッパなどを結んだ交易路です。中国からは主に絹（シルク）が多く運ばれました。シルクロードのルートの１つに長安《ちょうあん》（現在の西安《せいあん》市）とサマルカンドをつなぐルートなどがあったみたいです。シルクロードの西の最終地点はローマであり，東の最終地点は平城京《へいじょうきょう》（現在の奈良《なら》市）であったとも言われています。これらの都市をつないだルートを示す地図と，気候・緯度《いど》・経度などをまとめたレポートを夏休みの自由研究で作りました。

京　子：すごい自由研究ですね。

京太郎：また生糸は江戸《えど》時代末期の開国以降《いこう》の日本の主要な輸出品となりました。「富岡製糸場と絹産業遺産群」などで作られた生糸などが海外で必要とされたのです。日本は世界一の④生糸輸出国になったこともあります。

京　子：「富岡製糸場と絹産業遺産群」以外にも「⑤白川郷《しらかわごう》・五箇山《ごかやま》の合掌造《がっしょうづく》り集落」など，いろいろな所で生糸が作られていたそうですね。私《わたし》は，生糸を生産する技術や，その材料となるまゆをつくる⑥カイコというこん虫について調べてみたいと思いました。

（1）次の文章は，会話文中の下線部①や下線部②に関するものです。この文章中のａにあてはまる語を**漢字**１字で，ｂにあてはまる語を**漢字**２字でそれぞれ答えなさい。また，文章中に群馬県・岐阜《ぎふ》県が登場しますが，この両方の県にとなりあう県の名称《めいしょう》を**ひらがな**で答えなさい。さらに，その県の形を示した図として最も適切なものを，次のページの**<県の形>**ア～カから１つ選び，記号で答えなさい。

会話文中の下線部①に登録されていて，生糸に関連するものとして群馬県の「富岡製糸場と絹産業遺産群」，岐阜県と富山《とやま》県の「白川郷・五箇山の合掌造り集落」が，下線部②と関連するものとして奈良県の「古都奈良の文化財」などがある。また群馬県・岐阜県を含《ふく》む**<県の形>**ア～カが示している県は，すべて「（　ａ　）に面していない（　ｂ　）の県」である。

＜県の形＞

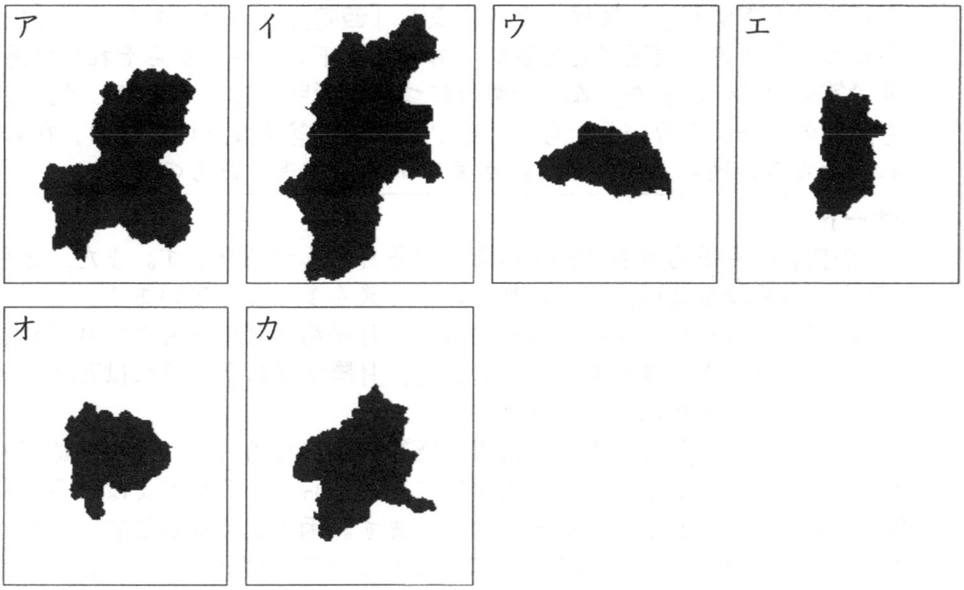

（2）会話文中の下線部③によって日本に伝えられた大陸の文化やものは，生糸を生産する技術以外にどのようなものがありますか。適切なものを次の**《語群》**ア～カから**すべて**選び，記号で答えなさい。また，右の**資料1**は下線部②を通じて奈良時代の日本にもたらされたものの1つです。**資料1**がかつて保管されていた建物として適切なものを**《写真》**サ～セから１つ選び，記号で答えなさい。

資料1

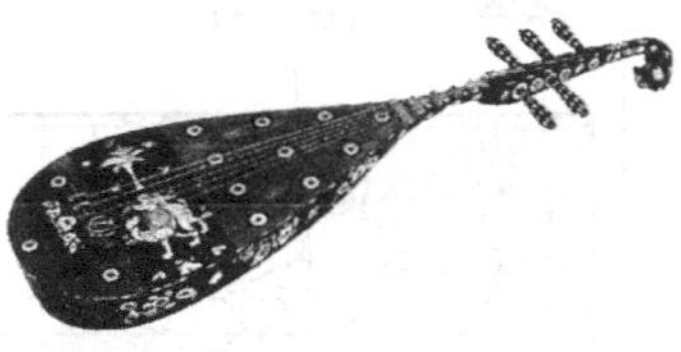

《語群》 ア　漢字　　イ　石器　　ウ　竪《たて》穴《あな》住居　　エ　仏教

オ　鉄製の武器や道具　　カ　動物の骨や角でつくられた道具

《写真》 サ

シ

ス

セ

（3）次の**レポート**は，京太郎さんが作成したものの一部です。これを参考にして，会話文中の下線部②に関係する「奈良」，「西安」，「サマルカンド」，「ローマ」の４つの都市の雨温図として適切なものを，下のア～エからそれぞれ選び，記号で答えなさい。また，４つの都市について説明している文として正しいものを，次のページのカ～ケから１つ選び，記号で答えなさい。なお，雨温図とは，ある地点の月別の平均気温と降水量《こうすいりょう》をグラフで表したものです。

レポート

「奈良」の月平均気温は20度以上になる月が４つあります。また，３月から10月までの月降水量《こうすいりょう》は，４つの都市の中で最も多くなっています。

「西安」は月平均気温の最も高い月と，月平均気温の最も低い月の気温差が大きく，20度以上の差があります。また，月降水量は多い月には75mm以上になり，少ない月は25mm以下になります。

「サマルカンド」は，月平均気温が15℃以上になる月が，４つの都市の中で最も多くなっています。また，雨がほとんど降《ふ》らない乾季《かんき》とよばれる時期と，雨がよく降る雨季とよばれる時期があります。雨がよく降ると言っても，他の３つの都市の雨量の多い時期に比べると少ないことがわかります。

「ローマ」は月平均気温の最も高い月と月平均気温の最も低い月の気温差が，４つの都市の中で最も小さくなっています。また，10月から12月までの月降水量の合計は，４つの都市の中で最も多くなっています。

地図

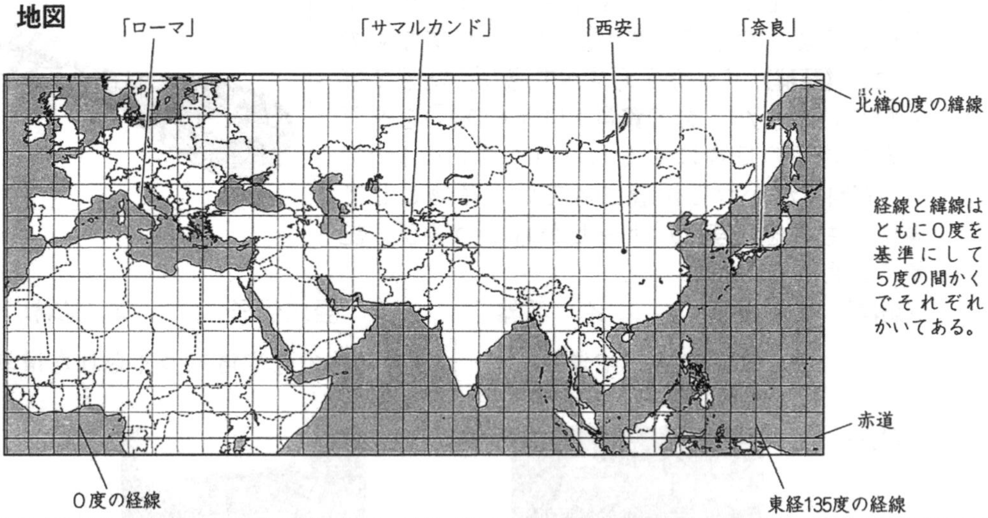

ア

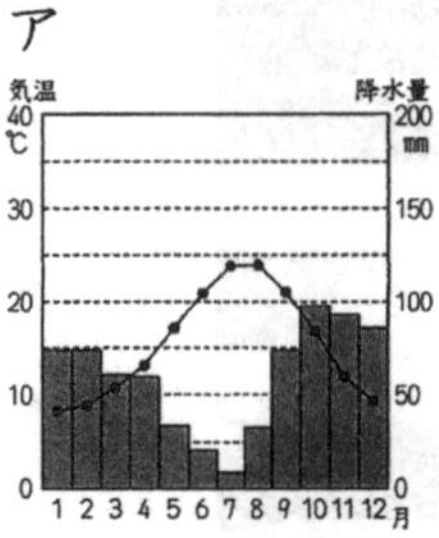

イ

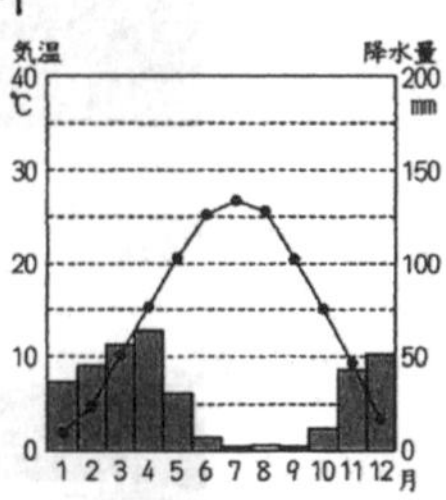

ウ

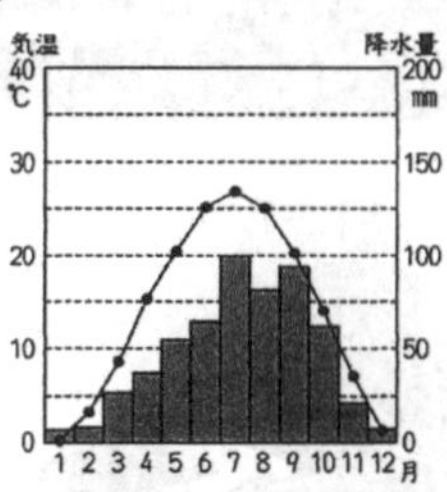

エ

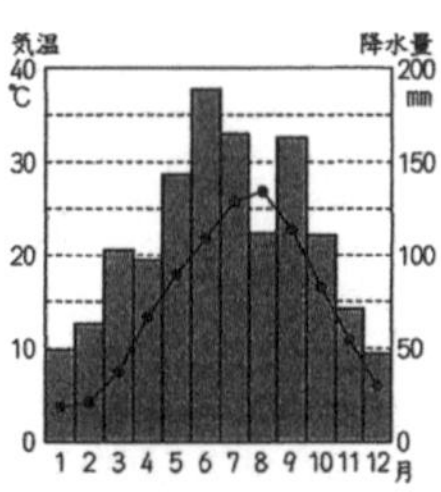

折れ線グラフが月平均気温，棒《ぼう》グラフが月降水量をそれぞれ表している。

（気象庁《きしょうちょう》ホームページ，理科年表より作成）

カ　「奈良」は北緯《ほくい》35度から40度の間，東経130度から135度の間にある。この都市がある国は海に囲まれており，他の国と接している陸地がない。

キ　「西安」は北緯30度から35度の間にあり，奈良との経度差は25度より小さい。この都市がある国の国旗には赤と黄色が用いられており，日本よりも国土面積ははるかに広い。

ク　「サマルカンド」は北緯35度から40度の間，東経70度から75度の間にある。この都市がある国は，三大洋の中ではインド洋が最も近い位置にある。

ケ　「ローマ」は北緯40度から45度の間，東経10度から15度の間にある。４つの都市の中で旧グリニッジ天文台に最も近い位置にある。

（4）下線部④について，次の文章は，1888年に日本が輸出した生糸の額について述べたものです。この文章にもとづいて，1888年の日本の輸出額合計にしめる生糸の輸出額の割合《わりあい》と，生糸のおもな輸出先とを表したグラフとして最も適切なものを，下のア～カから１つ選びなさい。

1888年の日本の輸出額合計のうち，生糸の輸出額は，全体の半分には満たないものの，大きな割合をしめていた。また，日本から輸出された生糸の輸出額のうち，輸出額が最も多かった国への輸出額がおよそ半分をしめていた。この国は，日本がのちに太平洋戦争では敵対し，戦後には安全保障《ほしょう》条約を結ぶことになった国である。 また，1888年にフランスへ輸出された生糸の輸出額は，イギリスへ輸出された生糸の輸出額の約５倍であった。

ア

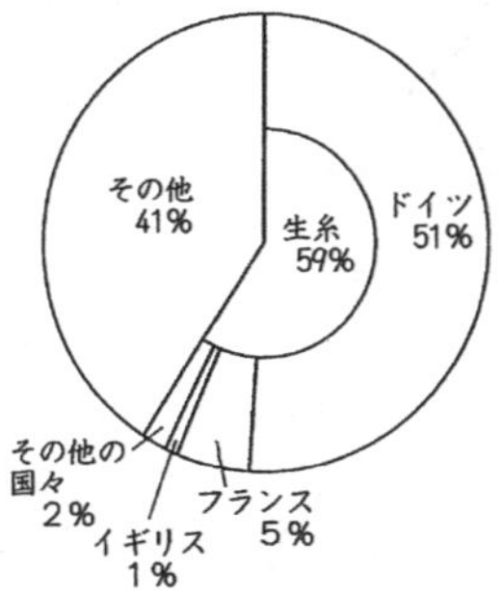

イ

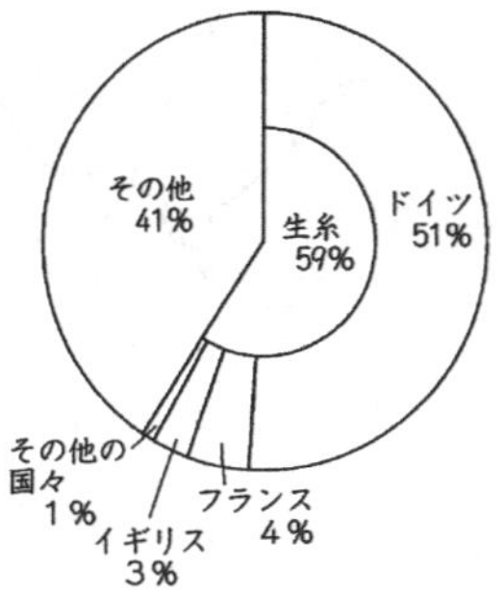

ウ

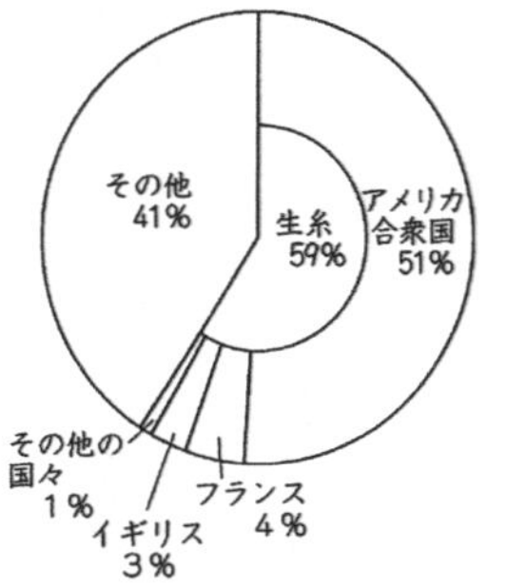

エ

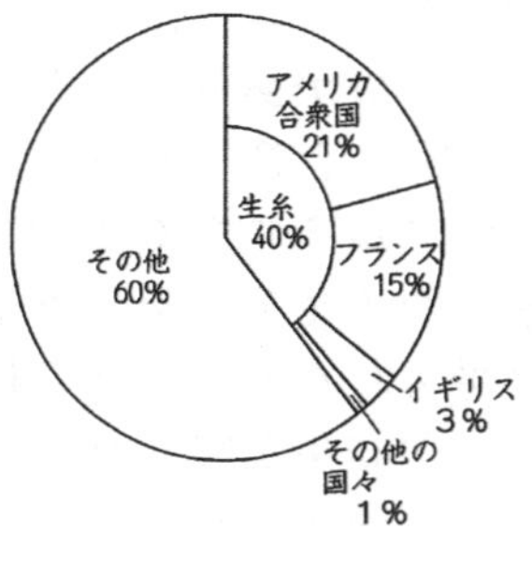

オ

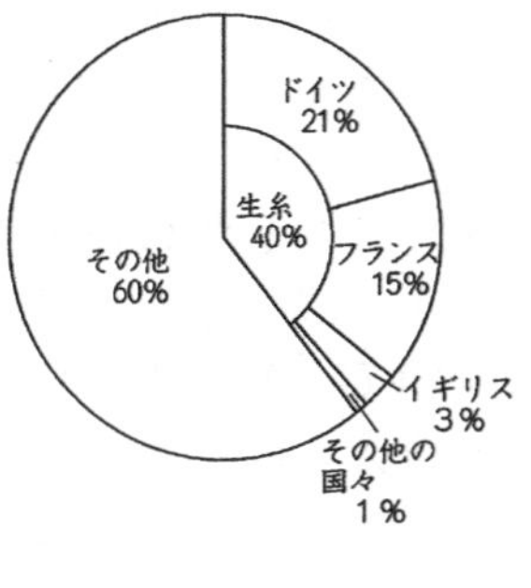

カ

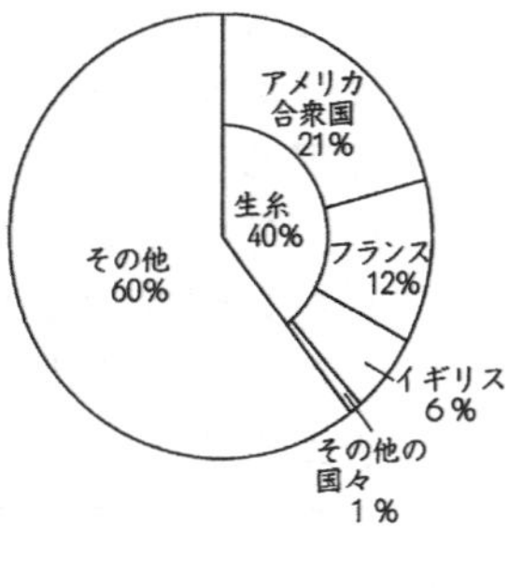

（5）地面に降った雨水は，地面にしみ込《こ》んでいくものもあれば，地表にそって流れるものもあります。ここでは，地表にそって流れる場合について考えます。地面に傾斜《けいしゃ》があると，低い方，なかでも，その場所から見て最も傾斜が急な方向に水は流れようとします。次の**資料２**は，会話文中の下線部⑤の白川郷が存《そん》在《ざい》する岐阜県の一部の地図です。岐阜県に降った雨水の一部は川となって海に流れていきますが，これらの川には日本海に流れ込むものと太平洋に流れ込むものがあります。ここに表された川**A**は日本海，川**B**は太平洋にそれぞれ流れ込みます。**資料２**の地点**X**～**Z**に降った雨水が，**資料２**の等高線が示す傾斜にそって地表を流れて川となり，やがて海に流れ込む場合，それぞれ日本海側，太平洋側のどちらに流れ込むと考えられますか。流れ込むと考えられる組み合わせとして適切なものを，あとのア～クから１つ選び，記号で答えなさい。また，これらの地点のうちの地点**Y**に降った雨水がたどると考えられる道すじのうち，**資料２**に示された川に流れ込むまでの道すじを**記入用紙２**の図に書きこみなさい。

資料２　岐阜県の一部の地図

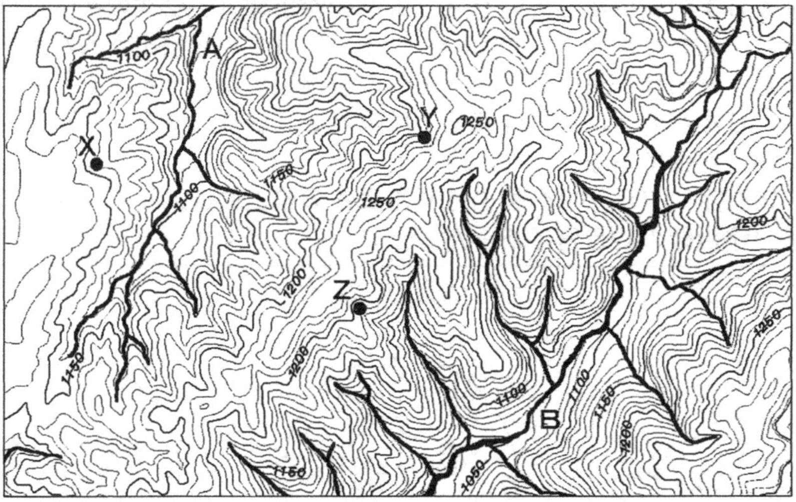

太い黒色の線は川を表している。また，うすい灰色《はいいろ》の線は等高線であり，標高（海面からはかった高さ）10mごとにかかれている。等高線にそってかかれた数字は，やや太い等高線が示している標高が何mかを表している。

（国土地理院ホームページより作成）

	ア	イ	ウ	エ	オ	カ	キ	ク
X	日本海側	日本海側	日本海側	日本海側	太平洋側	太平洋側	太平洋側	太平洋側
Y	日本海側	日本海側	太平洋側	太平洋側	日本海側	日本海側	太平洋側	太平洋側
Z	日本海側	太平洋側	日本海側	太平洋側	日本海側	太平洋側	日本海側	太平洋側

（6）会話文中の下線部⑤の五箇山が存在する富山県は，金属のアルミニウムの生産がかつて盛《さか》んに行われていました。今では国内でのアルミニウムの生産はほとんど行われなくなりましたが，富山県は現在でもアルミニウムを加工する産業でよく知られています。さて，金属でできた２枚《まい》の板があり，このうち一方はアルミニウムだけでできていて，もう一方は鉄だけでできていることがわかっているものとします。この２枚の板のどちらがアルミニウムでできていて，どちらが鉄でできているかを調べるための実験を１つ考えて，その方法を説明しなさい。また，その実験で「どのような結果が得られたとき，その板がアルミニウムでできていると考えられるか」，「どのような結果が得られたとき，その板が鉄でできていると考えられるか」も，それぞれ説明しなさい。

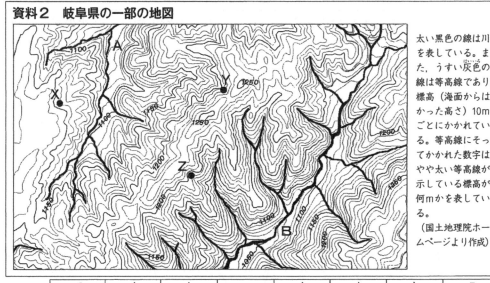

（7）次の文章は，京子さんが会話文中の下線部⑥について述べたものです。この文章中の c にあてはまる語句を**ひらがな**３字で答えなさい。また，d ～ f にあてはまるものとして最も適切なものを，下のア～ウからそれぞれ１つずつ選び，記号で答えなさい。また，g にあてはまるものとして最も適切なものを，文章中の**X**～**Z**から１つ選び，記号で答えなさい。

> 右の図はカイコの育ち方を示したものです。いっぱんに，こん虫が育つ上での姿《すがた》の変化の仕方は，次の**X**～**Z**の３つに分けることができます。
>
> 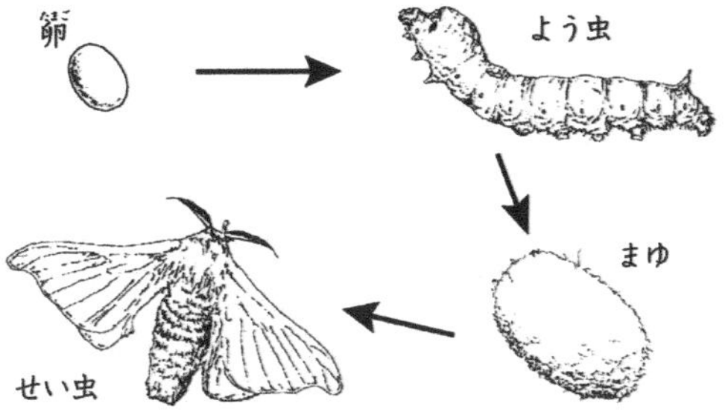
>
>
> **X**「よう虫とせい虫が似た姿をしているもの」
> **Y**「せい虫と似ていない姿のよう虫が（　c　）になったあとにせい虫となるもの」
> **Z**「せい虫と似ていない姿のよう虫が（　c　）にならずにせい虫となるもの」
>
> **X**の例には（　d　），**Y**の例には（　e　），**Z**の例には（　f　）があります。
> 卵《たまご》からかえったカイコはよう虫として半月ほど過ごした後，糸を出して「まゆ」というものをつくり，まゆの中で（　c　）となり，その後，せい虫となって，まゆから出てきます。ですから，カイコが育つ上での変化の仕方は，**X**～**Z**のうち（　g　）となります。古来，人々はカイコのまゆから取り出した糸を利用して生糸を生産し，さらに生糸を加工することでさまざまな絹製品をつくってきました。

ア　アキアカネやシオカラトンボなどのトンボ
イ　ショウリョウバッタなどのバッタ
ウ　モンシロチョウなどのチョウ

（8）会話文の下線部⑥のエサとして，昔からクワという植物の葉が用いられてきました。右の**資料３**は，１枚のクワの葉を写した写真をもとに作成したものですが，実際の葉の寸法《すんぽう》がわかるように方眼を重ねています。この方眼の１目盛《めも》りは１cmの長さを示しています。また，**資料４**は，クワの葉の裏《うら》にあるうすい皮の一部のようすをけんび鏡を使って撮影《さつえい》した写真をもとに作成したものです。これについて述べた，次の文章中の h にあてはまる語句を**ひらがな**３字で答えなさい。また，i にあてはまる数値《すうち》の範囲《はんい》として最も適切なものを，下のア～エから１つ選び，記号で答えなさい。

資料３　クワの葉

方眼の１目盛りの長さは１cmを示している。

資料４　クワの葉の裏にあるうすい皮

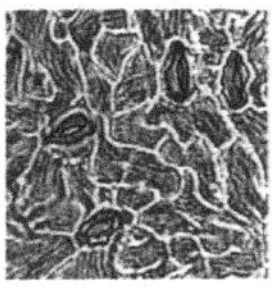

この写真に写っている範囲《はんい》の実際の大きさは，１辺の長さが 0.1mmである。また，植物の体から水蒸気《すいじょうき》が出るための穴を強調してえがいている。

> **資料４**には，植物の体から水蒸気《すいじょうき》が出るための（　h　）という穴《あな》が４個写っています。ここに写っている面積と（　h　）の個数の割合が，葉全体でも同じだとすると，**資料３**に写っている葉の裏にはおよそ（　i　）個ほどの（　h　）があると考えられます。

ア　９万～30万　　　　イ　90万～300万
ウ　900万～3000万　　エ　9000万～３億

【適性をみる検査Ⅱおわり】

教英出版

令和２年度入学考査

適性をみる検査Ⅲ

注　意

1　「解答を始めなさい」の合図があるまで，この問題用紙を開いてはいけません。

2　問題は，１ページから６ページまであります。問題用紙のあいている場所は，下書きや計算などに使用してもかまいません。

3　記入用紙は，**記入用紙１**と**記入用紙２**があります。指示にしたがい，**記入用紙１**には２か所に，**記入用紙２**には１か所に，受付番号を書きなさい。

4　検査時間は50分間です。

5　**1**～**3**の解答は**記入用紙１**に，**4**・**5**の解答は**記入用紙２**に記入しなさい。

6　記入用紙の※印のらんには何も記入してはいけません。

7　「解答をやめなさい」の合図があるまで，問題に取り組んでいてもかまいません。

8　配られた検査用品については，指示にしたがいなさい。

1 右の図のような直線部分と半円部分からできたトラックで，あさみさん，ゆうとさん，りこさん，いつきさんの４人の選手がリレーを行うことにしました。リレーは，図のAからスタートし，B，C，Dの位置でバトンを渡《わた》してAでゴールするものとします。直線部分A～BとC～Dの長さはそれぞれ50mで，半円部分B～CとD～Aの長さもそれぞれ50mです。選手は図の矢印の向きに走るものとします。また，右の表は４人の50mを走るタイムをまとめたものですが，一部破れています。先生は，４人の50mを走るタイムについて，次のようにまとめました。

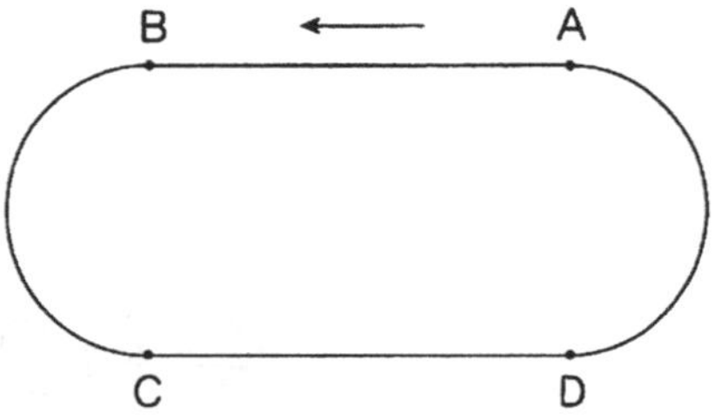

	直線部分 (50m)	半円部分 (50m)
あさみ	8.1 秒	8.91 秒
ゆうと	7.6 秒	8.74 秒
りこ	8.5 秒	8.67 秒
いつき	7.8 秒	

《まとめ》

いつきさんの半円部分50mを走るタイムは，いつきさんが直線部分50mを走るタイムの1.1倍だったから，いつきさんの半円部分50mを走るタイムは，［　ア　］秒です。りこさんが半円部分50mを走るタイムは8.67秒で，りこさんが直線部分50mを走るタイムが8.5秒です。これより，りこさんが半円部分50mを走るタイムは，りこさんが直線部分50mを走るタイムの［　イ　］倍になります。

次の（1）～（3）の問いに答えなさい。ただし，四捨五入《ししゃごにゅう》，切り上げ，切り捨《す》てをせずに解答しなさい。また，バトンを渡すのに必要な時間は考えないものとします。

（1）《まとめ》の中の［　ア　］，［　イ　］にあてはまる数を答えなさい。

（2）あさみさん，ゆうとさん，りこさん，いつきさんがこの順に走ってリレーを行うとき，あさみさんがスタートしてからいつきさんがゴールするまでにかかる時間は何秒ですか。

（3）ある日，かほさんがリレーの選手に立候補《りっこうほ》しました。かほさんの直線部分50mを走るタイムは8.0秒で，半円部分50mを走るタイムは直線部分50mを走るタイムの1.05倍です。かほさんをふくむ５人の選手から４人を選んでリレーを行います。４人の合計タイムが最も速くなるように選手を選ぶとき，直線部分を走る２人の選手と半円部分を走る２人の選手にはそれぞれだれを選ぶのがよいか，**記入用紙１**の名前に**２つずつ○**をつけなさい。

2 お店「みらい」では，右の図のような６枚《まい》の値《ね》引《び》きシールをセットにした台紙が配布されています。これらのシールは次の《きまり》にしたがって活用します。

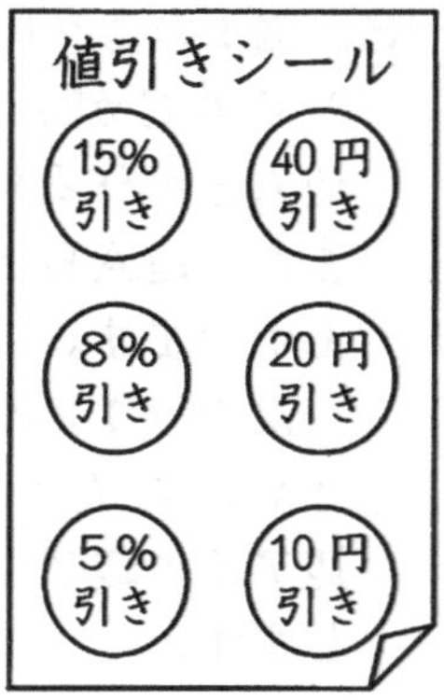

《きまり》
・シールは50円以上のどの商品に貼《は》ってもよいが，１つの商品に貼れるシールは１枚のみです。
・値引き後の代金を計算したとき，その$\frac{1}{10}$の位を切り捨《す》てるものとします。例えば，130円の商品に「15%引き」のシールを貼って計算すると110.5になるので，値引き後の代金は110円になります。

次の（1）～（3）の問いに答えなさい。ただし，消費税は考えないものとします。

（1）あかりさんは280円の商品を５つ買うのに，そのうちの１つに「15%引き」のシールを，別の１つに「40円引き」のシールを貼り，残りの３つには何も貼りませんでした。このとき，値引き後の代金の合計はいくらですか。

（2）あかりさんは何円の商品にどのシールを貼ればより安く買い物できるかを調べることにしました。「８%引き」のシールを貼るときと「20円引き」のシールを貼るときを比べて，値引き後の代金が同じになるのはシールを貼った商品のもとの値《ね》段《だん》がいくらの範《はん》囲《い》にあるときですか。また，なぜその範囲になったかをことばや式などを用いて説明しなさい。

（3）ゆいさんは家族でバーベキューをする計画を立てています。そこで，牛肉を１kg，とり肉を800g，玉ねぎを３個，いもを３本準備しようと考え，お店「みらい」に出かけました。バーベキューをするのに必要な商品名，内容，値段は右の表のとおりです。

ゆいさんはバーベキューに必要な材料を値引きシールを１セット活用して，代金の合計が最も安くなるように買いました。「15%引き」のシール，「８%引き」のシール，「５%引き」のシールをそれぞれどの商品に貼りましたか，Ａ～Ｈの記号で答えなさい。シールを貼らなかったときは×をかきなさい。また，バーベキューをするのに準備した商品の代金の合計はいくらですか。ただし，同じ商品を何個買ってもよいものとし，材料はあまってもかまいません。

商品名	内容	値段
A	牛肉（100g）	280円
B	牛肉（１kg）	2700円
C	とり肉（100g）	98円
D	とり肉（500g）	480円
E	玉ねぎ（１個）	80円
F	玉ねぎ（５個）	298円
G	いも（１本）	65円
H	いも（４本）	198円

3 **図1**のように，グラウンドに辺ＡＢと辺ＡＣがかかれていて，辺ＡＣと辺ＡＢが作る角の大きさは90度です。また，辺ＡＢ上の点Ｄの位置に太郎《たろう》さんがいます。

次の（1）～（3）の問いに答えなさい。ただし，**図2**のような角を，辺アイと辺アウが作る角と呼《よ》ぶこととします。

図1

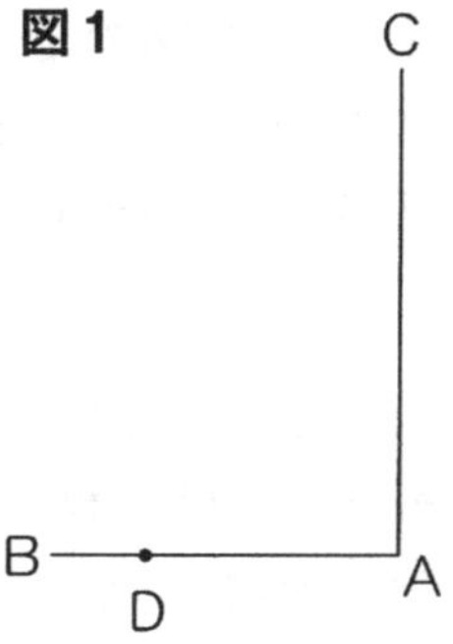

図2

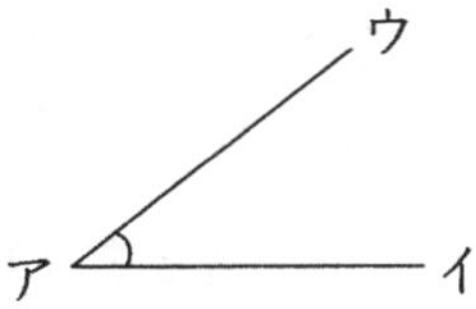

（1）花子《はなこ》さん，健太《けんた》さん，里美《さとみ》さんは，それぞれ次のような点Ｅ，点Ｆ，点Ｇの位置にいます。

点Ｅは辺ＡＣ上にあり，辺ＤＡと辺ＤＥが作る角の大きさは60度になります。 点Ｆは辺ＡＣ上にあり，辺ＤＡと辺ＤＦが作る角の大きさは15度になります。 点Ｇは辺ＤＥ上にあり，辺ＧＦと辺ＧＥが作る角の大きさは90度になります。

三角定規を用いて，点Ｅ，点Ｆ，点Ｇを**記入用紙１**にそれぞれかきなさい。そのとき，点Ｅ，点Ｆ，点Ｇの位置を求めるためにかいた線や点は，消さずに残しておきなさい。

（2）**図3**は，太郎さんが，三角定規の３つの辺の長さを測った結果を表しています。この値《あたい》を使って，辺ＤＧの長さと辺ＧＥの長さの比を，最も簡単《かんたん》な整数の比で表しなさい。

図3

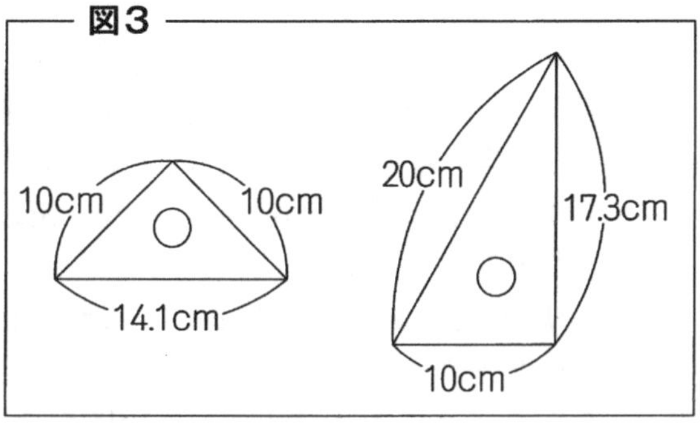

（3）花子さんが，辺ＥＦの長さを測ると 16m でした。辺ＡＤの長さと辺ＡＦの長さはそれぞれ何 m ですか。**図3**の値を使って，四捨五入《ししゃごにゅう》で，$\frac{1}{10}$の位までの概数《がいすう》で求めなさい。

記入用紙1

適性をみる検査Ⅰ

一

(1)

(2)

(3)

A

B

C

D

(4)

30字

40字

(5)

ア

イ

ウ

エ

オ

6字

※

※

※

※

※

※100点満点
(配点非公表)

※

受付番号

受付番号

※

2

（1）	Ⅰ	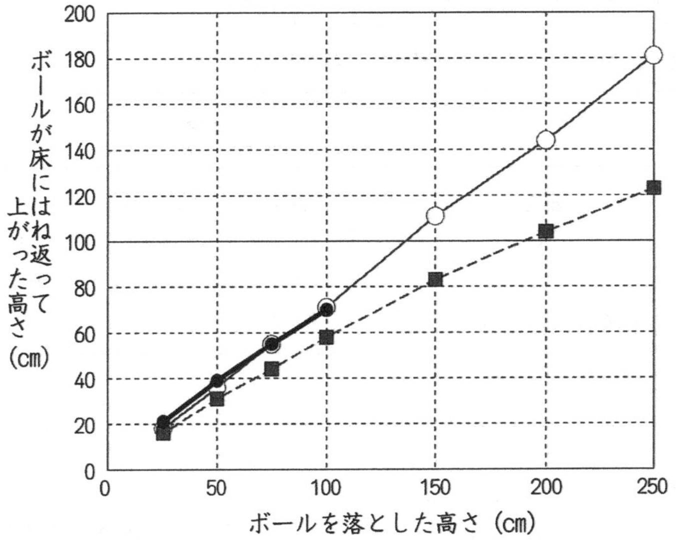	※
	Ⅱ		※
（2）			※
（3）			※
（4）			※
（5）			※

記入用紙２

適性をみる検査Ⅱ

受付番号

※

3

(1)	a［　］に面していない b［　｜　］の県 県の名称（　　　　　）県　県の形（　　　）	※
(2)	**《語群》**（　　　　　　　　　　）　**《写真》**（　　　　）	※
(3)	奈良（　　　）西安（　　　）サマルカンド（　　　）ローマ（　　　）	※
	説明している文として正しいもの（　　　）	※
(4)		※
(5)	適切な組み合わせ	※
	川に流れ込むまでの道すじ 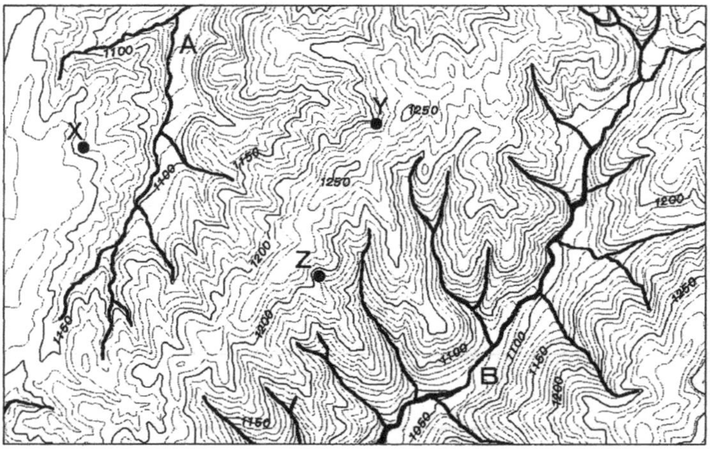	※
(6)	実験方法	※
	アルミニウムの場合に得られる結果	※
	鉄の場合に得られる結果	※
(7)	c［　｜　｜　］ d（　）e（　）f（　）g（　）	※
(8)	h［　｜　｜　］ i（　　）	※

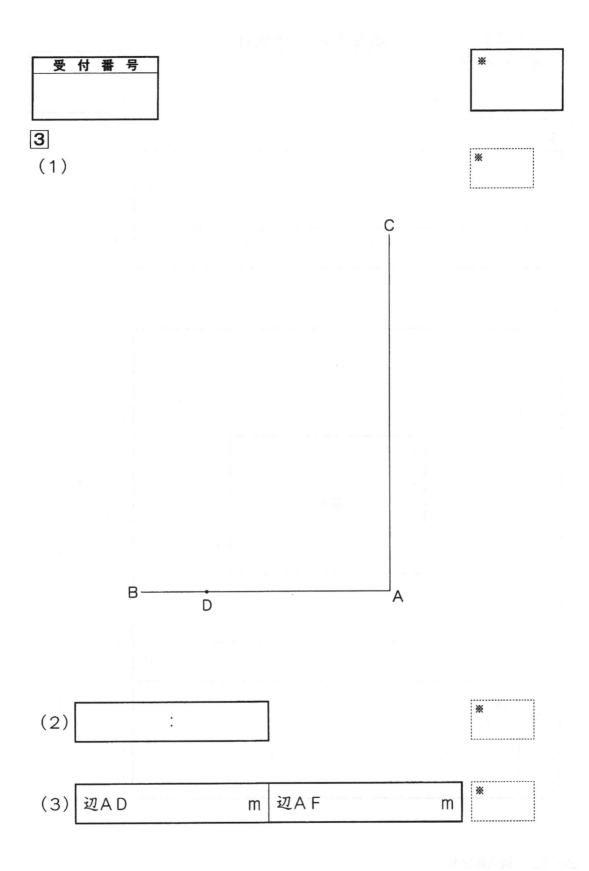

受 付 番 号

※

※

3

(1)

(2) | : |

※

(3) | 辺ＡＤ　　m | 辺ＡＦ　　m |

※

記入用紙２

適性をみる検査Ⅲ

受付番号

※

4

(1)				※
(2)				※
(3)	イ	ウ	エ	※

5

(1)	ア	イ	ウ	※
(2)	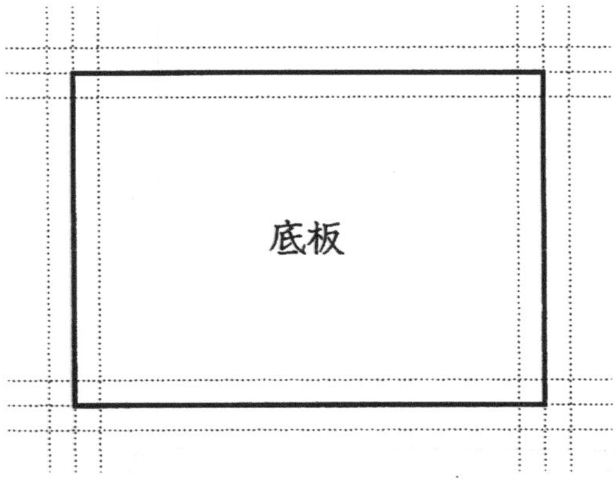 			※
(3)	とおり			※
	値			※

記入用紙１

適性をみる検査Ⅲ

受付番号

※100点満点
（配点非公表）

※

1

			※
(1)	ア	イ	※
(2)	秒		※
(3)	直線部分　あさみ　ゆうと　りこ　いつき　かほ		※
	半円部分　あさみ　ゆうと　りこ　いつき　かほ		

2

				※
(1)	円			※
(2)	範囲			※
	説明			※
(3)	15%引き	8%引き	5%引き	※
	代金の合計　円			※

記入用紙１

適性をみる検査Ⅱ

受　付　番　号

※100点満点
(配点非公表)

※

1

(1)	Ⅰ		※
	Ⅱ	b (　　　　　) c (　　　　　)	※
	Ⅲ	(　　)→(　　)→(　　)→(　　)→(　　)→(　　)	※
(2)		時代 (　　　　　　　) 適切なもの (　　　　　　　　　)	※
(3)	Ⅰ	(　　　　　) (　　　　　)	※
	Ⅱ	□□□□□	※
(4)			※
(5)		(　　　　　) (　　　　　)	※
(6)	Ⅰ	A (　　　　) B (　　　　) C (　　　　)	※
	Ⅱ		※
	Ⅲ	□□□□□□□□□□□□□□□ □□□□□ ため	※

記入用紙2

適性をみる検査Ⅰ

三

450字
(30行)

360字

※

※

※

※

※

※

受付番号

二

(1)

A

B

C

※

(2)

※

(3)

※

(4)

50字

60字

※

(5)

45字

55字

※

※

三

記入用紙2に書きなさい。

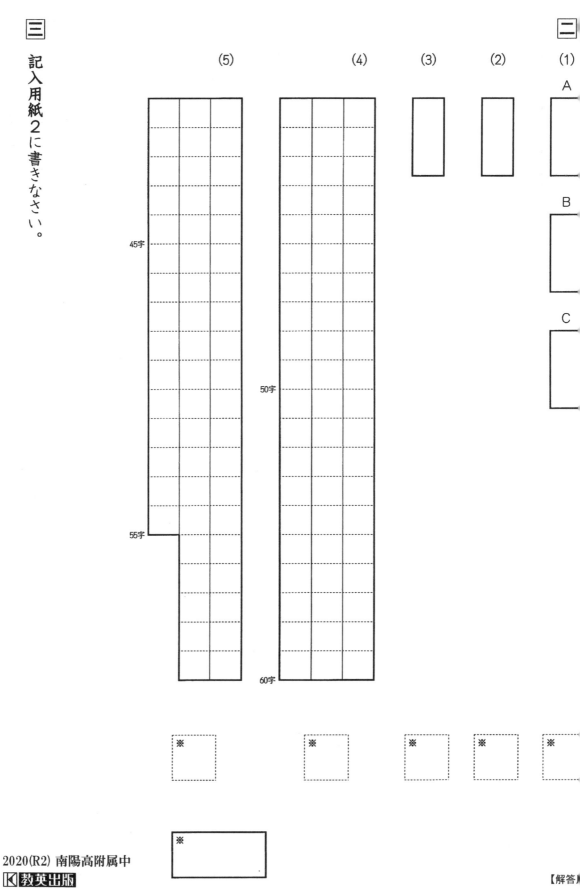

4 香織《かおり》さんは,「毎週, 100円玉か500円玉のどちらか1枚《まい》だけを貯金箱に入れる」というルールで貯金を始めることにしました。

ある日, 香織さんは貯金箱の中身の合計金額がいくらになったか気になり, お兄さんと中身を調べることにしました。次の会話文を読んで, 下の(1)~(3)の問いに答えなさい。ただし, 貯金箱には100円玉と500円玉以外のものは入っていないものとします。

会話文

香織さん：貯金箱を開けずに中身の合計金額を調べられないかな？

お兄さん：重さを測ってみたらどうだい？

香織さん：中身をふくめた貯金箱全体の重さを測ると294.8gだったわ。

お兄さん：この貯金箱はちょうど110gだから, 中身だけの重さは[ア]gだね。実は, 100円玉は1枚あたり4.8g, 500円玉は1枚あたり7gなんだけど, このことから貯金箱の中身の合計金額を求められるかな？

香織さん：全部で何枚入っているかも分からないから無理よ！

お兄さん：実は合計枚数が分からなくても金額を求めることは不可能ではないんだ。$\frac{1}{10}$の位に注目すれば何かに気が付かないかな？

香織さん：えーと…あっ！$\frac{1}{10}$の位に注目すると, 100円玉の枚数として, いくつかの候補《こうほ》が考えられるわ。

お兄さん：それらは, どのような数になっているか説明できるかい？

香織さん：貯金箱に入っている100円玉の枚数は, [X]になるわ。

お兄さん：そうだね。そうすると, その中で重さの条件にあうものはないかな？

香織さん：100円玉が[イ]枚, 500円玉が[ウ]枚入っているのね。そうすると, 貯金箱の中身の合計金額は[エ]円だわ。

お兄さん：その通り。よく分かったね。

(1) 会話文中の[ア]にあてはまる数を答えなさい。

(2) 会話文中の[X]にあてはまる適切な文を書きなさい。

(3) 会話文中の[イ]~[エ]にあてはまる数を答えなさい。

5 厚さ１cmで直方体の形をしている板がいくつかあります。それぞれの板の名前と大きさは右の表のとおりです。また，横板は大きさによってＡ～Ｆの６種類があります。

京子《きょうこ》さんは底板１枚《まい》と横板４枚を使い，次の《きまり》にしたがって，水を入れられる箱を作ることにしました。ただし，板を切るなどの加工はしないものとし，板と板とを接着するときの接着剤《せっちゃくざい》の厚さは考えないものとします。

板の名前		たて	横
底板		15cm	20cm
横板	A	11cm	15cm
	B	11cm	14cm
	C	11cm	13cm
	D	11cm	20cm
	E	11cm	19cm
	F	11cm	18cm

《きまり》

① 底板と横板は，**図１**のようにぴったりとつける。**図２**のように，接着する面がずれたり，横板が斜《なな》めになったりしてはいけない。

② **図３**のように，作った箱を真上から見たときに，１か所でもへこみがあったり，はみ出したりしてはいけない。

③ **図４**のように，作った箱を真上から見たときに，横板の外側に底板が見えてはいけない。

図１

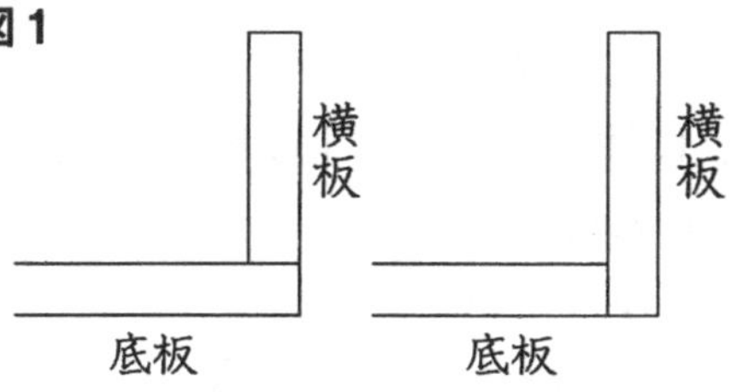

図２

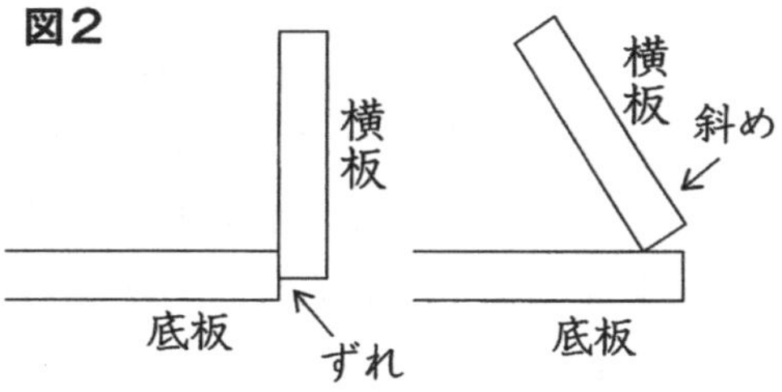

図３（真上から見た図）

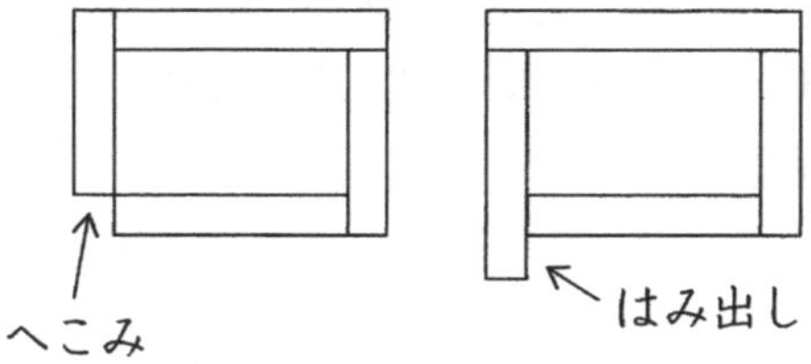

図４（真上から見た図）

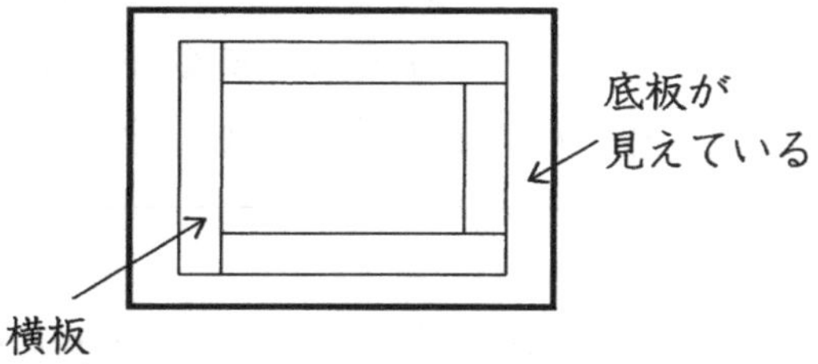

次ページの**図５**は，底板と横板Ａ，Ｄを組み合わせて作った箱を，**図６**は底板と横板Ｂ，Ｃ，Ｄ，Ｅを組み合わせて作った箱をそれぞれ例として示しています。**図５**のように，１つの箱につき横板Ａ～Ｆはそれぞれ２枚まで使うことができます。

図5

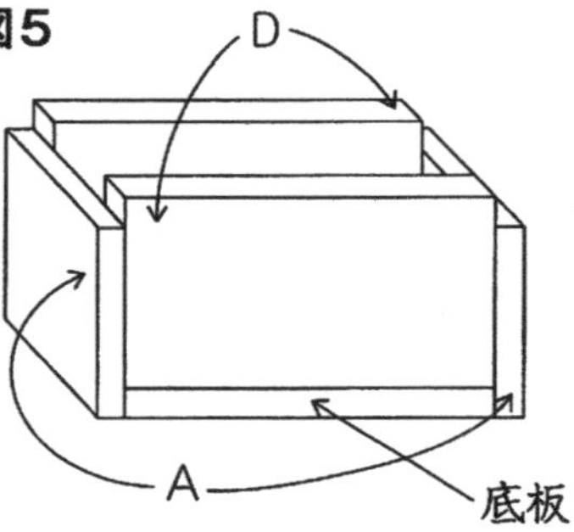

図6

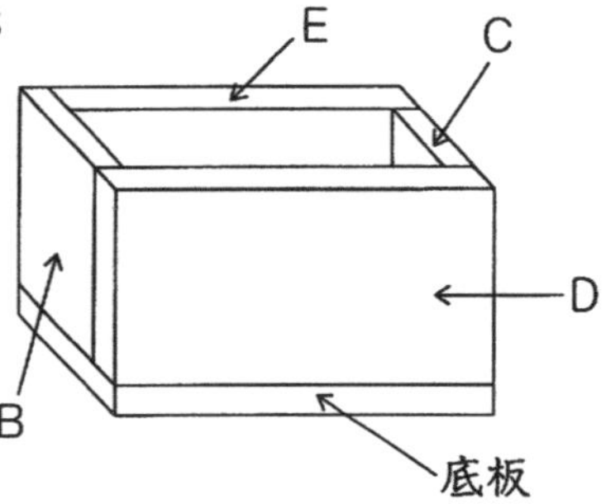

また，次の《ノート》は，箱に入る水の量について京子さんがまとめたものです。下の（1）～（3）の問いに答えなさい。

《ノート》

図5の箱を底板が水平になるように置いて水を入れると，水の深さは最大で［ ア ］cm になります。箱に入る水の最大の体積をその箱の容量と呼《よ》ぶことにすると，**図5**の箱の容量は［ イ ］cm^3 です。同じように，**図6**の箱の容量は［ ウ ］cm^3 です。

（1）《ノート》の中の［ ア ］～［ ウ ］にあてはまる数を答えなさい。

（2）《きまり》にしたがって作ることができる箱の容量を調べたとき，箱の容量が最も大きい箱について，その箱を真上から見た図を，**【例】**を参考にして，**記入用紙2**にかきなさい。なお，図には底板が太線（――）でかかれており，太線の近くには点線（………）がかかれています。太線と点線の間が1 cm であるものとして，点線を利用しなさい。三角定規を使ってもかまいません。

【例】　　**図6**の箱

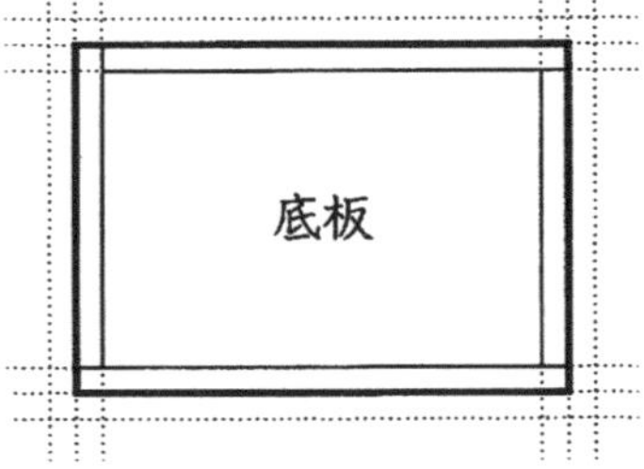

（3）《きまり》にしたがって作ることができる箱の容量として考えられるものは何とおりありますか。また，箱の容量として考えられる値《あたい》を**すべて**答えなさい。ただし，箱の容量の単位はすべて cm^3 として考え，単位は書かなくてよいものとします。

【適性をみる検査Ⅲおわり】